# 希望のコミューン

## 新・都市の論理


FUNO SHUJI
布野修司

MORI TAMIO
森民夫

SATO TOSHIKAZU
佐藤俊和

# 序

——布野修司

世界は、いま、大きく転換しつつある。

第一に、世界の歴史の大転換が進行中である。

第二次世界大戦後の世界を規定してきた冷戦構造が崩壊（ベルリンの壁崩壊（１９８９年11月）、ソ連邦の崩壊（１９９１年12月））して以降、本格的にグローバリゼーションの時代が到来した。ヘゲモニーを握ったのはアメリカ合衆国であり、世界随一の軍事力を背景にアメリカ合衆国によって世界が主導されていく時代が開始される。アメリカ合衆国のヘゲモニーは、しかし、21世紀に入って、９・11（２００１年）の同時多発テロ、イラク戦争（２００３年）によって揺らぎ始める。そして、リーマンショック（２００８年）が世界経済に深刻な打撃を与えた。その一方で、大きく抬頭してきたのが中国である。北京オリンピック（２００８年）、上海エクスポExpo（２０１０年）を成功させ、中国が国内総生産ＧＤＰで日本を抜いて世界第2位となったのは２０１０年である。そして、アメリカ合衆国にアメリカ・ファーストを唱えるＤ・トランプ政権が誕生すると（２０１７～２０２１年）、イギリスのブレグジットBrexitなど自国第一主義を唱える経済ナショナリズムが世界各地で抬頭する。また、民主主義（自由主義諸国）vs権威主義（中国、ロシア他）という新たな世界秩序の構図が鮮明に浮上してきた。「一帯一路」vs「自由で開かれたインド太平洋」という経済圏の囲い込みをめぐる対立構図がそれに重層する。

世界経済のヘゲモニーをめぐる米中の対立構造は、これからの世界史を大きく規定していくことになるが、これに割って入るかのように、ロシア連邦のウクライナ侵攻が開始された（2022年2月24日〜）。第二次世界大戦を引き起こしかねないこの暴挙の背景には、プーチン大統領の、強大であったソビエト連邦時代さらにはロシア帝国再興の夢があるとされるが、世界全体で問われているのは世界資本主義の行方である。世界はどこへ向かうのか、今のところ誰にも予測できていない。

第二に、ICT（情報伝達技術）革命とインターネット社会の到来、そしてAIの出現がある。

インターネット（インターネット・プロトコル・スイートTCP／IP（Transmission Control Protocol／Internet Protocol））の起源は1960年代に遡るが、インターネットを用いて複数のコンピュータ・ネットワークを相互接続した地球規模の情報通信網の形成が開始されるのは1980年代後半であり、インターネットを基にした世界初のWWW（World Wide Web）が初めて実装されたのは1990年末である。そして、21世紀に入って、膨大なデータを保持することで圧倒的に競争優位な立場に立った巨大なプラットフォーマーGAFAM（グーグル、アマゾン、フェイスブック、アップル、マイクロソフト）が出現する。インターネットが普及し始めた頃のWebがWeb1・0、すなわち読むだけのWebの時代、FacebookやTwitter（現・X）が登場して双方向になってきたのがWeb2・0とされる。そして、巨大なプラットフォーマーの情報独占に立ち向かおうとするのがWeb3である。しかし、オープンAIによるChat GPT（Generative Pre-trained Transformer）が出現（2022年）すると、GAFAMが瞬時に追い上げ、生成AIは、あっという間に社会に浸透しつつある。人間の能力はAIに追い越されるとも言われる。

第三は、世界史の転換どころではない。地球環境そのものの危機がフィードバック不可能な点にまで近づきつつあるのである。

「人新世Anthropocene」という言葉が一般的に流布することになったのは、オゾンホールに関する研究でノーベル化学賞を受賞した（1995年）パウル・ヨーゼフ・クルッツェン（1933〜2021）が2000年に用いて以降である。46億年の地球の歴史に比すれば瞬時と言っていいホモ・サピエンスの活動が、地球の環境システム全体に影響を及ぼすまでになることは驚くべきことである。

地球環境の危機の起源となるのは産業革命である。世界人口の幾何級数的な増加は産業革命によって引き起こされる。19世紀初頭の世界人口は約10億人と推定されている。それ以後の人口増加率の劇的変化は明瞭である。それでも20億人に達するまで（1927年）100年以上を要したが、その後の人口増加はすさまじい。グレート・アクセラレーション（大加速）と呼ばれるのは、化石燃料、とりわけ石油を大量に消費し出した20世紀後半以降である。そして、気候変動による異常気象は連動しており、わずかに思える平均気温の上昇が地球環境全体のバランスを崩し、転換点を越えてしまう恐れがある。転換点とは、最終氷期（ヤンガードリアス期）の終結から現在にいたる１万年（完新世Holocene）とは異なる時代に移行する閾を意味する。仮にＩＰＣＣ(Intergovernmental Panel on Climate Change：気候変動に関する政府間パネル）が目標とする１・５度上昇以下に抑えられたとしても、産業革命以前に戻るには数百年はかかるとされる。

*

この大転換に際して、国際社会は右往左往、一致した方向を見いだせないでいる。１９３か国が加盟する国際連合は完全に機能不全に陥ってしまっている。ＩＰＣＣが国際連合環境計画ＵＮＥＰと世界気象機関ＷＭＯによって設けられたのは１９８８年、リオ・デ・ジャネイロで「環境と開発に関する国連会議」（地球サミットＣＯＰ（締約国会議）１）が開催されたのは１９９２年であるが、気候変動、地球温暖化問題への各国の対応が遅々として進まないことは、スウェーデンの若き環境活動家グレタ・トゥーンベリ（２００３〜）が厳しく告発するところである。

１９５０年に25億３６００万人であった世界人口は、１９８９年には52億３７００万人で、50億人を突破したのは１９８６〜87年とされるが、以降も人口増加はとどまるところを知らず、ほぼ約12年毎に10億人増加して、２０２２年には80億人を超えた。今や人口１０００万人を超えるメガシティは44都市（２０２２年）[1]に及ぶ。

このメガシティを産むのは、「差異」＝格差拡大を駆動力とし、安価な労働力や物資を求めて、国境、制度、規制を越えて浸透していくグローバル資本主義システムである。

本書が問いたいのは、近代の国民（民族）国家Nation Stateシステムに代わる世界システムである。世界共和国への道を見失って、自国第一主義に陥り、国家間の複雑にもつれた関係を解くことができない中で、国民（民族）国家に代わる基礎単位として注目するのはコミューンである。国家、中央銀行によるコントロールの不安定な枠組みを超えて連携する都市ネットワークによる世界システム構築の可能性である。ブロックチェーンの技術を基盤として、仮想通貨、ＮＦＴ（非代替性トークン　Non Fungible Token）によって運営される、中央集権ではない分散自律組織ＤＡＯ（Decentralized Autonomous Organization）のネットワークがそのイメージとなる。

＊

冷戦構造が崩壊して以降、ＩＣＴ革命が進行、地球温暖化が加速してきた大加速（グレート・アクセラレーション）時代は、ほぼ日本の平成時代（１９８９～２０１９）に重なる。オイルショックによって、高度成長期からの転換を余儀なくされた日本は、低成長かつ安定成長を前提とする社会編成に向かうかに思われた。しかし、１９８５年9月の先進5か国Ｇ５（米英仏独日）蔵相・中央銀行総裁会議における為替ルートの安定化（円高ドル安誘導）の合意（プラザ合意）によって、高度経済成長期の再来かのような好景気が訪れる。しかし、1990年1月4日の大発会から株価の大幅下落が始まる。振り返れば、1986年12月から1991年2月までの51か月間がバブル経済期（平成バブル、平成景気）であった。以降、日本経済が回復することはなかった。日本経済の長期低迷期は「失われた30年」と言われる。

この間の日本の国際的地位の低下は覆うべくもない。日本の名目GDPは、1990年代前半にはアメリカ合衆国に次いで世界第2位となった。しかし、バブル経済が崩壊した1992年以降、GDPの成長率は、年平均1％前後で推移する。2010年には中国に抜かれて世界第3位になる。それどころか、日本の一人当たりGDPは世界32位（2022）にまで低下している。日本企業の弱体化も明らかである。1989（平成元）年には、世界の上位50社のうち32社が日本企業であったのに、30年後には35位のトヨタ自動車のみである（吉見 2019）。

財政破綻、債務残高GDP2倍超の異常、格差拡大、富裕層と貧困層の二分化、行政（官僚）システムの劣化、縦割り行政の硬直化、食料・エネルギー自給率の過少化など、日本という社会、国家が抱えているクリティカルな問題については、本論で確認しよう。

本書が焦点を当てる最大のプロブレマティークは、東京一極集中と地方の空洞化である。加えて、日本が世界に先駆けて少子高齢化社会に向かいつつあるということがある。

日本の総人口は、2011年以降、減少に転じた。2070年には8700万人に減少すると推計されている（厚生労働省国立社会保障・人口問題研究所、2023年4月）。世界の総人口も21世紀後半には減少に転じることが予測されている。地球が「持たない」ことははっきりしているから、どのようなシナリオになろうとも、一極集中、貧富拡大の資本主義モデルとは異なる社会システムが必要とされていることは明らかであり、日本が世界に先駆けてその社会モデルを実現する大きな意味がある。

分散自立組織としての都市のネットワーク・モデルは、その大きな指針となる。

＊

コミューンと言えば、パリ・コミューン（1870〜71年）が想起されるかもしれない。パリ・コミューンは、史上初の「プロレタリア独裁」を樹立した民衆蜂起として記憶される。マルクス・エンゲルスが、時期尚早としながらもパリ・コミューンを支持し、「労働者国家」の原型を認め、国家論を練り上げたことも知られる。そして、半世紀後、レーニンがそれを継承し、ロシア革命を実現したこと、さらにその壮大な人類史的実験が失敗に帰したことは、既に歴史となっている。パリ・コミューンの評価は、以上のようなマルクス主義による一面的評価にとどまるものではない。1960年代末に『都市への権利』（196〔原著1968 9a〕）『『五月革命』論──突入・ナンテールから絶頂へ』（1969b〔原著1968〕）『都市革命』（1974〔原著1970〕）を書いたアンリ・ルフェーヴル『パリ・コミューン』（1967〜68〔原著1965〕）は、パリ・コミューンの一翼を担ったプルードンの理論を高く評価する。プルードンの理論とは、地方分権主義と連合主義の原理とされるが、一切の国家主義、権威主義、官僚主義すなわち中央集権制に反対して、自由な自治組織が自由な結合組織の連合体として、下から上へ、また、地域から一国へ、一国から数か国へ拡大し、深化すべきことを説くものである。

しかし、もともとコミューンcommuneは、フランスで「基礎自治体」すなわち「地方自治体」の最小単位を意味する。日本では市区町村であるが、フランスの場合、日本のように市町村を区別しない。人口数百人でも首都人口約220万人のパリでも同じコミューンである。[2] イタリアでは、基礎自治体をコムーネcomuneというが、フランス同様規模を問わない。[3]

「希望のコミューン」のコミューンは、基本的にイタリア・フランスの「基礎自治体」をいう。すなわち、規模は問わない。自治体システムは各国様々であるが、その最小単位に焦点を当てる。そして、その最小単位の自治・自立・自律・自給の可能性を問うのが出発点となる。

コミューン（コムーネ）は、ラテン語のコミュネcommūne（英commonly コモンリー 1．共有されているもの（財産・権利）、2．共通の事実、特質、規則、3．公共の場所、公の利益、共通の運命）、コミュニスcommūnis（英コモンcommon 義務を分かち合う、共有の、2．共同の、共通の、中立の、一般の、公の、3．いつもの、習慣的な、4．礼儀正しい、社交的な、親しい）、コミュニタスcommūnitās（英コミュニティcommunity 共有、共同、連帯、関与、協力、2．共同体、社会、仲間、3．社会の絆、協同の精神、公共心、交友、友情、4．生れ・血・性質の共通性、親戚の間柄、5．親切、愛想のいいこと）に由来する。[4] コミューンは、それ故、日本語には共同体と訳される。共同体は、英語ではコミュニティcommunity、仏語ではcommunauté、独語ではゲマインシャフトGemeinschaftであるが、本書では、コミューン（コムーネ）を一般的な「共同体」「コミュニティ」の意としても用いる。

自治体としてのコミューン（コムーネ）の起源は、11世紀後半に遡る（本書32頁）が、この歴史的に成立したコミューン（コムーネ）は、一般に「自治都市」「都市共同体」あるいは「自由都市」と日本語で呼ばれる。これを本書では「都市コミューン（都市自治体）」と呼ぶ。コミューン（コムーネ）を共同体一般とし、自給自足の農村（農耕）共同体と都市共同体を区別しておきたい。

自治体を英語ではムニシパリティ municipality というが、これは、ローマが植民都市コロニアに与えたムニキピウム municipium（自治都市）の資格に由来する。

本書が焦点を当てるのは都市コミューンである。ただ、都市は分業によって成立することにおいて、それ自体で自立可能なわけではない。本書が都市コミューンの原像とするのは、産業革命以前に、食料を供給する後背農村と密接不可分な関係において成り立っていた都市コミューン、すなわち「都市―農村地域連合」である。

## 注 notes

1 “Demographia World Urban Areas”, $18^{th}$ Annual, 2022.07

2 フランスには約3万8000のコミューンがあり、平均人口は約1500人、約9割は人口2000人以下である。

3 イタリアには約8000のコムーネがある。

4 日本語訳は、國原吉之助（2016）『古典ラテン語辞典　改訂増補版』大学書林による。

# 希望のコミューン　目次

**序** 布野修司 1

問題設定 keynote
# 都市コミューンの論理——布野修司 21

第1章
## 都市コミューンの原型
——都市の起源・形成・変容・転成・拡散 23

1 都市の原像 24
2 都市のグローバルヒストリー 34
3 全球都市化——メガシティに未来はない 40

第2章 縮退する日本——自治なき自治体 51
1 成長神話の亡霊 52
2 空洞化する日本——東京一極集中の異常 61
3 自治なき地方自治体 75
4 地方分散——人口定常社会へ 80

第3章 都市コミューンの基本原理 87
1 資本主義vsコミュニズム 88
2 ブロックチェーンと都市コミューン 104
3 コモンズとしての地球 111
4 アーバン・ヴィレッジ——共生の原理 116
5 オートノマス・アーキテクチャー Autonomous Architecture（自律建築） 129
6 グローバル都市革命 134

7　都市コミューンのための七つの指針　142

提案 proposal

# 移動の未来

都市コミューンのインフラストラクチャー

移動 交通 流通 輸送 供給 情報 ICT

――佐藤俊和　171

第1章　乗換案内　173
1　60年代末、新宿　174
2　学生の頃　177
3　PCの出現、インターネットの登場　179

4 ジョルダン&乗換案内 184

第2章 MaaS(Mobility as a Service) 189

1 無人タクシーとテキサス新幹線 190
2 ウーバーとライドシェア 194
3 日本の公共交通 200
4 MaaS 214

第3章 AIと移動 217

1 AI革命 219
2 AIと自動運転 225
3 リモートワーク 228
4 Web3、DAO、ブロックチェーン 234

5　宇宙　237
6　人手不足か？　人は不要か？　240

## 第4章　DX&GXと未来社会　243

1　未来からの発想　245
2　迷走する街づくり　257
3　隠岐の島プロジェクト——日本再生プロジェクト　262

## 提案 proposal　創意工夫の地方自治——森民夫　269

第1章 地方分権改革と都市コミューン 271
1 自治・自立・自律した基礎自治体（都市コミューン）への期待と現状 274
2 地方分権改革への遅々とした歩み 276
3 自治なき基礎自治体（都市コミューン）からの脱皮 287
4 基礎自治体（都市コミューン）のパワーを活かした創意工夫と連携 296

第2章 四つのパワーにより創意工夫した長岡市の施策の実例 301
1 災害時に機能する都市コミューン 302
2 シティホールプラザ アオーレ長岡——市民協働の拠点 314
3 子育ての駅——保育士のいる公園 330
4 熱中！ 感動！ 夢づくり教育——教員サポート錬成塾 336
5 長岡市立総合支援学校のカリキュラム改革 344

事例 case

# 「都市コミューンのための七つの指針」に対応した優れた施策――森民夫

349

1 オートノミー Autonomy（自治・自立・自律）の原則 351

北海道上士幌町――人口減少等の課題を克服し自立へ 352

福島県相馬市――東日本大震災における市長のリーダーシップ 355

兵庫県明石市――国に先駆けて必要なことを実施する気概 356

埼玉県本庄市――国の言いなりにならずに児童生徒に対して配慮した責任感 360

2 経済の地域内循環 364

岐阜県高山市――飛騨信用組合の「さるぼぼコイン」 364

岡山県総社市――特産品のデニムによるマスクの全国発信 368

3 再生エネルギーによる自給自足 371
北海道上士幌町――家畜排泄物利用のバイオガスプラントの整備 371
鹿児島県大崎町――ごみのリサイクル率80%超え 373
4 都市オペレーティング・システムOS
――デジタル・インフラストラクチャーの確立 376
茨城県つくば市――スーパーシティ型国家戦略特区 377
石川県加賀市――デジタル田園健康特区 381
長野県伊那市――モバイルクリニックをはじめとするデジタル技術の活用 384
栃木県宇都宮市――ＬＲＴの整備から「地域共生型スマートシティ」へ 387
5 共助・相互扶助のシステム構築 390
岐阜県飛騨市――ふるさと納税で猫助け殺処分ゼロへ 391
6 シェアハウス・コーポラティブハウス・オートノマスハウスの原則 394

7　多様な都市ネットワークの構築　399
鹿児島県大崎町――ごみのリサイクルによるインドネシアとの交流　400
旧山古志村――Nishikigoi NFTによる山古志DAO（仮想共同体）　401
新潟県長岡市――真珠湾での平和交流事業　403
結　残された時間は長くはない　佐藤俊和　413
参考文献　421

問題設定 keynote

# 都市コミューンの論理

布野修司
FUNO SHUJI

ここでは、目指すべき都市コミューンの論理をめぐって、基本的な概念、その基本原理、その実現のための指針について議論したい。第1章では、都市の起源(都市革命)・形成・変容・転成・拡散の過程、すなわち都市のグローバルヒストリーを振り返り、都市コミューンの原型を明らかにする。そして、第2章では、日本の現状に焦点を当て、どこに問題があるのか、分散自律型のネットワークが如何に必要かを確認する。さらに、第3章では、都市コミューンの実現のための、①オートノミーAutonomy(自治・自立・自律)の原則、②経済の地域内循環、③再生エネルギーによる自給自足、④都市OS——デジタル・インフラストラクチャーの確立、⑤共助・相互扶助システムの構築、⑥シェアハウス、コーポラティブハウス、オートノマスハウスの原則、⑦多様な都市ネットワークの構築、といった基本原理をグローバルに模索されつつある様々な試行錯誤を念頭に議論したい。

全世界が、分散自律組織のネットワークで多様に結びつく世界を目指すとすると、それは第二の都市革命、グローバル都市ネットワーク革命となる。

profile

日本建築学会名誉会員。滋賀県立大学名誉教授。1949年、松江市(島根県)生まれ。工学博士(東京大学)。建築計画学、地域生活空間計画学専攻。1972年、東京大学工学部建築学科卒業。東京大学工学研究科博士課程中途退学。東京大学助手、東洋大学講師・助教授、京都大学助教授、滋賀県立大学教授、副学長・理事、日本大学特任教授。日本建築学会副会長、『建築雑誌』編集委員長、建築計画委員会委員長など歴任。『インドネシアにおける居住環境の変容とその整備手法に関する研究』で日本建築学会賞受賞(1991年)、『近代世界システムと植民都市』で日本都市計画学会賞論文賞受賞(2006年)、『韓国近代都市景観の形成』と『グリッド都市:スペイン植民都市の起源、形成、変容、転生』で日本建築学会著作賞受賞(2013年、2015年)。主要著書に、『戦後建築論ノート』『裸の建築家――タウンアーキテクト論序説』『建築少年たちの夢』『進撃の建築家たち――新たな建築家像をめざして』『曼荼羅都市』『ムガル都市』『大元都市』『世界都市史事典』『アジア都市建築史』『スラバヤ―コスモスとしてのカンポン』など。

# 第1章 都市コミューンの原型

## ――都市の起源・形成・変容・転成・拡散

都市はホモ・サピエンスの偉大な作品である。そして、人類が作り出したもののなかで言語とともに最も複雑な創造物である。都市は社会を構成する基礎単位として成立する。その原点に戻って、世界を組み立て直そうというのが本書の提起である。

ホモ・サピエンスは、採集狩猟生活から定住生活へ、農耕革命を経て都市革命を実現するのであるが、その過程は、社会を構成する集団の規模の拡大と複雑化の過程である。家族システムの起源に遡り、今日の世界システムを読み解くE・トッドによれば、人間集団の基礎単位は核家族から共同体家族に向かう。そして、家族が集合する共同体が形成される。共同体すなわちコミューンである。しかし、都市の成立は、さらに複雑な仕組みの上に成り立つ。

新たな都市コミューンの仕組みを考える議論の前提として、都市の起源、その変容、転成の歴史を一気に振り返っておこう。

# 1　都市の原像

## 都市革命——都市の起源

我々ホモ・サピエンスは、アフリカで誕生し、採集狩猟生活を続けながら、やがてアフリカを出立して、グレート・ジャーニーと呼ばれる移動を開始する。そして、栽培作物の適地に定着して、家畜などさまざまな生物と共生し始める。この「定住革命」「農耕革命」[1]を経て、「都市革命 Urban Revolution」（G・チャイルド）[2]が起こる。都市の誕生である。

現在のところ、世界最古の都市と考えられるのはメソポタミアのウルクである。シュメールで、ウル、ウルク、ラガシュなどの「都市国家」が成立したのは、紀元前3500年頃とされる。かつて、最古の都市と考えられたのは、人口2000～6000人の大集落であり、粗放天水農耕とヤギ、ヒツジ、ウシ、ブタの四大家畜による牧畜の混合農業を行っていたアナトリアのチャタル・ヒュユクである。しかし、その後の議論を経て、都市の条件を欠いているとされた。

数多くの住居址など古代の集住遺構が発見された場合、それは都市なのか？　農耕集落（村、村落、邑、village settlements）なのか？　何をもって区別するのか？　都市とは何かをめぐっては、膨大な議論が積み重ねられてきたが、第一に検討されるのは「都市革命」という概念を提出した考古学者のG・チャイルドの定義である。G・チャイルドは、「都市」とする条件として以下の10項目を挙げる。

1. 規模（人口集住）、2. 居住者の層化（工人、商人、役人、神官、農民）、3. 租税（神や君主に献上する生産者）、4. 記念建造物、5. 手工業を免除された支配階級、6. 文字（情報記録の体系）、7. 実用的科学技術の発展、8. 芸術と芸術家、9. 長距離交易（定期的輸入）、10. 専門工人（小泉２００１）。

都市が複雑な創造物であることは、その定義に当たって、実に多様な指標が挙げられることが示している。諸説を加えて整理すれば、都市の基本特性は、

Ⅰ　高密度の集住
Ⅱ　分業、階層化と棲み分け
Ⅲ　物資、資本、技術の集中とそのネットワーク化
Ⅳ　権力（政事・祭事・軍事・経済）の中心施設と支配管理道具（文字・文書、法、税、…）の存在

ということになる。

都市は、高密度の集住体（定義Ⅰ）であるが、その構成集団は、分業、階層化、そして棲み分けを前提とする（定義Ⅱ）。そして、物資、資本、技術の集中するネットワークの結節点に立地する

（定義Ⅲ）。都市は、社会集団を制御する権力（政事・祭事・軍事・経済）の拠点である（定義Ⅳ）[3]。

都市は、その起源において、既に、複雑な構成体である。それを成り立たせた仕組み、ルール（法）、制度…は実に多様である。

## 都市国家——ポリスとキウィタス

都市の誕生すなわち文明の誕生である。文明すなわち英語のシヴィライゼーション civilization、シティズン citizen（市民）は、ラテン語の都市キウィタス civitas（複数形 civitates）に由来する[4]。キウィタスは、シティ city（英語）、シテ cité（仏語）、チッタ città（伊語）などの語源である。

古代ギリシャでは、ポリス polis といった。ポリスを語源とする語には、メトロポリス、コスモポリス、メガロポリス、テクノポリスなどがある。また、ポリスは、ポリス police 警察、ポリシー policy 政策、ポリティックス politics 政治などの語源でもある。アクロポリス[5]に由来するという説が有力で、もともと「砦・城砦・防御に適した丘」を意味したが、アクロポリスを中心として、周辺農村を含んだ一定の領域をポリスと呼ぶようになる。ポリスは通常「都市国家 City State」と訳される。すなわち、国家の成立と都市の成立は同じ過程である。

ポリスは、基本的に市民（ポリテース polites、自由市民 eleutheros polites）によって構成されたが、一定の領域に居住する住民が全てその構成員すなわち市民であったわけではない。また、ポリスは一定の領域内に限定されたわけではない。そのポリスが建設したコロニアcolonia（植民都市）の市民も構成員に成りえた。ポリスの市民にメトイコイ（在留外国人metoikoi）[6]とドゥーロス（奴隷doulos）は含まれていなかった。[7]ドゥーロスが属したのはオイコスoikosである。オイコスは、家族が暮らす場所すなわち住居（家）であり、農業や家庭内生産によってポリス市民の生活を支えたのがオイコスである。オイコスが、エコノミックス（経済学）とエコロジー（生態学）の語源となったことはよく知られるところである。ポリスが政治的都市組織であるとすれば、オイコスは経済活動の基礎単位であり、ポリスの下部構造であった。そして、ギリシャにはさらに諸集落の連合からなるエトノスethnosと呼ばれる地域単位があった。エトノスは一般に民族（習慣、習俗）を意味し、同一の文化的伝統を共有するとともに、共属意識をもつ単位集団をいう。ポリス・オイコス→エトノス→コロニアというのが、ギリシャの都市ネットワーク世界である。

ローマのキウィタスもまた、ポリス同様、第一義的には「自由な市民（キウェスcives）」の共同体を意味した。ただ、その成員権（市民権）をもつものの集団をいい、奴隷（セルウィservi）は含まれていない。ポリスにおけるオイコスに相当するのはファミリアfamiliaである。ファミリアには、奴隷、侍女、家畜などが含まれ、家父長（パトル・ファミリア）によって運営された。市域のみならず、市民がヴィラvilla（別荘）を建てて住むヴィクスvicus（集落）を含めた地域（テリトーリオterritorio）全体がキウィタスである。

今日の世界を構成する国民（民族）国家Nation Stateシステムに代わる基礎単位と考える都市コミューンの起源は、このポリスあるいはキウィタス＝都市国家City Stateに求められるだろう。

注目すべきは、奴隷、外国人が市民から排除されていたこと、市民生活と生産活動が重層化されていたこと、そして、都市が食料を供給する後背地域と密接不可分な関係において成り立っていたことである。

## 都市組織の諸類型――民主制・衆愚制・寡頭制・僭主制・君主制

都市は、以上のように、古代社会のひとつの制度として成立する。ポリスそしてキウィタスの体制、その組織原理には、近代の国制としての立憲君主制、共和制、議院内閣制、大統領制にしても、民主主義国家vs権威主義国家にしても、その原型を見ることができる。

古代ギリシャの国制として、全員参加の「民会（エクレシア）」と部族代表からなる「評議会（ブーレー）」による行政・財政、民衆裁判所における多数決、公職者の抽選制、弾劾裁判制を基本とするアテナイの直接民主制（デモクラティア）がよく知られる。古代ギリシャ語のデモス（人民）とクラティア（権力・支配）をあわせたデモクラティアがデモクラシーの語源である。しかし、民主制以外に既にさまざまな国制が知られる。ヘロドトスは、民主制と寡頭制（オリガルキア）、そして君主制（モナーキー）を区別している。プラトンは、さらに、貴族制（アリストクラティア）、王制（バシレイア）、僭主制（テュランニス）などを区別した上で、哲人による貴族制（名誉支配制（ティモクラティア））を理想とした。それに対して、アリストテレスは、王制、貴族制、民主制のそれぞれ堕落した政体を、僭主制、寡頭制、衆愚制（オクロクラシー）とし、王制が堕落すると僭主制になり、その反動で貴族制が興り、それが堕落すると寡頭制となり、その反動として民主制が興り、それが堕落すると衆愚制となり、その反動として王制が興るという、国制の歴史は堕落と革命を繰り返すという循環論を説いたが、今日の民主主義、ポピュリズム、権威主義の興亡を予言するかのような慧眼である。都市組織のレベルに、国制の諸形態の萌芽が孕まれているということである。

目指すべき都市コミューンは、人類のこれまでの経験を踏まえた、多様な形態をとるであろう。全く新しい都市システムが世界中で共有されることはない。分散自律組織は、それぞれが多様であることが前提である。

## 帝国＝中央集権国家モデル

都市（国家）が形成されると、地域における一群の都市（国家）の中から他の都市（国家）を従える「領域国家」が出現する。そして、「領域国家」を束ねて成立するのが「帝国」である。「帝国」は、世界貨幣を流通させ、国際法をもち、世界宗教を統合の原理とし、世界言語をコミュニケーション手段とする。「帝国」は、都市文明の発生地域に形成され、相対的に独立していたが、やがて相互に連結されていくことになる。

古代帝国として、今日に至る「帝国」の最初のモデルとされてきたのはローマ帝国である。

ローマは、古代イタリア人がエトルリア地方の周辺に建設したラテン同盟の一都市であった。その都市社会は、王政ローマ[8]、共和政ローマ[9]、そして帝政ローマ[10]へと移行する。共和政ローマに至るまでのローマは基本的に都市国家としての性格を保持していた。すなわち、支配領域の拡大は、新たな統治機構を設けることはなく、都市国家ローマによる都市の征服、支配という形をとった。ローマは、それでも、紀元前1世紀には「世界帝国」と呼びうる広大な領域を支配するに至る。しかし、専制国家としての帝政の成立によって、ローマと諸都市の関係は、大きくは中央と地方都市の関係に変化していく。2世紀以降、帝国支配のための官僚機構として、その統治の要となったのは都市監督官と地方裁判官である。都市監督官は、財政問題を抱えていた地方都市に派遣され、その解決に当たった。都市財政をコントロールし、都市パトロンとしての役割も担ったとされる。地方裁判官は、司法担当の帝国官僚として、自治行政上の問題を解決する一方、都市の状況を皇帝に報告する役割を担った。そして3世紀後半になると、イタリアに「州 provincia」が設置され、各州に総督コレクトールが派遣されるようになり、「州」制度が確立する。

　地中海とそれを取り巻く諸地域を、生態的基盤を共有する一つの全体として機能する「地中海世界」としてとらえ、フェリペⅡ世時代に焦点を当てて世界史をダイナミックに描き出したのはF・ブローデル（邦訳『地中海』１９９１～95［原著１９４９］）である。フェリペⅡ世の時代は、スペインがコンキスタによって「新大陸」からフィリピンまで一大スペイン植民地帝国を建設する過程でもある。『地中海』はI・ウォーラーステインの近代世界システム論を誘導し、今日のグローバルヒストリーの起源ともなる。時代ははるかに下って、冷戦構造が崩壊した１９９０年代以降のグローバリゼーションの時代の「帝国」を論じたのがアントニオ・ネグリ&マイケル・ハート（2003）であるが、ロシアのウクライナ侵攻をめぐって浮かび上がるのは、「ロシア帝国」「中華帝国」の時代の世界秩序である。

帝国主義システム、また中央集権システム、そして資本主義システムに代わる世界システムを実現すること、我々ホモ・サピエンスが行き着いたのは、このとてつもない課題である。

## コミューン（コムーネ）

ローマ帝国は、しかし、永続的な帝国とはならなかった。西ローマ帝国の崩壊によってヨーロッパ世界[11]が成立することになる。アルプス以南から以北へ、政治・軍事・経済の中心は移動していき、その過程でヨーロッパが誕生するのである。すなわち、ローマ帝国を中心とする「古代地中海世界」の崩壊＝「ヨーロッパ中世世界」の誕生（古代から中世への移行）である。

8世紀後半にはカトリック教会制度の頂点に立つローマ教皇（最高司祭長）が出現する。そして、イベリア半島を除く西ヨーロッパ全域を支配下に置いたフランク王国のカール（シャルルマーニュ）Ⅰ世が、ローマ教皇レオⅢ世による戴冠の儀礼を受け「神聖ローマ皇帝」となる（800年）。キリスト教が統合の原理となることによって、ヨーロッパ＝キリスト教世界という地域区分が一般化することになる。[12]カールⅠ世は、「ヨーロッパの父」とされる。

ヨーロッパの起源は、キリスト教を核とするギリシャ・ローマ帝国の伝統とゲルマンの伝統の接合・統合に求められる。すなわち、ヨーロッパ中世の社会は、ローマ教会を中心とするキリスト教団のネットワークと、各地域の王、領主を中心とする領主制のネットワークの二つの支配のネットワークによって成立する。

この二つのネットワークを揺るがすかたちで出現するのがコミューン（コムーネ）である。冒頭（序）に確認したように、いずれもラテン語の「共通の」「共有の」（英語ではコモン）を意味するコミュニスに由来し、今日では、それぞれフランス、イタリアの基礎自治体を意味するが、文字通り「自治」を掲げて出現したのがコミューン（コムーネ）である。日本語にすれば、「自治都市」「都市共同体」である。

コミューンの起源は11世紀後半に遡る。都市コミューン運動が逸早く展開されたのはフランドルを中心とする北東フランスの諸都市である。１０７０年のルーマン、１０７７年のカンブレ、１０８１年のサン・カンタンの蜂起以降、各地で都市コミューンが結成されていく。自治都市コミューン誕生の背景となったのは、ローマ教皇と神聖ローマ皇帝との間の聖職叙任権闘争による都市領主としての司教や伯の権威の失墜であり、決定的となるのは神聖ローマ帝国の大空位（１２５６～73年）である。このローマ皇帝の不在を埋めるようにコミューンが誕生するのである。

その成立過程、体制は様々であるが、一般にコミューンが指名するコンソリ（複数の執政官）が都市を統治する形がとられた。領主家臣（都市貴族）、商人、職人、さらに都市に居住する周辺地域の小領主、農民も参加するレプブリカ（共和制）が代表的な政体となる。そして、コンソリの選出をめぐる家系や門閥間の抗争、先住者と移住者との利害対立などのために、他のコムーネから政務に長けた人物をポデスタと呼ばれる最高執政官として任期つきで雇用することが行われるようになる（ポデスタ制）。さらに、神聖ローマ帝国の権力が消滅する13世紀後半から14世紀にかけての激動期に、コムーネの錯綜する利害関係を調停する統治者として、共和政を前提とする諸権限を集中的に委託されたシニョーレが現れる。シニョーレの統治する政体はシニョリーア（シニョーレ制）と呼ばれる。そして、シニョリーアの多くはプリンチパート（君主政）に変化していく。シニョーレの権限は大きく、その任期は次第に長くなり、さらに終身制、世襲制となって、皇帝や教皇から爵位を得た君主となる。そして、有力な君主が諸都市を統合する領域国家が出現することになる。

このコミューン（コムーネ）の出現、ヨーロッパにおける都市の「再生」が文字通りのルネサンスである。ルネサンスは、日本語では「文芸復興」と訳され、専ら文芸・芸術に焦点が当てられるが、その担い手は都市であり、市民あるいは都市近郊に居住する小貴族によるコミューン（コムーネ）であった。

新たな世界システムの基礎単位とする都市コミューンのもうひとつの有力な起源は、このコミューン（コムーネ）である。「都市の空気は自由にするStadtluft macht frei」というドイツの法諺は、コミューン（コムーネ）が封建領主の支配から逃れることで自由身分を得られる場所であったことに由来するとされる。羽仁五郎（1968）『都市の論理』が理念化したのがこの「自由都市」としてのコミューン（コムーネ）であった。

## 2　都市のグローバルヒストリー

都市はメソポタミアで生まれ、地中海で育った。そして、ギリシャ・ローマの都市文明を正統に引き継いだのはヨーロッパのみであるかのように、「世界都市史」は書かれてきた。これまでの「世界都市史」は、基本的にヨーロッパの都市史であり、その都市モデルの世界への伝播、移植の歴史である。コミューン（コムーネ）もヨーロッパ世界で理念化された都市組織の形態である。

しかし、ヨーロッパが成立するのはローマ帝国の分裂以降であり、ヨーロッパ都市の成立は、ユーラシアの他の地域と比較してそう古いわけではない。都市のあり方は実に多様である。古代ギリシャ・ローマのポリス、キウィタスに様々な類型（民主制・衆愚制・貴族制・寡頭制・僭主制・君主制）があることは上述の通りである。

都市の歴史は、古代都市、中世都市、近世都市、近代都市のように、世界史の時代区分に従って書かれるが、古代、中世、近世、近代で都市の形態が截然と変わるわけではない。そして、都市の歴史、その一生（存続期間）は、王朝や国家の盛衰と一致するわけではない。世界都市史のフレームとしては、細かな地域区分や時代区分は必要ない。本書が念頭に置くのは、「世界」における複数の社会構成体（帝国、都市国家、民族など）間の分業体制（中央（中核）・半周辺・周辺（周縁））に着目するI・ウォーラーステインの世界システム論[13]や交換様式に着目して資本・ネーション・国家の関連を展望する柄谷行人（２０１０）『世界史の構造』[14]柄谷行人（２０２２）『力と交換様式』

など、世界史の歴史生態学に関わる大きな時間空間の区分である。都市のあり方を大きく規定する要因を整理しておこう。

## ワールド・ワイド・アーバン・ウェブ

都市のグローバルヒストリーは、都市とそのネットワークが地球全体をウェブ（蜘蛛の巣）状に覆っていく過程としてイメージすることができる。W・H＆J・R・マクニール（2015）のいうヒューマン・ウェブ（人々の結びつきと相互作用）の要となるのが都市であり、ワールド・ワイド・アーバン・ウェブWWUWの歴史的形成、拡大、変容の過程を叙述するのが都市のグローバルヒストリーである。

都市は、それ自体では自立できない。都市は分業を前提として成立するが、都市が食糧供給源である後背の農村と密接に結びついているのはその前提であった。都市＝農村連合体が地域の基本単位である。その都市＝農村連合体は、各地域の都市＝農村連合体とネットワークを形成する。地域では入手できない稀少な資源（貴金属、貴石、香料…）は、遠隔地交易によって調達される。

最古の都市文明を生んだメソポタミアでは、青銅の素材である銅はアナトリアやイラン、錫はアフガニスタンやイランから輸入されていた。エジプトは自給自足経済を基本とし、金の産地として知られるが、装飾品となる象牙はアフリカ内部から、木材はレヴァントから輸入していた。

また紅海を通じて遠隔地交易を行っていた。ギリシャは銀の産地として知られ、諸都市はワインやオリーブオイルを交易品として、地中海沿岸にコロニアのネットワークを形成したが、染料については、アフガニスタンやタキシラ（タクシャンシラ）から古くから輸入していた。

すなわち、都市は、自給自足の農耕集落とは異なり、予め、他の地域との交易ネットワークを前提として成立する。食料、資源をめぐる都市のネットワーク関係が世界を構成する。このシステムは今日も変わらない。しかし、国民国家の領域支配がこのネットワークを分断してしまっているのである。

## 交通・情報・火器・防衛

都市間のネットワーク、ワールド・ワイド・アーバン・ウェブWWUWの成長、変化を大きく規定するのは交通手段（ウマ、船、蒸気機関車・蒸気船、自動車、飛行機）であり、情報伝達手段ICT（言語、文字、電信、電話、インターネット）である。ネットワークを通じて交換されるのは、食料、物資、情報だけではない。人とその集団の移動とともに、宗教、文化、技術、制度などの交換も含んでいる。そして、都市間には、食料、資源をめぐって同盟・敵対関係が生まれ、しばしば戦争が引き起こされる。都市間の優劣関係を支配し、都市のかたちを具体的に規定してきたのは、軍事技術であり、築城（防衛）術である。

W・H・マクニール（2002、2014〔原著1982〕）が、軍隊組織に焦点を当てて、古代から20世紀の二次の世界大戦まで世界史を振り返るが、現在のウクライナ戦争をみても、食料、資源、武器などの重層的なサプライチェーンが大きく戦争を規定していることを理解することができる。

古代の戦争の帰趨を握ったのは、兵士、武器、食料の輸送と補給すなわちロジスティックスである。軍事は都市のかたちを大きく規定する。古代から13世紀の大モンゴルウルスの成立に至る「世界史」のインフラストラクチャーを支えたのはウマである。その馬力（走力・輸送力・耕作力）は、食料・物品・情報の交換、人の移動のための都市間ネットワークを大きく規定してきた。

火器の出現以前に、戦争の帰趨を握ったのは、①青銅製の武器（刀槍）と武具（甲冑）である。紀元前3500年頃メソポタミアで用いられるようになったというが、それ以上に決定的だったのは②二輪戦車（チャリオット）の発明である。その後、紀元前1200年以降に小アジア東部で開発された鉄の冶金と加工の技術による③鉄製武器と武具の出現は、戦車の重要性を高める。火器以前に決定的であったのは④騎馬戦の技術と軍隊編成である。騎馬戦はやがて重装騎馬兵がその主体となっていくが、ウマの大型化など改良が加えられていくことになる（W・H・マクニール2002、2014）。今や、核兵器、ICT、ドローン、AIが戦争の帰趨を握っている。

都市革命を起点（都市化の零度）とすると、第一の画期となるのは、

A　火器の誕生―築城術の進歩である。

城砦そして市壁の建設による防御は都市の起源に関わる。そして、土壁、木壁、日干煉瓦・焼

成煉瓦造、石造へと築城術は進歩していく。ヨーロッパ中世都市の多くの防御壁は、当初、土、木材による簡素なものであった。アッバース朝の首都バグダードの円城（762年）の痕跡が今日に伝えられないのは土壁、日干煉瓦による城壁だったからである。火薬による銃や大砲の出現以前は攻撃より防御が築城の基本であった。火器による攻城法によって築城術は大きく変化し、都市の形態を変えていくことになる。また、火器は、西欧列強が非西欧世界に近代植民都市を建設していく決定的な武器となった。並行して、

B　航海術、造船技術の革新がある。

そもそも世界認識（宇宙観）の転換（コペルニクス革命）が大きい。そして、「世界」の拡張、地球の発見が決定的である。西欧の海外進出、さらに世界周航を可能にしたのは、ラクダやウマ、そして舟といった交通手段に変わる、航海の技術である。17世紀における科学革命を用意したのは、16世紀文化革命である（山本 2007）。そして、次の最大の画期が、

C　産業革命である。

## 都市／農村の決定的分裂

産業革命は、農村から都市への大量の人口移動を引き起こす。Ｈ・ルフェーヴル（１９６９a）は、これを都市と農村の決定的分裂（大破Détruit）という。以降、都市は独自の発展をしていくことになる。産業革命以降の都市化は、農村社会の崩壊（囲い込み）に伴う都市への人口移動が工業化に必要な労働力を提供するという過程と、家内制工業からマニュファクチュア工業そして工場生産制工業への進展が労働力の集中、そして市場の開拓を必然化し都市化を促進させるという過程の二重の過程である。都市化は労働力の集中と市場という本質的な要素によって工業化を引き寄せ、工業化が逆に都市化を推進させるという二つの相互過程はしばしば同一のものと考えられてきた。その過程で、都市と農村の分裂は決定的になるのである。農村から流入する膨大な人口を受け入れることで、都市は急速に拡大し、19世紀後半には城壁は撤去されることになる。蒸気機関車、蒸気船によって、諸都市間のネットワーク関係を大きく転換していくことになる。そして、都市景観のあり方に決定的となるのが、

Ｄ　近代建築―鉄とガラスとコンクリートによる建築生産の工業化―の成立である。

建築が工場生産化（プレファブ化）されることによって、建築と土地との関係が切り離される。

また、鉄筋コンクリート（RC）造、鉄骨（S）造によって高層建築化が可能になったことが大きい。都市が立体化することが可能となるのである。そして、交通手段として、鉄道に加えて、

E　自動車、飛行機の出現が大きい。

住居と都市の関係、住居と世界の関係が大きく転換するのである。そして、現在、都市のあり方を大きく変えつつあるのが、

F　情報通信技術ICTの革新である。

## 3　全球都市化——メガシティに未来はない

人類の歴史は、地球全体を人工環境化していく歴史である。世界史の舞台となるのは、人類が地球上に自らの居住域（エクメーネÖkumene）[15]としてきた空間のネットワークである。人間が居住することのできない地域はアネクメーネAnökumeneと呼ばれ、エクメーネとアネクメーネの境界は、食料生産とほぼ一致する。居住は可能であるが農耕に適さない地域はサブエクメーネSubökumeneとされるが、人類は一貫してエクメーネを拡大してきた。

およそ1万年前の農耕革命が地球の人工環境化の起源となる。採集狩猟民は、10～１００人の集団を形成し、数十㎢から数百㎢の範囲を生活領域として活動していたと考えられ、集団と集団が出会うことは極めて稀であったと考えられる。採集狩猟の遊動生活から定住生活への転換は、食料資源が豊富な地域では、農耕の開始に先立って行われた。水産物や水鳥が豊富な川沿いや海沿いがその適地である。縄文時代の日本もそうした適地にめぐまれていた。コムギの栽培化の起源地とされるレヴァント地域でも定住が先行している。旧石器時代末期、1万２０００～1万年前の地球上の総人口は５００万～８００万人と推計されている（Hassan 1981、大塚 ２０１５）。

農耕牧畜発生の背景、時期、栽培種、拡散過程はそれぞれ異なる。起源地とされるのは、西南アジアの肥沃な三日月地帯、中国黄河・長江の中・下流域、ニューギニア内陸高地、メソアメリカ・中央アンデス・ミシシッピー川流域、西アフリカ、南インドである（ベルウッド ２００８）。いずれにせよ、農業による食料生産は、自然と人類との一定の共生関係において可能であった。

ユーラシアの東西をひとつの国家として連結したのは13世紀の大モンゴルウルスである。ウマによって連結された陸のネットワークと船による海のネットワークを合わせてユーラシアを連結したのは大元ウルスであり、そのウェブの起点に位置した世界都市が大都＝北京である。15世紀以前の「世界史」は、ユーラシアを舞台とする「陸の歴史」すなわち「ウマ（あるいはラクダ）の世界」である。クリストバル・コロンの「新大陸」（サンサルヴァドル（グアナハニ）島）の発見（１４９２年）以降、大西洋、インド洋、太平洋が多角的に陸地を結び付ける「海の歴史」すなわち「帆船の世界」が開始される。ポルトガルが先鞭をつけ、スペインが続くが、イスラーム勢力をイベリア半島から一掃したレコンキスタの完了とコンキスタの開始は同じ1492年であり、以降、西欧世界の非西欧世界に対する優位が確立されていくことになる。そして、16世紀から17世紀にかけて新たなヨーロッパ分業体制が確立され、「近代世界システム」（I・ウォーラーステイン）が成立する。その最初のヘゲモニーを握ったのはオランダであり、続いたのが世界の陸地の4分の1を植民地化したイギリス（大英帝国）である。

世界人口の幾何級数的な増加は産業革命によって引き起こされる。上述のように、19世紀初頭の世界人口は約10億人と推定される。その後の人口増加はすさまじい。今や世界人口は80億人を超えたのである（2023年）。

## 都市の規模

世界の総人口は、推計は様々であるが、[16] 紀元前後には1・7億～3・3億人、500年1・9億～2・1億人、1000年2・5億～3・5億人、1200年3・6億～4・5億人、1300年3・6億～4・3億人、1400年3・5億～3・7億人、1500年4・3億～5・4億人、1600年5・0億～5・8億人、1700年6・0億～6・8億人、1750年7・2億～8・2億人、1800年8・9億～9・8億人と推移する。

都市の規模は、都市住民の生活を支える食料などの必需品を供給する後背地や交易地と交通

（移動・運搬）手段に大きく規定されるが、産業革命以前の歴史的都市のなかで最大の都市と考えられるのは、ローマ帝国のアレキサンドリア、そしてローマ、アッバース朝のバグダード、さらに隋唐の長安で、１００万人程度である。

そして、19世紀初頭のヨーロッパの大都市の人口[17]は、ロンドン86万１０００人、イスタンブール57万人、パリ54万７０００人、ナポリ43万人、モスクワ24万８０００人、リスボン23万７０００人、ウィーン23万１０００人で、アジアでは、北京１１０万人、広州80万人、杭州38万７０００人、インドのラクナウが24万人といった規模である。日本の江戸が68万５０００人、大坂が38万３０００人、京都が37万７０００人である。すなわち、蒸気船、蒸気機関車が登場する以前の都市の規模は最大でも１００万人程度であった。高密度居住も、高層建築の建築技術が関わる。鉄とガラスとコンクリートの近代建築が登場する以前には、１００万人程度が限界であったことである。

煉瓦造、石造建築の場合、宮殿も一般の住居も一階建（平屋）が基本である。メソポタミアのアッシュルから数階建ての住居モデルが出土しており、古来多層（多階）住宅は存在してきた。ローマ時代にはドムス（戸建住宅）とインスラ（集合住宅）という二つの住居形式が知られるが、１００万人の人口を抱えた古代ローマでは、皇帝ネロ時代のローマ大火（64年）の後、インスラの高さ制限を70ペスから60ペスに３ｍほど低く抑えた事実を基にすると、６～８階建てであったことは推測できる[18]。19世紀の首都ロンドン、パリ、ベルリンでも、一般庶民が住んだのは６～８階建てのアパートである。

## 工業化と都市化

産業革命によって都市と農村の分裂が決定的となり、世界人口は爆発的に増加することになる。農村から流入する膨大な人口を受け入れることで、都市は急速に拡大し、それ以前には存在しなかった大都市（メトロポリタン・ウェブ）が出現し、都市の歴史は、それ以前とは異次元の世界に突入するのである。資本主義システムは、端的に、商品（交換価値）、それを媒介する貨幣、その蓄積である資本によって人間の活動を支配するシステムである。人類は、資本主義システムの誕生によって、その生活の基盤である土地（地域の自然環境）を囲い込まれ、それを維持する共同体からも切り離されることになる。すなわち、資本家になる以外は、自らの労働を切り売りしていく賃労働者（プロレタリアート）となる。その起点になったのが産業革命である。

産業革命以前の都市の規模については、ある国あるいはある地域においては一定のヒエラルキー、すなわち、中心都市が最大で、第二位、第三位…の都市の規模に一定の比例関係があるというランク・サイズ・ルール（順位規模原則）[19]が指摘されてきた。しかし、20世紀に入り、さらに第二次世界大戦後、人口増加率が史上最大に達した1965～70年（2・04％）に、ランク・サイズ・ルールを大きく逸脱する、ある国あるいはある地域で断トツの人口規模をもつ巨大都市が出現する。プライメイト・シティ[20]と呼ばれ、首座都市、単一支配型都市と日本語に訳されるが、西欧列強によって植民地化され、第二次世界大戦後に独立した発展途上地域の多くの首都がそうである。「過剰都市化 over urbanization」あるいは「工業化なき都市化 urbanization without industrialization」、さらには「従属的都市化 dependent urbanization」といった概念が提出され、発展途上国における都市化を先進諸国の都市化を含めてひとつの「世界システム」の運動過程として捉える理論が様々に示されてきた。

アーバン・ウェブを拡大、強化したのは交通手段である。蒸気機関車、蒸気船によって、さらに、自動車と飛行機の出現によって、物資は、より短時間に、より大量に運搬されるようになる。それ以前には2か月を要した大西洋横断は蒸気船によって20日足らずで可能となった。今では、地球上どこでもほぼ一日で移動することができる都市間ネットワークは、空間的にも時間的にも緊密度を飛躍的に高めたのである。

ヨーロッパの大都市では、19世紀後半には城壁は撤去されることになる。19世紀末には、RC造、鉄骨造による高層建築の出現によって、立体的な空間利用が開始される。19世紀末は、高層建築の出現という意味で、世界都市史の一大転換期である。そして、プレファブ建築の出現もまた決定的である。すなわち、基本的には地域で産出する建築材料によって現場でつくられる建築生産システムは、工場で前もってつくられる（プレ・ファブリケーション）ものとなるのである。20世紀以降、エクメーネのあり方を変えたのは、エレベーター技術、空調設備を含めた近代建築技術である。

産業革命による都市への人口集中が引き起こした都市問題、住宅問題、すなわち、衛生問題、廃棄物問題、飲料水、下水問題、過密居住…に如何に対処するかが近代都市計画の起源である。そして、それとともに構想されたのが未来社会への展望（コミュニズムあるいは社会主義）であり、近代都市計画の理想である。20世紀の建築家・都市計画家が目指した都市イメージは、超高層ビルが林立する立体都市（ル・コルビュジエ）と田園都市（E・ハワード）に大きく二分化されるが、世界資本主義が向かったのは、空間の高度利用高密度集積すなわち高層化の方である。

## メガロポリス

人口1000万人を超えるメガシティも必ずしも単独で存在するわけではない。アメリカ東海岸、大西洋岸に多くのメトロポリス（大都市）が帯状に連なっている地域をメガロポリスmegalopolisと呼んだのはフランスの地理学者ジャン・ゴットマン（1915～94）である。[21] 都市圏をどう定義するかは問題であるが、都市人口のランキングは、行政単位（自治体）の人口ではなく、都市圏の拡がり（面積）と人口、すなわち、人口密度が問題となる。同じ1000万人都市といっても、アメリカ合衆国の3都市圏（ニューヨーク、ロスアンジェルス、シカゴ）は、人口密度は1300～2300人／㎢と最も低い。東京・横浜圏は世界一の3850・5万人、全人口の30％が集中する都市圏であるが、人口密度は、北京、天津、ブエノスアイレスと同じ4700人／㎢である。近畿圏（大阪・神戸・京都）の方が高い（5700人／㎢）。パリにしても、モスクワにしても、クアラルンプール、ヨハネスブルクなども東京圏以下である。問題は、人口密度が４万１０００人／㎢のダッカ以下、ムンバイ、キンシャサ、アフマダバード、ボゴタ、マニラ、カラチ、ラホール、リマ、デリー、コルカタ、ジャカルタ、イスタンブール、チェンナイなど１万人／㎢を超えるメガロポリスである。この高密度のメガロポリスを抱える14か国の一人当たりＧＤＰは、イスタンブール（トルコ75位）、リマ（ペルー92位）、ボゴタ（コロンビア94位）以外は、ジャカルタ（インドネシア１１７位）以上である。

「拡大大都市圏ＥＭＲ（Extended Metropolitan Region）」あるいはメガ・アーバニゼーションという概念が東南アジアの都市について議論され出したのは１９９０年代初頭のことである。[22]東南アジアには、ジャワ、バンコク、クアラルンプール、マニラそしてシジョリSIJORIという、五つの「拡大大都市圏」が出現する。ジャワは、大きくはジャカルタ大都市圏（ジャボタベックJabotabek）[23]とスラバヤ大都市圏（グルバンクルトスシラGerbangkertosusila）[24]からなる。シジョリとはシンガポールSingapore、ジョホールバルーJohor Bahru、リアウRiauの三角地帯をいう。この五つでアセアンＡＳＥＡＮの都市人口の3分の2を占め、その規模はラテン・アメリカの都市地域の規模に匹敵する。

世界に眼を広げれば、アメリカ合衆国東海岸には、ボストンからワシントンまで大西洋沿岸にボスウォッシュBoswash（Boston-Washington corridor）都市圏が成立している。ボスウォッシュ全体で約６０００万人、全米の約18％が居住し、アメリカ合衆国の中枢であるホワイトハウス、合衆国議事堂、国際連合本部、ニューヨーク証券取引所、ＮＡＳＤＡＱ、シティグループなど金融会社の本社、有力メディアＡＢＣ、ＮＢＣ、ＣＢＳ、ＦＯＸ、ニューヨーク・タイムズ、ワシントン・ポストなどの本社、著名アイビー・リーグ大学6校が集中する。

西ヨーロッパには、北西イングランドから右回りにカーブを描いて、バーミンガム、ロンドン、アムステルダム、ブリュッセル、ルール地方、ストラスブール、チューリッヒ、トリノ、ミラノまでブルーバナナBlue Banana都市圏が成立している。ブルーというのは、ＥＵが青色の旗を用いるように、伝統的にヨーロッパの色とされてきたことに由来する。

日本の東京・横浜（３８５０万人）、名古屋（１０２４万人）、大阪・神戸・京都（１７１５万人）、福岡（５１０万人）をつなぐ東海道・山陽道ベルトも世界有数のメガロポリスである。今日、世界最大のメガロポリスは、中国の珠江デルタの広州・仏山（２０１３万人）、香港（７５２万人）、深圳（１３２０万人）、東莞（８４１万人）、マカオ（67万人）を含む三角地帯、珠三角Pearl River Deltaである（括弧内は２０１９年の都市圏人口）。１９７８年の改革開放に伴って香港の後背地として発展してきたが、経済特区として急速に発展、都市圏人口は７０００万人を超える。

## 地球環境の転換点

都市は、今や地球の表面を悉く覆いつつある。食料生産のための農地の拡大を含めれば、地表面のほとんどは既に人工環境化されていると言っていい。数多くの貧困者の存在が示すように、地球に現在の世界人口を十分に支える能力（資源、エネルギー、食料）はない。

人口増加とその活動が地球環境全体に大きな影響を及ぼすことは、１９６０年代以降、環境問題（公害）、エネルギー問題（オイルショック）として意識されてきた。レイチェル・カーソンの『沈黙の春』（１９６２）がＤＤＴ、農薬など化学物質の問題を告発してきたし、日本には有機水銀による水俣病が１９５０年代末から問題にされてきた。そして、オイルショックが世界を襲った１９７３年直前にはローマ・クラブが『成長の限界』を提起していた。

人口増加に伴い、エネルギー、水、紙、肥料…などの消費量も急増する。大気中の二酸化炭素$CO_2$、亜酸化窒素$N_2O$、メタン$CH_4$の濃度は急激に増え、海洋の水素イオン濃度（酸性度）も、成層圏オゾン層の損失率も急増する。結果として、地球の平均気温は産業革命以前からおよそ１・２度Ｃ上昇した。そのために各地の気候が変動し、それ以前にはなかった風水害、旱魃、冷夏、暖冬など異常気象に襲われるようになった。

しかし、気候変動、地球温暖化の問題への各国の対応は今なお遅々として進まない。

地球システムはレジリエンス（フィードバック・ループ）をもつのか？　あるいは転換点を越えてしまうのか？

# 第2章 縮退する日本
## ——自治なき自治体

1990年代以降の日本の政治、経済、社会の劣化は覆うべくもない。国力、国の特性に関わる国際比較の様々な指標を見ると、見るのも嫌になるほど、その劣化の過程は一目瞭然である。何故、こんなことになったのか？　理由ははっきりしている。日本の社会が、とりわけ、政界、経済界、官界、学界の指導者層が日本の未来についてのサステナブルなビジョンを欠いてきたからである。平成バブルが弾けても、バブル経済の再来、成長拡張の金融資本主義を基本的な原理とするばかりで、それに変わるビジョンを打ち出せなかったのである。

財政破綻、債務残高GDP2倍超の異常、格差拡大、富裕層と貧困層の二分化、行政（官僚）システムの劣化、縦割り行政の硬直化、食料・エネルギー自給率の低さなど、日本という社会、国家が抱えているクリティカルな問題は、全て、当然の結果である。

日本の総人口は、2013年以降、減少に転じた。世界の総人口も21世紀後半には減少に転じる。地球は有限である。メガシティ、一極集中、格差拡大の資本主義モデルとは異なる社会モデルが必要とされていることは明らかである。少子高齢社会の最先端に立った日本は、世界に先駆けてその社会モデルを実現する大きな役割がある。分散自律組織としての都市コミューンのネットワークは、その大きな指針となる。

## 1　成長神話の亡霊

日本の一人当たり名目GDP（国内総生産）は、1990年代前半には、アメリカ合衆国に次いで世界第2位となった。しかし、バブル経済が弾けた1992年以降、日本は失われた時代となる。2010年にGDPは中国に抜かれて世界第3位になる。そして、今やドイツに抜かれて、第4位に落ちた（2023年）。近いうちにインドにも抜かれ、第5位に転落する。

序で触れたが、日本の一人当たりGDPは、2022年には世界32位にまで低下している。[25] GDP第4位のドイツは20位、第6位のイギリスは23位、第7位のフランスは24位、第9位のカナダは13位、第10位のイタリアは31位だから先進国G7のなかでは最も低い。、GDP第2位の中国は70位、第5位のインドは145位、第11位のブラジルは83位であるが、国際関係において発言権を有するのは、中国、インドだけでも28億人、世界人口の35％を占めるその人口規模、経済規模が世界経済の動向を大きく左右するからである。

しかし、世界全体が成長を続けることはありえない。産業革命以後、経済成長によって人類に様々な「豊かさ」をもたらしてきた資本主義も、全球都市化によってそのフロンティアをほぼ失ったことは明らかである。

地球という枠組み、気候変動、温暖化の問題がその展開を大きく規制していくことははっきりしている。成長神話は、未だに日本には根強いけれど、グローバルにも成長がありえないことはあらゆる指標が示している。

## GDP（国内総生産）の魔術

アメリカの経済学者サイモン・クズネッツSimon KuznetsがGDP（Gross Domestic Product）という指標を考え出したのは1934年のことである。以降、経済の規模や成長率を評価する指標として世界中で用いられ、グレート・アクセラレーションをまさに加速してきた。しかし、GDPとは、国民国家単位の指標であり、国力として人口規模が掛け合わされる。大国・小国を序列づける指標である。経済の内容、所得格差、その持続性（SDGs）などは考慮していない。序で述べたように、今や1000万人を超えるメガシティは50になんなんとするが、国際連合加盟国193か国（2023年）のうち、1000万人以下の国は101か国、500万人以下の国は72か国も存在しているのである。

一人当たりＧＤＰのトップテン（２０２２年）の国とその総人口は以下のようである。

①ルクセンブルク（64万５０００人）、②ノルウェー（５４７万５０００人）、③アイルランド（５１６万５０００人）、④スイス（８７３万９０００人）、⑤カタール（２８３万１０００人）、⑥シンガポール（５６３万７０００人）、⑦アメリカ（３億３３５３万人）、⑧アイスランド（33万９０００人）、⑨デンマーク（５８７万３０００人）、⑩オーストラリア（２６２６万８０００人）。

アメリカがＧＤＰ世界一という国力を持ちながら、一人当たりＧＤＰでも7位に入っていることは、その国際政治経済におけるリーダーシップの背景を示している。しかし、一人当たりＧＤＰの上位を占める国の人口規模をみて欲しい。アメリカ、オーストラリアを除けば、数十万から数百万の規模である。世界を構成する基礎単位と考える分散自律都市の現実形態は既に存在している。

本書で世界の基礎単位と考える都市コミューンが目標とする指標としては、既に様々な提案がある。教育、健康、社会的結束、環境など、住民の幸福度や生活の満足度を評価するのがハピネス・インデックス（幸福度）[26]である。日本は、しかし、これでも世界47位である。上位を占める国は、①フィンランド（５５９万８０００人）、②デンマーク、③アイスランド、④イスラエル（９６６万２０００人）、⑤オランダ（１７５９万１０００人）、⑥スウェーデン（１０５２万２０００人）、⑦ノルウェー、⑧スイス、⑨ルクセンブルク、⑩ニュージーランド（５１２万５０００人）である（２０２３年、人口はＩＭＦ２０２２年）。北欧の福祉国家の評価が高いが、国の人口規模は、オランダを除けば、数百万から１０００万人の人口規模である。

経済成長だけでなく、環境、社会的な側面、および持続可能性の観点からの評価指標として、持続可能な開発目標SDGsが国連総会で採択されたのは2015年9月である。17の国際目標のもとに、2030年までに達成すべき、$CO_2$排出量、教育水準、貧困率、エネルギー利用効率など169の達成基準と232の指標が決められている。しかし、SDGsはあくまでも各国が生き延びるための、持続可能な「開発」目標である。求められているのは、成長（拡大・開発）パラダイムの根底的転換である。

日本の国力の低下、空洞化、劣化の第一の原因は、成長神話に囚われ続けていることである。

## 「ジャパン アズ ナンバーワン」の幻影

E・ヴォーゲルの『ジャパン アズ ナンバーワン』が書かれたのは1979年、同時に邦訳も出版された。[27] 戦後復興をなしとげ、高度経済成長を実現させた日本に焦点を当てて「日本的経営」（長期雇用、組織・チームワーク・コンセンサス重視、技術力・品質管理重視、長時間労働、…）を高く評価し、サブタイトルにうたうように「アメリカへの教訓」とする著書であった。アメリカの1970年代は、オイルショックに加えてベトナム戦争の泥沼化を背景に、貿易赤字、失業率の上昇、スタグフレーションに悩んでいた。その時、日本経済も2度のオイルショックによって減速し、不況に悩みつつあった。そして、安定成長路線へのパラダイム・チェンジを模索しつつあった。「地方の時代」をキャッチフレーズに定住構想（福田赳夫内閣）を謳う三全総（第三次全国総合開発計画、1977）は、明らかに、全国総合開発計画（一全総、1962）、新全国総合開発計画（新全総、1969）の拡大成長開発路線とは異なる方針であった。福田内閣にとって代わった大平正芳内閣（1978～80）は田園都市構想を唱えた。田園と都市の調和を図り、地域の文化活動を重視し、多彩な地域産業の新展開を目指すとしたその構想は明らかに1960年代の高度経済成長パラダイムを転換しようとするものであった。

ところが、プラザ合意（1985年9月）によって、高度経済成長期の再来かのような好景気が訪れる。急激な円高ドル安を背景として、日本企業（不動産業、開発業、投資企業…）は、世界各地の不動産（土地、建物）の買い占めに走った。三菱地所がニューヨークのロックフェラー・センターの超高層群[28]を買収したのは1989年である。1991年には、ホテルニュージャパン社長横井英樹がエンパイアステート・ビルを購入する。[29]当時、「ジャパンマネーがニューヨークを買う」と、「ジャパン・バッシング」が巻き起こったが、金融資本と不動産業・開発業がグローバルに連動することがはっきりしたその象徴がロックフェラー・センターとエンパイアステート・ビルの買収である。

『ジャパンアズ ナンバーワン』は、この平成バブル（1986年12月～1991年2月）と重ね合わされ、読まれた。『ジャパン アズ ナンバーワン』の幻影は、平成の「失われた30年」を通じて生き続ける。あらゆる指標が日本の国力の低下を示し続けているにも関わらず、である。

## 土建国家の体質――路線価格と重層下請構造

戦後まもなくの日本は農業国家であった。1950年には、就業者のほぼ半数（48・5％）は第一次産業（農林水産業）に従事していたのである。第一次産業の就業者数は、以降急激に減り、1970年に2割を切り（19・3％）、1985年には1割を切る（9・3％）。そして今や1・8％（2022）である。1950年に21・8％であった第二次産業（鉱業・製造業・建設業）の割合は次第に増える。1960年には、第一次産業32・7％、第二次産業29・1％であったが、1965年には、24・7％、31・5％と逆転する。第二次産業は、1975年に34・1％となり、1995年（31・6％）まで30％台前半を維持するが、21世紀に入って25％程度となる（28・6％、2022）。1950年に29・6％であった第三次産業就業者数は一貫して増え続け、現在は3分の2を超える（69・6％、2022）（総務省統計局）。すなわち、日本社会は、農業社会から工業社会へ、さらに、サービス産業社会へ大きく推移する。

戦災復興から高度成長期にかけて日本経済を支えてきたのは製造業とされるが、推進力となったのは建設業である。1960年代から70年代にかけて建設投資額は全投資額の20％から25％を占める。日本は、「農業国家」から「土建国家」となるのである。日本の戦後復興から高度成長期を支えたのは建設バブル、不動産バブル、開発バブルである。この「土建国家」の体質は、実は、今日に至るまで一貫しているように思われる。平成バブル期の数年で世界中の土地を買い占めたその記憶は生き続けている。しかし、バブル経済が崩壊した1992年以降、GDPの成長率は年平均1％前後で推移する。その後、日本は長期の低迷期に入ることになる。1955年から1973年までの高度成長期には年平均10％程度の成長を遂げた後、日本経済は失速してきた。それでも1975年から1991年までは年平均4％の成長率であったから、「平成」の30年間は、戦後日本の半世紀とは全く異なった時代であったことは明らかである。「失われた30年」において、失われたものは何かを確認することは、これからの日本を展望する前提となる。

吉見俊哉（2019）は、世界の企業の時価総額ランキングを1989年と2018年で比較し、平成元年には、上位50社のうち32社が日本企業であったのに、30年後には35位のトヨタ自動車のみであることを指摘している。[30] 1989年の世界の時価総額トップ50の企業のうち17は金融関係、エネルギー関係が9、IT・通信関係は7、一般消費財関係は7である。そして、2022年には、IT・通信関係が13、一般消費財関係が11、金融関係は8、エネルギー関係は4となる。この間のICT革命の進行、グローバル資本主義が世界経済を牽引してきたことを見て取ることができる。日本企業はその流れに完全に乗り損ねたのである。

にもかかわらず、特定複合観光施設区域の整備の推進に関する法律（IR推進法、カジノ解禁法）の制定（2016年）、東京オリンピックの開催（2021年）、大阪・関西万博の開催（2025年）…日本の不動産・建設・開発利権体質は呆れ果てるほどである。

日本の都市計画の歴史については他に譲るが、東京オリンピック2020の誘致（新国立競技場コンペをめぐる右往左往、汚職、神宮外苑の銀杏並木伐採問題）の背後に当初からあったのは、不動産業界の露骨で貪欲な開発意思である。神宮外苑は、その名の通り、明治天皇を「祀る」明治神宮の外苑として造営整備されたものである。もとは青山練兵場の跡地であり、その葬儀の際には葬場殿の儀が行われ、棺が置かれた場所であるが、明治天皇・昭憲皇太后の遺徳を後世に伝える諸施設を「公園」という位置づけで整備したものである。当初は、聖徳記念絵画館、葬場殿址記念物憲法記念館、陸上競技場の4施設のみの計画（1918年）であったが、大正末のスポーツ熱の高まりから、野球場、水泳場、相撲場を加えてスポーツ公園としての性格を強めるかたちで設計変更された。この時、明治神宮造営局の主任技師であった折下吉延（1881～1966）によって植樹されたのが銀杏並木である。

第二次世界大戦後、神宮外苑はGHQに接収されるが、1952年に接収解除されると、東京都は風致地区に指定し、緑地を保全する措置をとった。山手線の内側、東京の中心に広大な敷地が残されてきたのはこの風致地区としての容積率などの建築制限規定が大きい。また、文科省が管理する国立競技場などを除いて、宗教法人としての明治神宮がほぼ一括管理してきたことが大きい。しかし、明治神宮は宗教法人として神宮と内苑のみを管理するのが本来の役割である。もともと、神宮と内苑は国費で賄われたが、外苑は奉賛会が全国からの寄付金を取りまとめる形で資金を捻出したものであり、東京市の200万円を筆頭に、全ての自治体が目標額寄付したものである。

東京オリンピックのために新国立競技場は何故同じ場所に建替えられなければならなかったの

か？　東京オリンピックの招致において、不動産業、商社、日本スポーツ振興協会、そして東京都（石原慎太郎知事、猪瀬直樹知事）、安倍内閣全体の意志として、超高層ビル3棟を建設する容積率アップによる神宮外苑の再開発計画は前提であったのである。[31]

オイルショック後、50兆円前後に落ち着いていた建設投資額は、バブル経済によってピークとなった84兆円（1992）以降、徐々に減り、2000年には66兆円、2005年には51兆円となる。近年は、東日本大震災の復興投資もあって、東京オリンピックのための施設整備も50兆円程度で推移し、コロナ禍でありながら2017年から2022年にかけては61兆円から67兆円へやや上向きである。

しかし、建設業の就業者数は、1992年には619万人、1997年にピークの685万人以降減少が続き、500万人を下回り、2022年には479万人となる。建設業の許可業者数は、1999年にピークの60万業者となるが、2022年には47万業者に減っている。建築技術者[32]は、2000年には39万人であったが、2010年には、22万人に激減する。[33]そして、とりわけ建築技術者の高齢化と後継者難は、極めて深刻である。建設業は日本経済の失速とともにかつての勢いを失うことになった。世田谷区役所の建替え工事の遅延、大阪・関西万博EXPO'25の入札不調など、かつてはありえないことであった。[34]

## 2　空洞化する日本——東京一極集中の異常

分散型自律都市のネットワーク構想にとって最大のプロブレマティークとなるのは、東京一極集中と地方の空洞化である。すなわち、ツリー型のネットワークが強力に確立されていて、自治体の多様なネットワーク形成の余地が失われてしまっていることである。それどころか自治体が消滅する事態も指摘されつつある。

人口が連担して集積する都市圏人口のランキングで東京・横浜圏は世界一の3850・5万人、総人口の30%が集中する都市圏である。東京一極集中が加速され続けるのはなぜか？　地方の過疎化が指摘されて既に久しいが、この間、住民の過半を65歳以上の高齢者が占める「限界集落」の存在の増加が指摘される。「限界集落」は地方中核都市の中にも存在するのである。

人口が減少するうえに、その構成に極端な偏りが拡大しつつある。さらに、年齢構成的にも偏りが激しい。日本は世界に先駆けて少子高齢社会に向かいつつある。日本の政治、経済、社会に明らかに構造欠陥があるということである。

## 借金財政

バブル崩壊以降、日本の財政収支は悪化の一途をたどり、財政赤字と公債残高は大幅に拡大している。日本はほんとうに大丈夫なのか？

日本は、そもそも「国の歳出は、公債又は借入金以外の歳入を以て、その財源としなければならない」（財政法第4条）と、国債発行を原則禁止している。しかし、但し書きがあって「公共事業費、出資金及び貸付金の財源については、国会の議決を経た金額の範囲内で、公債を発行し又は借入金をなすことができる」と、例外的に「建設国債」の発行は認めている。しかし、赤字国債の発行を1年限りで認める特例公債法が制定され（１９６５年）、近年では、ほぼ毎年赤字国債の発行が恒常的に繰り返されてきている。リーマンショックの翌年には、一般会計予算が92兆２９９２億円となる過去最高額を記録し、その不足する財源を補うため44兆３０３０億円分の赤字国債が発行されることになった。２０２０年度には新型コロナウイルス対策のため発行額は90兆円に達した。財務省は２０２２年度末に普通国債の残高が１０２９兆円、国の長期債務残高は１０５８兆円に膨らむと試算している。

ＮＥＴＦＬＩＸ配信の『ペーパー・ハウス』（原題La casa de papel　英題Money Heist、２０１７～２０２１）というスペインのＴＶドラマ（第46回国際エミー賞受賞）がある。スペインの造幣局に立て籠った8人の強盗団を描く。実に印象的であったのは、「誰も損はしない、紙幣を印刷して持ち帰るだけだ、EUの中央銀行は毎年富裕層に配っているではないか」という、強盗団を組織した「教授」の発言である。

日本の財政の現状について、公益財団法人NIRA総合研究開発機構は、財政規律派、リフレ派、MMT（Modern Monetary Theory 現代貨幣理論）派の三つの立場を次のように説明する（鈴木壮介・前田裕之「日本の財政に関する専門家たちの意見」NIRA 2022）。

財政規律派は、公債残高対GDP比の上昇は、返さなければならない債務の実質的な増加であり、将来、返済できなければ財政は破綻する、とみる。国債などの利払いや償還ができなくなる、公務員の給与が支払えない、あるいは、社会保障などの行政サービスが大幅に低下する。他方、分子である公債残高よりも分母であるGDPの伸びが大きい場合、この比率は低下し、財政破綻が起こる可能性は小さくなる。現在は、中央銀行が主体的に国債を買い入れており、結果として、通貨供給のタイミングと量が中央銀行ではなく、政府によってコントロールされる状況になっているから問題ないという。

リフレ派というのは、デフレ不況を脱するために、量的緩和や日銀の国債引き受け、ゼロ金利政策など、インフレ目標値を設定して経済政策を展開する立場をいうが、当面は、日本の財政が破綻することはない、という。仮に、日本の財政が危ういのなら、投資家が危機感を覚えて国債を売却し、国債価格が下がる（利回りが上昇する）ため、国債が現在のような低金利にならないはずである。独自の金融緩和政策を採用でき、また、家計貯蓄率も高いなど経済の基礎的条件（ファンダメンタルズ）も優れている。日銀と政府は、子会社と親会社であるかのように一体で、国債価格が下落した場合でも、日銀から見れば損になるが、政府から見れば益となるため問題はない。現在は、国債発行残高の半分を日銀が持っており、その分は相殺されるので心配はない、とみる。

ＭＭＴ派は、自国通貨を発行できる政府は、自国通貨建てで国債を発行する限り、財政破綻することはない。日銀は通貨の製造者であり、必要な資金を自ら作り出せる。それゆえ、資金が尽きることはないし、国債の償還期日が来たら、国債を借り換えて期日を延ばせばよい。公債残高対ＧＤＰ比や財政赤字が拡大しても問題はない、という。

最早、国家財政も資本主義の自動運動に全て委ね、対応していくしかないということなのか？経済学は根本的に分裂しているように思える。

## 日本企業の衰退

世界最初の株式会社は１６０2年に設立されたオランダ東インド会社[35]とされる。近代資本主義の系譜と形成を問う最初の仕事として、大塚久雄の『株式会社発生史論』（１９３８）が、16世紀初頭の南ドイツ商人のギルド組織に遡って、オランダ東インド会社の成立起源に焦点を当てている。株式を所有する株主によって経営される株式会社という企業形態は、今日では一般的な企業形態であるが、さらに、複数の投資家から集めた資金を用いて投資を行い、その利回りを分配する投資信託investment trustと呼ばれる仕組みが生まれる。

世界最初の投資信託は、1868年にイギリスで創設された外国植民地政府信託The Foreign and Colonial Government Trustとされる。[36] 要するに、大資本家のみならず、中流階級にも投資の機会を開く仕組みとして登場したのが投資信託である。そして、外国への個人の投資を可能にするものであったことが画期的とされる。今日の金融資本主義のグローバルな展開の基礎がつくられるのである。

イギリスで誕生した投資信託は、第一次世界大戦後、1920年代のアメリカに輸入され発展する。近代世界システムのヘゲモニーは、オランダ、イギリス、そしてアメリカへ推移するが、世界最大の経済大国になったアメリカは、大衆消費社会を逸早く実現する。自動車やラジオなど高価な道具を日用品として使える生活に余裕のある中流階級が層として出現すると、この中流階級が積極的に投資信託を購入するようになる。現代で最もよく知られているのはグレアム＝ニューマン・パートナーシップで、初期のヘッジファンドとされる。ヘッジファンドは、第二次世界大戦後、自ら投資ファンドを立ち上げた社会学者のアルフレッド・ウィンスロー・ジョーンズ（1900～89）によって考案されたとされるが、複数の資産クラス（株式、債券、商品など）に投資することで、市場の変動に対する保護（リスクヘッジ）を目的とするものであった。

金融市場のグローバル化は、1970年代以降徐々に進行していくが、1980年代に双子の赤字（財政収支と貿易収支）に悩んだアメリカが金融自由化を各国に求めることで一気に加速する。プラザ合意（1985年）の協調介入によるドル高是正がその象徴である。日本は突然の平成バブルに舞い上がり、東京は国際金融市場のひとつの核となって、投資ファンドや金融機関の蝟集する国際都市、昼夜活動する24時間都市となった。[37]

しかし、バブルが弾けると日本経済の脆弱性はたちまち明らかになる。銀行・証券会社など金融業の没落に加えて、日本経済を牽引してきた電機（家電）産業を中心とする製造業がグローバルな技術開発競争に次々に敗れていった。日本企業の衰退は、銀行、証券、家電に限らない。吉見俊哉（2019）は、日産自動車の経営危機とカルロス・ゴーンの改革に触れて、日本企業の衰退の原因として、E・ヴォーゲルがかつて日本の経済成長を支えたと称賛した「日本的経営」の問題をあげた上で、ゴーン改革成功の要因が販売の主要なターゲットを日本国内から海外の新興市場に移したことにあると指摘する。

日本企業の海外展開はグローバリゼーションの流れとともに進められてきたが、市場のグローバル化、金融のグローバル化の中でしか全ての企業は生きていけないことを示したのが、ゴーン神話の形成とその瓦解である。

2023年5月、日経平均株価は3万円を超え、バブル崩壊後の最高値を更新した。そして、2024年には史上最高値を記録するがその原動力は海外の投資家であり、欧米の利上げによる海外経済の減速、特に中国市場の減速を懸念して東京市場に資金を振り向ける海外投資家が増えていること、また、生成AIの登場による半導体関連企業の活性化が背景にあることが指摘されている。世界を動かすのは投資ファンドである。

経産省（経済産業局）は、日本の製造業について、サプライチェーンの強靱化、カーボンニュートラルの実現、デジタル・トランスフォーメーションＤＸの推進、部品産業の高度化などを謳うが、日本企業が世界経済をリードしていくことは最早ありえないのではないか。

## 自給できない日本――食料・資源・エネルギー

日本の食料自給率が諸外国に比して著しく低いことは大きな問題として指摘され続けている。高度経済成長最中の１９６５年には生産額ベースで86％、カロリーベースで73％であった食料自給率は、２０２１年にはそれぞれ63％、38％である。穀物自給率については、１９６１年75％、１９６５年62％であったが、２０１９年には28％でしかない。戦後、米食からパン食への食生活の変化が大きいが、それにしても２０１９年の穀物自給率は、世界１７９か国中１２７番目、ＯＥＣＤ加盟38か国中32番目である（「食料需給表」農林水産省２０２２年）。

穀類99・1％、野菜類99・0％、牛乳・乳製品94・4％ということで、江戸時代までの食生活水準は維持しているように思えるけれど、魚介類は41・2％、芋類21・8％、豆類8・9％である。果実44・1％、肉類51・5％、卵類20・1％、油脂類19・2％、砂糖16・9％である（２０２１年）。

食料自給率だけではない。日本の拠って立つ基盤としてのエネルギー自給率はわずか11・3％（２０２０年）である。エネルギー自給率とは、石油、天然ガス、石炭、原子力、太陽光、風力などの一次エネルギーのうち、自国内で産出・確保できる比率をいう。2010年には20・2%を自給していたのであるが、東日本大震災によって2011年には11・6%に半減し、2014年には6・3%にまで下落する。その後、自給率は回復するがそれでも1割程度にとどまるのが現状である。

そして致命的なのは、一次エネルギーの大半を海外から輸入する石炭・石油・天然ガスLNGなど化石燃料に大きく依存していることである。オイルショックの1973年には94・0%、2021年度も83・2%、化石燃料に依存しているのである。それどころか、石炭99・7%・石油99・7%・天然ガスLNG97・8%、化石燃料を輸入しなければ日本はなりたたないのである。日本は自立の根拠を欠いている。原油の中東依存率は91・9%である。経済安全保障という意味では、例えば、ウクライナ侵攻を仕掛けたロシアから日本は石炭を11%、天然ガスLNGを8・8%、原油を3・6%輸入しているのである。経済制裁を科しながら、一次エネルギー資源は輸入するというのはいかにも欺瞞である。

東日本大震災による福島第一原発のメルトダウンによって、原子力によるエネルギー供給は11・2%（2010年）から3・2%（2021年）に減ってはいるけれど、日本政府は原発の利用を維持する方針である。そして、再生可能エネルギー利用は10・0%（2021年）にとどまる。日本のエネルギー政策には毅然としたポリシーがない。

リチウム、コバルト、ニッケルなどのレアメタル、鉱物資源についても日本は100%輸入に頼っている。経済安全保障担当大臣が新設され（2021年11月）、経済安全保障推進法案が可決成立したのはごく最近であるが（2022年5月）、国家としての安全保障以前に、都市自治体がそれ自身で、あるいは都市自治体のネットワークにおいて、再生可能エネルギーによる自給自足を実現することが指針となる。

太陽光や風力、バイオマスなど再生可能エネルギーで地域のエネルギー需要を賄える状況にある市町村は全1741自治体の内、既に138も存在しているのである（2020年、環境エネルギー政策研究所）。電力だけは自給自足可能な市町村も226ある。

## 人口減少——少子高齢社会

日本社会のこの間の変化は、第一に人口構成の変化が示している。日本の総人口は、1950年に約7200万人、1950〜80年（→約1億1700万人）は10年ごとに年平均約10％、1980年〜90年（→1億2400万人）は5％強、1990〜2000年（約1億2700万人）は3％強増加してきたが、21世紀に入って2005年に自然増減率はマイナスに転じ、総人口も2011年以降減少に転じた。国立社会保障・人口問題研究所によれば（2023年）、総人口が1億人を下回るのは2056年、2070年には8700万人になると予測される。2018年の総人口1億2644万人のうち65歳以上人口は3558万人（28・1％）である。15〜64歳人口は、1995年8716万人のピーク以降、減少に転じ、7545万人（59・7％）と6割を切った。

一般に、子どもが多く高齢者が少ない多産多死の社会から子どもが少なく高齢者が多い少産少子の社会に移行していくが、日本の少子高齢化の人口ピラミッド構造は、世界で最も先鋭なかたちをとりつつある。

最新の国勢調査（総務省統計局、2020年）によれば、平均世帯人数は、3・41人（1970年）、3・22人（1980年）、2・99人（1990年）、2・67人（2000年）、2・42人（2010年）、2・21人（2020年）と一貫して減少してきた。nLDK住戸モデルが想定した夫婦＋子ども家族は、既に総世帯数の4分の1になっている。総世帯数5570万世帯のうち、核家族世帯は3011万世帯（54・2％）であるが、夫婦のみ世帯が1120万世帯（20・1％）、夫婦と子どもという本来の核家族が1395万世帯（25・1％）、ひとり親と子ども世帯が500万世帯（9・0％）である。そして、単独世帯が2115万世帯（38・1％）もある。夫婦のみの二人世帯と単独世帯を合わせれば、58・1％にもなるのである。数字が指し示すのは一人で終末を迎える住居である。65歳以上の世帯員のいる2266万世帯（40・7％）のうち、夫婦のみ世帯が685万世帯（30・2％）、単独世帯が672万世帯（29・6％）である。夫婦のみ世帯はやがて単独世帯となる。nLDK住宅であれ、やがて、「おひとりさま（独居）」の終末住宅となるのである。

一方、65歳未満の単独世帯1443万世帯も決して少なくない。各年代で未婚の比率が一貫して増加してきている。さらに、孤立化する個人の問題も浮上しつつある。「オタク」という言葉が一般的に用いられるようになったのは、平成元（1989）年の連続幼女殺人事件によってである。ひたすら「閉じた個室」に閉じこもり、マニアックな興味のみにおいて他とつながる「オタク」の存在は１９８０年代から知られてきた。犯人Ｍのヴィデオテープが積み重ねられた部屋は、「オタク（お宅）」の典型とみなされたのである。近年は、「ひきこもり」がしばしば話題になる。中高年のひきこもりは「８０５０問題」[38]「限界家族」ともいわれる。「個室（ワンルーム）」に居住し、インターネットのみによって社会とつながる単身者が相当程度存在している。経済格差による貧困層の拡大を考えれば、むしろ、「ワンルームマンション」や「木賃アパート」など「個室」居住が一般化している状況が想定される。単純化すれば、大家族からの核家族の自立、そして核家族からの個の自立を理想化してきた日本の近代家族の受け皿としてのｎＬＤＫ住戸は、個室（ワンルーム）に解体されつつあるのである。

## 増え続ける空き家

住宅が居住のためにのみ使用されるのであるとすれば、すなわち投機の対象として売買されることはないとすれば、また、世帯数の増加がなければ、毎年の新設住宅着工戸数は、住宅の耐用年数に応じてほぼ一定になっていくはずである。しかし、総人口は既に減少に向かいはじめたにもかかわらず、総住戸数（ストック）はこの間増加しつづけ、結果として、空き家が増えつづけている。新設住宅着工戸数（フロー）については、耐震偽装事件による建築基準法改正（２００７年）によって１００万戸ほどになった。[39]リーマンショック直後には78万戸（２００９年）となり、その後徐々に増え、消費増税前の駆け込み需要もあって80万～90万戸台で推移したが、コロナ禍で81万戸に再び落ち込んだ。2022年は85万9529戸（持家25万3287戸、貸家34万5080戸、分譲住宅25万5487戸（マンション10万8198戸、戸建住宅14万5992戸））（建築着工統計調査報告（2022年計）、国土交通省総合政策局）であったが、長期的にはさらに減って、2040年には約55万戸になると予測されている。仮に、世帯数と同じ住戸数が必要であるとして、総住戸5000万戸が50年（耐用年限）に一度更新されるとすれば年100万戸、100年に一度更新されるとすれば年50万戸の新設住宅建設となるから、ほぼそういう方向に推移していくと考えていい。

問題は、老朽化した鉄筋コンクリート造の共同住宅の更新システムが成立していないことである。日本には2021年末に686万戸の共同住宅のストックがあるが、そのうち旧耐震基準（1981年以前）の築40年以上のストックが115・6万戸である。新耐震基準となって以降も経年劣化が進行するのは当然で、2041年末には築40年以上のストックは425・4万戸と推計される。現在建設されるタワーマンションもやがて同じ運命を迎える。既に補修が必要なタワーマンションも存在している。鉄筋コンクリート造の共同住宅は建替えるしかない。鉄とガラスとコンクリートは膨大な廃棄物となる。そしてそれ以前に、現在の区分所有法では建替えのためには住民の5分の4の同意が必要である。区分所有の共同住宅の建替え実績は270件（2022年4月）で、平均築年数は37・7年、団地型43・5年という（国土交通省）。建替え費用を捻出するためには、住戸数を増やして販売する、容積率の余剰か緩和が不可欠である。建替えが可能となった事例は、最寄駅から10分以内に立地するものがほとんどである。更新システムが不在だから、空き家は増加し続ける。それどころか、所有者不明の土地が410万ha（九州の面積に匹敵する）という（所有者不明土地研究会、2017年）。悪循環、システム矛盾というより、循環なき、システムなき蕩尽である。国土計画の再構築、全国の居住空間の再編成は必至である。

1968年に総住宅数が世帯数を超えて以来、空き家は増え続け、70年代末には268万戸（空き家率7・6%、1978年）、1983年には330万戸、21世紀初頭には820万戸（13・5%、2013年。総世帯数は5245万世帯、総住宅数は6063万戸、その差818万戸から複数住戸を所有する世帯を除く。さらに別荘などの「二次的住宅」を除けば808万戸）、1988年には849万戸（13・6%、2018年）と推移し、世帯数の減少も加速して、2033年には2166万戸が空き家となると予測されるのである。空き家のうち、賃貸用住宅が431万戸、売却予定住宅が29万戸、「二次的住宅」が38万戸、「その他の住宅（世帯主が長期不在、取り壊し予定など）」が349万戸である（2018年）。また、戸建住宅が317万戸、長屋建が50万戸、共同住宅が475万戸である。

スクラップ・アンド・ビルドの時代からリノベーションの時代への転換は必然である。

## インフラストラクチャーの劣化

経済の低迷に加えて、この間、日本列島を立て続けに襲ったのは大規模な自然災害である。1970年代から80年代にかけての自然災害は、死者行方不明者447名を出した台風6、7、

9号及び7月豪雨（北九州・島根・広島など）（1972年）が最大であった。1995年に起きた阪神淡路大震災（兵庫県南部地震）は死者6433名で、死者数では伊勢湾台風（1959年）の4697人を超える大災害となった。都市直下型地震として、高速道路が横転するなど、多くの建築物が倒壊、日本社会に対して、とりわけ建築界に対して大きな衝撃を与えることになった。戦後日本が築き上げてきたのは一体何だったのか？

戦後50年の節目、年末には、バブル経済のツケといっていい「住専問題」（不良債権問題）が明るみに出た。住宅が財テク、投機の対象とされ、一瞬にして価値を失うのである。一体、我々の生活の基盤はどうなっているのか――日本の戦後社会を支えてきたものが大きく揺さぶられたのが1995年である。

日本列島は、その後も、地震、台風に毎年のように襲われる。2004年には台風23号による風水害と新潟県中越地震に見舞われた。そして2011年3月11日に、東日本大震災が起きた。

数々の災害の復興には莫大な費用を要するのであるが、致命的なのは、さすがに成長拡大の復興計画が立案されることはなかったにせよ、従前の状態への復興、その強靱化のみが強調されてきたことである。すなわち、日本の国土の再編成を行う機会でもあったにもかかわらず、そうした視点が無視されてきたことである。「建てては壊す（スクラップ・アンド・ビルド）」の「土建国家体質」である。ナオミ・クライン（2011）は「惨事便乗型資本主義」というけれど、自然災害においても資本主義システムが侵入し（災害資本主義[40]）、富める者はより富み、貧しいものをより貧しくするのが大惨事受益者[41]である。

自然災害は人為を超えている。しかし、災害がなくても、インフラストラクチャーにも建築物同様劣化があり、耐用年限がある。その維持管理に莫大な費用がかかるのは当然である。求められるのは、維持管理のシステムを含み込んだ持続可能性である。しかし、東京一極集中をさらに強化するリニア新幹線のような新たな交通インフラをさらに設けようとする。この虚妄は山本義隆（2021）が激しく告発するところである。

既存のインフラストラクチャーについて、市町村自治体は、公共施設も含めて、指定管理者制度などによってアウトソーシングしつつある。自治体の自治が骨抜きにされつつあるのが日本である。

## 3　自治なき地方自治体

明治新政府は、大名たちに版籍奉還（1869年）によって土地および人民を朝廷に返上させ、江戸の幕藩体制に代わって、天皇を頂点として新政府が全国の土地と人民を直接支配する中央集権国家をつくる。それ以降、日本は、基本的に中央集権体制を敷いてきた。

幕藩体制下の藩は、江戸幕府によって権威づけられた藩主によって統治、経営される一定の自立した「小国家」的な単位であった。城下町に武士および家来（官吏）を集め、一円の領域を支配するその形態はコミューン（都市＝農村連合体）のひとつのモデルと言えるだろう。しかし、藩は、「廃藩置県」（１８７１年）によって、県に置き換えられる。現在の県は廃藩置県時の諸県を統廃合して生まれたもので、多くの地域では旧藩の境界と現在の県の境界は一致しない。

## 三割自治

県の下位単位として、当初、各単位を番号づけする複数の町村からなる小区、複数の小区からなる大区という大区小区制（１８７２年）が導入されるが、結局、江戸時代に近い区町村（郡区町村編制法、１８７８年）に戻されている。そして、１８８８年の市制・町村制の施行以降、市町村が日本の基礎自治体となるが、今日に至るまで、分割、分立の例は少なく、一貫して、市町村合併が行われてきた。

市制・町村制の施行直前の市町村数は7万１３１４であり、施行によって1万５８５９にまとめられる（明治の大合併）。その後、昭和戦後までに1万余の市町村となっていたが、１９５３年の町村合併促進法から１９５６年の新市町村建設促進法によって、１９６０年代初頭には市町村数は９８６８から３４７２に減少した（昭和の大合併）。そして、さらに地方分権一括法による合併特例法の改正（１９９９年）によって、２０１０年までに、市町村数は３２２９から１７２７に減少した（平成の大合併）というのが経緯である。

第二次世界大戦の敗戦、そして戦後改革によって「革新自治体」が生まれた経緯はあるが、中央集権的統治システムは変わらず、東京一極集中の政策展開は一貫する。

2度のオイルショックを受けた1970年代の第三次全国総合開発計画（三全総）（1977）が、地方定住構想を謳い、大平内閣が「田園都市構想」を掲げたことが示すように、地方分権改革の必要性は認識されてきたが、衆参両院が「地方分権の推進に関する決議」をするのは「平成バブル」が弾けた1993年のことであり、「地方分権推進法」が成立するのは、ようやく阪神淡路大震災の起こった1995年である。地方分権改革の柱となるのは、国税（所得税）の地方税（住民税）への委譲と権限の委譲である。1999年には地方分権一括法が成立し、機関委任事務の廃止が決定された。そして、2004年から2006年にかけて「国庫補助負担金の廃止・縮減」「税財源の地方への移譲」「地方交付税の一体的な見直し」をセットにした「三位一体改革」が行われた。国税である所得税から地方税である住民税への約3兆円の移譲が行われたことは大きな前進と思われたが、いわゆる「三割自治」の実態は変わっておらず、地方税財源の充実強化は遅々として進んでいないという（本書278頁）。地方分権化は、国から地方への権限移譲が中心となるが、市町村は財源が伴わない業務のみが増えたという実態がある。

## 限界集落――消滅自治体

自治どころか、消滅してしまう自治体もありうる、という事態が進行しつつある。「日本創成会議」（日本生産性本部、２０１１年発足）の人口減少問題検討分科会（座長・増田寛也元総務相）が、２０４０年には全自治体の半数（49・８％）８９６自治体に消滅可能性があるという試算結果を発表したのは２０１４年である。

「消滅」というけれど、「消滅」を定義しているわけではない。国立社会保障・人口問題研究所による将来推計人口をもとに20～39歳の女性の数を試算、２０１０年と比較して50％以上減少する自治体をリストアップしただけである。合計特殊出生率が現状の１・41のままなら人口減少が続くと指摘したにすぎない。８９６自治体のうち５２３自治体は人口１万人を切るというのも推計にすぎない。要するに、日本の総人口は２０１１年以降減少に転じており、東京一極集中の政治経済社会構造が変わらない限り、地方自治体が消滅することもありうるという「警告」である。

２０００年代半ば、「限界集落」という言葉が日本のメディアでひとしきり取り上げられた。「限界集落」は、人口の50％以上が65歳以上で、農業用水や森林、道路の維持管理、冠婚葬祭などの共同生活を維持することが限界に近づきつつある集落をいう。１９９０年代初頭に、「過疎」という用語では実態を表せないと「限界集落」あるいは「限界自治体」という概念を提起したのは、農学・林学出身の環境・地域社会学の大野晃（2008）である。大野は、高知県の林業集落の実態調査をもとに、輸入木材によって林業は衰退してきており、人口減少と少子高齢化のために手入れの行き届かなくなった戦後植林した人工林の荒廃は、やがては集落そのものを消滅させることを予測提起したのである。木材の輸入材が国産材を超えたのは1985年である。新築住宅のうち、持家が借家を超えたのも、共同住宅が戸建住宅を超えたのも、木造住宅を非木造住宅が超えたのも1985年である。1985（昭和60）年は、日本の住宅史を画する年である。

「日本創成会議」のデータによれば、都道府県別に消滅可能性自治体の割合が80％を超えるのは、秋田県（96・0％）、青森県（87・5％）、島根県（84・2％）、岩手県（81・8％）である。北海道、東北地方の山間部に顕著であるが、和歌山県（76・7％）、徳島県（70・8％）、鹿児島県（69・8％）など近畿以西にも少なくない。半数は、消滅可能性自治体なのである。ただ注目すべきは、大阪市の西成区（減少率55・3％）や大正区（同54・3％）、東京都豊島区（同50・8％）のように大都市部にも存在していることである。

2015年の国土交通省の調査では、今後10年以内に消滅する恐れがあると予測される集落は570あり、いずれ消滅する恐れがあるとみられる集落と合わせると、過疎地域の4・8％（3614集落）になる。

まさに、コミューン（共同体）の消滅である。

## 4　地方分散——人口定常社会へ

科学史・科学哲学を専攻し、厚生省で社会保障、医療、保健等に関する公共政策に携わった経験をもとに、未来社会のあり方をめぐって幅広い提言を続ける広井良典（２００５）は、「ＡＩを活用した社会構想と政策提言」をうたう一連の研究をもとに、人口減少社会のデザインとして「定常型社会＝持続可能な福祉社会」を提起する。

### 定常型社会

広井らの研究グループは、日本の持続可能性をＡＩによってシミュレーションすると、現在のような政策を続けていると「持続可能シナリオ」よりも「破局シナリオ」に至る蓋然性が高い、そして、そのシナリオにとって「都市集中型シナリオ」と「地方分散型シナリオ」のどちらを選択するかが最も本質的で決定的であり、人口や地域の持続性、健康、格差、幸福等の観点からは後者が望ましく、「日本社会全体の持続可能性を考えていく上で、ヒト・モノ・カネができる限り地域内で循環するような「分散型の社会システム」に転換していくことが決定的な意味をもつということが明らかになった」という。

広井良典（2020）はＡＩによる政策ＡＩＢＰ（AI-Based Policy）を謳うけれど、提起はデータに基づく政策立案（ＥＢＰＭ（Evidence Based Policy Making））であり、行われているのは重回帰分析と思えばいい。具体的には、社会のあり方に関わる指標について連関モデルを構築し、未来シナリオをシミュレーションしたものである。約2万通りのシナリオを六つの代表的なシナリオに分類したというが、分類するに当たっては、①人口、②財政・社会保障、③都市・地域、④環境・資源の持続性、（a）雇用、（b）格差、（c）健康、（d）幸福などを重要視する分析者の視点が大きく作用する。

広井良典・須藤一磨・福田幸二（2020）は、１７９の指標ＫＰＩ（Key Performance Indicators）の全てについて、各指標を目的関数とする相関分析の結果を都道府県ごとに示している。具体的に取り上げられているのは、長野県、福島県、兵庫県、福井県などである。

問題は、得られた相関関係を具体的な政策に結びつけることができるとして、それが都道府県単位で実施可能か、ということである。あるいは、集中か分散かというけれど、都道府県単位ということが前提とされているのか？　都市集中型か地方分散型というけれど、都道府県にも都市部と農村部がある。

本書が焦点を当てるのは、あくまでも分散型自律組織としての（一定の後背農村と密接な関係にある）都市コミューンである。

## スマートシティ

内閣府は、統合イノベーション戦略２０２０としてスマートシティ施策を謳う。

スマートシティとは、「ＩＣＴ等の新技術を活用しつつ、マネジメント（計画、整備、管理・運営等）の高度化により、都市や地域の抱える諸課題の解決を行い、また新たな価値を創出し続ける、持続可能な都市や地域であり、Society5.0の先行的な実現の場」だという。Society5.0というのは、これもまた「内閣府」の「科学技術基本計画」第5期のキャッチフレーズで、狩猟社会Society1.0、農耕社会Society2.0、工業社会Society3.0、情報社会Society4.0に続く未来社会をそう呼ぶのだという。「ＩＣＴ等の新技術の活用」といっているだけだから、未来社会がいかなるものかはわからないが、仮想空間と現実空間を高度に融合させたシステムによるというから、Ｗｅｂ３の世界が想定されていることは理解できる。仮想空間と現実空間を高度に融合させたシステムをめぐっては次章で検討しよう。

ただ、スマートシティがいかなるものかについては、

①三つの基本理念（市民（利用者）中心主義、ビジョン・課題フォーカス、分野間・都市間連携の重視）と五つの基本原則（公平性・包摂性の確保、プライバシーの確保、運営面・資金面での持続可能性の確保、

セキュリティ・レジリエンシーの確保、相互運用性・オープン性・透明性の確保）に基づき、
②新技術や官民各種のデータを活用した市民一人一人に寄り添ったサービスの提供や、各種分野におけるマネジメントの高度化等により、
③都市や地域が抱える諸課題の解決を行い、また新たな価値を創出し続ける、
④持続可能な都市や地域、〝都市〟での取り組みばかりではなく、里山里海などを有する地域における豊かな自然と共生した地域づくり（スマートローカル）もスマートシティの仲間です、

などという。はっきり言って、もっともらしい言葉の羅列であって、全体は意味不明である。少なくとも、具体的な都市のイメージはない。

野村総研は、スマートシティとは、「都市内に張り巡らせたセンサーを通じて、環境データ・設備稼働データ・消費者属性・行動データ等の様々なデータを収集・統合してAIで分析し、更に必要な場合にはアクチュエーター等を通じて、設備・機器などを遠隔制御することで、都市インフラ・施設・運営業務の最適化、企業や生活者の利便性・快適性向上を目指すもの」という。ここにも具体的な都市のイメージはない。ICT、DX、AIを使いましょう、というだけのように思える。

政府の施策の中には、もちろん、見るべきものはある。水力発電（ハイブリッドダム）の推進、空き家など既存ストックの活用、ブロックチェーン技術を利用した資金調達モデルの構築、地域公共交通の再構築…。しかし、縦割り行政の枠の中での施策展開でしかないように思われる。トー

タルデザインは不問かつ不明である。それと、官民連携ＰＰＰ、民間活力導入ＰＦＩが前提とされているのも施策の限界を示している。先導的な取り組みに補助金を出すのであるが、その取り組みの持続性は民間に委ねられ、必ずしも担保されないのである。

## デジタル田園都市国家構想

また、内閣府は、「デジタル田園都市国家構想」を打ち上げる。

「地方を中心に、人口減少・少子高齢化、過疎化・東京圏への一極集中、地域産業の空洞化といった課題に直面しています。こうした課題を解決するには、これまでの地方創生の成果を最大限に活用しつつ、地方活性化を図っていくことが求められています。デジタル技術が急速に発展する中、デジタルは地方の社会課題を解決する鍵であり、新たな価値を生み出す源泉となっています。今こそ、デジタルの実装を通じ、地域の社会課題の解決と魅力の向上を図っていくことが重要です。「デジタル田園都市国家構想」は、「新しい資本主義」の重要な柱の一つです。デジタル技術の活用により、地域の個性を活かしながら、地方の社会課題の解決、魅力向上のブレイクスルーを実現し、地方活性化を加速する。国は、基本方針を通じて、構想が目指すべき中長期的な方向性を提示し、地方の取組を支援する。地方は、自らが目指す社会の姿を描き、自主的・主体的に構想の実現に向けた取組を推進し、「全国どこでも誰もが便利で快適に暮らせる社会」を目指す。デジタルの力で地方が日本の主役になる、そんな未来が始まっています」という。「新しい資本主義」の重要な柱の一つというから、その本性ははっきりしているのかもしれない。大平内閣の「田園都市構想」（1980年）は、構想の具体的展開はともかく、理念ははっきりしていたのだけれど、スローガンだけに終わったように思える。

都市計画理念として20世紀に最も影響力をもったのは「田園都市」の理念である。E・ハワード（1850～1928）の「田園都市Garden City」の理念は、端的に言えば、大都市の周辺に衛星都市を配して、その膨張を食い止めること、田園のいいところと都市のいいところを結合することを理念としていた。『明日——真の改革に至る平和な道』が上梓されたのが1898年、1902年には『明日の田園都市』と改題され、全世界にその理念は流布することになる。1899年に「田園都市協会」が、そして1902年には「田園都市開発会社」が設立されて、最初の田園都市建設のための敷地選定が開始される。1903年には「第一田園都市株式会社」が具体的に土地取得を始め、世界最初の田園都市レッチワースのマスタープラン作成のコンペが行われる。理念即実現を目指す具体的プログラムをもった真の運動であった。農地を買収し、それを賃貸することによって地代を得ながら、徐々に大都市から人口を移住させ、モデル都市を完成させるというのがプログラムである。その基本理念は、

①都市における農業用地の確保（都市—農村の結合）、
②緑地帯（農業用地）によるスプロールの制限と人口抑制（自治体による成長管理）、

③自立的産業育成（自給自足）、
④公的土地所有、
⑤職住近接、

である。[42]

この田園都市は世界中で建設されることになる。レッチワース、ウェルウィン、ハムステッドの計画を実際に担当したのは、コンペで入賞したB・パーカー（1867〜1947）とR・アンウィン（1863〜1940）である。ドイツのマルガレーテンホーエ（1902）、スウェーデンのヴェリンビー、ハッセルビーなど（1908）、またヨーロッパのみならず、アメリカのラドバーン、カナダのリンデンリアなどその影響はほとんど全世界に及ぶ。日本にも、渋沢栄一らによって田園都市株式会社が設立され、「田園都市線」「田園調布」などの名が残るようにその理念の実現が目指された。C・C・リードによるミッチャム（現・コーネル・ライト）・ガーデンなどオーストラリアにおける事例が数多い。E・ハワードが唯一現存する都市として言及しているのはアデレードである。J・サルマンなどE・ハワードに先行して都市計画運動が開始されていたのがオーストラリアである。しかし、そのほとんどすべては、田園郊外（ガーデン・サバーブ）と呼ぶべきものであって、田園都市の理念をそのまま実現するものとはならなかった。自給自足といった理念に照らすとき、ほとんどの田園都市建設の試みは失敗したというのが冷静な評価である。[43]しかし、田園都市計画を歴史的に見直し、その失敗に学ぶ意味は大きい。

# 第3章
# 都市コミューンの基本原理

都市の論理と言えば、羽仁五郎（1968）がある。本書の執筆のひとつのきっかけとなったのは、この『都市の論理』である。1968年に大学に入学した著者たちは、出版されたばかりの『都市の論理』を必読書のように読んだ。

『都市の論理』は「第一部　歴史的条件」（Ⅰ序説―日本のコンミュニティの問題―　Ⅱ家族および地方権力からの解放　Ⅲ古代都市およびルネサンスの都市　Ⅳ自由都市とその挫折　Ⅴ自由都市とその崩壊　Ⅵルネサンスと魔女裁判）、「第二部　現代の闘争」（序　今日の都市問題　Ⅰ都市の破壊　Ⅱ中央集権のなかの自治体　Ⅲ独占資本主義下の自治体　Ⅳ自治体の復権　Ⅴ都市連合）という二部構成である。目次を追いかければおよその内容を想起できるが、そのわかりやすい主張は大きな反響を呼び、100万部を超える大ベストセラーとなった。

その背景には、1960年代から70年代にかけて、次々に「革新自治体」が出現したことがある。「革新自治体」とは、戦後55年体制と言われる保守vs革新二大対立時代に社会党、日本共産党、民主社会党など革新勢力が首長となった自治体をいう。1950年代前半にドッジ・ラインによるデフレで財政難に陥った地方自治体に次々に成立したが、京都府に蜷川虎三府知事（1950〜74連続7期）横浜市に飛鳥田一雄市長（1963〜78連続4期）、東京都に美濃部亮吉都知事（1967〜79連続3期）、大阪府に黒田了一（1971〜79連続2期）、日本の四大都市に革新系首長が就いたのは後にも先にもない。数千万人が「革新自治体」に属したのである。

日本には都市がない、市民がいない、都市コミューンの確立を！「真に豊かで自由な人間生活のために、国家から都市の自治権を奪回せよ」…という『都市の論理』の主張は本書の主張と重なっているように思える。

しかし、序で述べたように、時代は大きく転換してきた。『都市の論理』の帰趨を確認し、「新・都市の論理」を再構築しようとするのが本書である。

「希望のコミューン」について、その理論的成立根拠が必要となる。

## 1　資本主義 vs コミュニズム

世界史の大転換に当たって鍵となるのは、序で述べたように、第一に世界資本主義の行方であり、第二にＩＣＴ革命とりわけＡＩの行方であり、第三に地球環境問題の行方である。

地球の歴史始まって以来のこの大問題に対して、国際社会、国際経済界は、まるで歴史を巻き戻すような抗争を繰り広げ、ほとんど未来への展望を見失っているように思える。しかし、そうした絶望的に思える世界に対して、その未来を指し示す知的営みが積み重ねられてきている。その可能性のひとつが「希望のコミューン」である。

## 民主主義と選挙

最初に成田悠輔（２０２２）『22世紀の民主主義』をとりあげよう。１９８５年生まれの気鋭の経済学者として一般メディアでも発言を続けるが、いかにも新世代らしくチャート式参考書の趣もあり、その主張の明快さ、わかりやすさで20万部も売れたという。

ターゲットは民主主義であり、その基盤となる選挙である。若者が選挙にいかない、何も変わらない、民主主義は劣化しており、民主主義的国家ほど、経済成長が低迷しつづけている。「選挙や政治、そして民主主義というゲームのルール自体をどう作り変えるか考えること、ルールを変えること、つまりちょっとした革命である」というのが成田である。都市コミューン（自治体）に焦点を当てる本書もこの「ちょっとした革命」に関わる。

民主主義の再生のために、成田は、「闘争」「逃走」「構想」の三つの対応をあげる。この枠組みを借りて、「希望のコミューン」の可能性を考えると以下のようになる。

①民主主義との「闘争」については、ソーシャルメディア・選挙、政策をめぐって、ガバメン

ト・ガバナンス（政府統治）、選挙制度の改革（政治家の定年制などの制限、イシュー毎の国民投票の実体化、電子投票…）など様々な提案が検討される。しかし、成田もいうように、この闘争、選挙制度改革をめぐる提案はほとんど無理で、いつまで待っても論理的で柔軟な臨機応変の体系とはならないだろう。

「希望のコミューン」へのこのレベルの指針は、自主・自律を基本政策として掲げる都市自治体（市町村）の首長を誰もが目指すことである。

②民主主義からの「逃走」については、「既存の国家を諦めデモクラシー難民となった個人を、独立国家・都市群が誘致したりする世界。独自の制度を試す新国家群が企業のように競争し、政治制度を商品やサービスのように資本主義化した世界」を目指す。成田は、ここで資産家が税金逃れの資産隠しをする「タックス・ヘイブン」をイメージするが、独立国家・都市群がネットワーク化した「政治的デモクラシー・ヘイブン」であれば、本書の構想に近い。成田は、その可能性を富裕層の世界にみているようである。ただ、次のようには言う。

「資産家たちは海上・海底・上空・宇宙・メタヴァース」に「成功者の成功者による成功者のための国家」を創り上げてしまうかもしれない、「選挙や民主主義は、情弱な貧者の国のみに残る、懐かしい微笑ましい非効率と非合理のシンボルでしかなくなるかもしれない」、しかし、「そんな民主主義からの逃走こそ、フランス革命・ロシア革命に次ぐ21世紀の経済革命の大本命であろう」。

「デモクラシー・ヘイブン」の具体例として、成田は、公海を漂う新国家群をつくろうという「海上自治都市協会The Seasteading Institute」、また、「青いフロンティアBlue Frontiers」という団体をあげる。この運動を支援しているのはPayPalやPalantirといった企業を立ち上げ、Facebook（現・Meta）にも最初期に出資した投資家ピーター・ティールという。海上に限らず、ゲイテッド・コミュニティと呼ばれる、富裕層が集まって、独自の税制によって、警備や監視、さらには教育・医療などを運営する居住地は、準独立都市と言っていいが、グローバル・サウスも含めた世界中に建設されている。

また、独立国家をつくる試みとして、1968年にイタリアに近い公海上につくった建物に拠って独立宣言を行ったローズ島の例をあげる。イタリア海軍に爆破され1年足らずで消滅した「幻の独立国家」となったが、それに1年先んじてイギリスの沖合に建設された微小国家シーランド公国は現在も存続している。1960年代末、「パリ五月革命」に象徴される世界的学生叛乱のなかで、国民国家の枠を超えた新たなコミュニティを創出する試みがあった。羽仁五郎の『都市の論理』が書かれたのはまさにこの時代である。

成田は、さらに既存の自治体を乗っ取ること、また、独立国家をゼロからつくる方法に触れる。既存の自治体を乗っ取るとは、住民を移動させることで、首長、議員選挙で多数を占めるやり方である。1980年代に、インドの新興宗教指導者バグワン・シュリ・ラジニーシがオレゴン州に集団移住し、生活拠点を提供するとうたって大量のホームレスをさらに移住させて、過半数を制した例を成田は挙げている。

独立国家をゼロからつくるというのは、Web3の世界が具体的なイメージとされる。これは各国の中央銀行の管理とは全く別に仮想通貨に基づいたDAO（分散自律組織）をつくる試みである。既に、新しい政治経済制度を試みるオンライン・コミュニティは次々に出現している。その具体的トゥールとなるのがブロックチェーン技術によるDAOのネットワークであるが、このブロックチェーン・コミュニティを、地域の生態系を基盤とする都市コミュニティと連結するのが本書の構想である。

独立国家と言えば、既存の国民国家システムとの対立が前提となる。すなわち、アナーキズム（無政府主義）とみなされる。それ故、その構想自体が、国家転覆罪、反乱罪、内乱予備罪になりかねない。それ故、独立国家構想は、「自由私立都市FPC（Free Private City）」として概念化される。そのFPCのネットワークがどう実現しうるかが新・都市の論理の中心理論となる。

③新しい民主主義の「構想」は、「選挙なしの民主主義は可能だし、実は望ましい」「アルゴリズムで民主主義を自動化する」といささかエキセントリックに響くが、その主張の核心は、「エビデンスに基づく政策立案EBPM」である。これは、上述のように、スマートシティ構想やデジタル田園都市構想の理念に取り入れられている。成田悠輔自身、「半熟仮想株式会社」を立ち上げ、数十の企業・自治体・非営利団体と連携して、データやソフトウエア、アルゴリズムなどのデジタル技術と社会制度・政策の共振化を進めてきているから本筋の提案である。「無意識データ民主主義」と成田はいう。上述の広井良典らの「AIを活用した社会構想と政策提言」をうたう一

連の研究も同じ方向を目指しているように思える。

「無意識民主主義アルゴリズムの学習・推定と自動実行のプロセスは公開されている必要がある」のは当然であるが、成田自身いくつかの問題点をめぐって議論している。これについては続いて議論しよう。ただ、以下は、第1章で振り返ったように、本書のパースペクティブに重なる認識である。

「長い歴史を振り返ると、人間は民主主義のありえる様々な形を実験しつづけてきた。例えば近現代の代議制民主主義の骨格を作る上で重要な役割を果たしたのは、11～12世紀にヨーロッパの一部（特に北中部イタリア）で群生した都市共和国だったと言われる（木庭顕（2003）『デモクラシーの古典的基礎』東京大学出版会）。ただの都市でもただの国でもなく都市国家であることが重要であった。…そこから700年を経て、民主主義の実験が再興しようとしている。無意識民主主義のような思考実験や社会実験は先祖返りである」

## ポスト資本主義

現代世界を支配しているのは資本主義である。それも、証券（株式、債権、投資信託）、為替、金利、税金の日々のレートの変動がグローバルな経済活動を大きく支配する金融投資資本主義である。すなわち、世界市場を動かしているのは、株主、投資家、投資ファンド、銀行、証券会社、…そして各国中央銀行である。1秒にも満たない瞬時に株を売買して利潤を得る高頻度取引HFT（High-Frequency Trading）が存在するのが現代である。世界の新たな秩序を支える分散自律組織としての都市ネットワークを構想する上で最大のテーマとなるのは資本主義の行方である。

資本主義システムは、序でも述べたように、「差異」を駆動力とするシステムである。安価な労働力や物資を求めて、国境、制度、規制を越えて資本主義システムは浸透していく。この差異化のシステムは、いわゆる市場における商品交換にとどまらない、本来商品とはなりえなかった自然、空気、水、土地…あらゆる物、あらゆる空間に及ぶ。社会的総空間の商品化、あらゆるものの商品化である。「差異」が無くなれば資本主義システムは停止する。すなわち、資本主義システムは、無限に「差異」を求め、差異化による無限の資本蓄積を続けるシステムである。資本主義システムにとって、成長・拡大は前提であり、未開のフロンティアが不可欠である。

現代社会がとてつもない格差社会となっているのは資本主義システムの当然の帰結である。『21世紀の資本』（2013）で世界の貧富の歴史的拡大を指摘した経済学者トマ・ピケティ（1971〜）らが運営する「世界不平等研究所World Inequality Lab」（パリ）が発表した報告書（2021）によれば、世界の上位1％の超富裕層の資産は、世界全体の個人資産の37・8％を占め、下位50％の資産は全体の2％にとどまる。特に、最上位の2750人だけで3・5％に当たる13兆ドル（約1500兆円）超を保有し、上位10％で全体の75・6％を占める。世界人口の半数が2％の資産しか所有しない貧困者である。

そして、無限の成長・拡大がありえないことは、温室効果ガス排出による地球温暖化の問題が示している。地球環境全体は既に限界に達しているのである。

資本主義システムの行く末をめぐって、多くの提起がなされ、議論されるのは必然である。広井良典（２０１５）などの他、社会学者として、古今東西のありとあらゆる言説を渉猟しながら世界の成り立ちをその起源に遡って理論的に解き明かす作業を続ける大澤真幸も、「資本主義は最悪のシステムだ。問題はしかし、資本主義よりましなシステムは他にないということである」といいながらも、『資本主義の〈その先〉へ』（２０２３）を問う。

## 国民経済——コミュニティ経済

資本の無限運動を原理とする資本主義システムは、しかし、グローバルに全面化しているわけではない。今日の資本主義システムは、同じ経済制度（貨幣・租税・関税制度…）「国民経済」を単位として、その諸関係を調整する国際機関や「国民国家」間のさまざまなネットワーク関係によって成り立っている。各国政府、中央銀行が、自国の経済的利益のための金融政策によって、金利、為替などを指標に、日々、資本の運動を規制し、誘導、抑制している。

「国民経済」という概念は、F・リスト（１７８９〜１８４６）の『国民経済学体系』（１８４１）に始まるとされる。逸早く工業国化したイギリスの自由主義的経済観に対して、リストは各国の歴史的背景によって異なる国民的経済学の重要性を説いた。[44]

歴史人口学、家族人類学に拠りながら、「家族システムの起源」を解き明かす一方、『第三惑星』（1983）によってソビエト連邦の崩壊を予言して以降、世界史の行方をめぐって発言を続けるE・トッド（1951〜）は、F・リストに帰れ！という。また、民主主義は「国民国家」の枠組のなかでしか機能しない、ともいう（トッド 2016b）。グローバリゼーション、実態としてのアメリカ帝国主義が、世界を分断化し、「国民国家」の内部も分断化（格差拡大）していくことに対する主張である。これは一方で、「アメリカ・ファースト」「ブレグジット」など自国第一主義、経済ナショナリズムの主張と重なるように思える。

広井良典は、すでに触れてきたように、「分散型の社会システム」への転換を主張しながら、データに基づく政策立案EBPMを提起するのであるが、「ポスト資本主義」のイメージははっきりしない。「資本主義の社会化」「ソーシャルな資本主義」というけれど、資本主義の規制、抑制、修正、介入といった修正主義的あるいは社会民主主義的提案のように思える。

富の総量に対する（1）過剰の抑制、富の分配に関する（2）再分配の強化・再編、の2本の柱からなるというが、多かれ少なかれ、各国政府が施策展開しているところではないか。ただ、以下のような理論枠組は本書が共有するところである。

世界を構成する基礎的単位は、地域（ローカル）—国家（ナショナル）—地球（グローバル）という空間的拡がりのレベルによって区分できる。そして、それぞれの区分において結合・統合原理は異なる。広井良典（2015）によれば、「コミュニティ」レベルの「共」の原理（互酬性）、「国家（政府）」レベルの「公」の原理（再分配）、「市場」レベルの「私」の原理（交換）によって世界は構成される。

問題は、産業革命以降の工業化が「共」「公」「私」の原理を全て集約するかたちでナショナル＝国家のレベルで進行したことにある。すなわち、地域コミュニティにおける「共」の原理が、「大きな共同体」としての国家＝「国民国家」に集約され、「私」の原理としての市場については、世界市場が成立しない段階で、それぞれの「国民国家」の領域内でコントロールする「国民経済」が成立してきたことに問題がある。[45]

広井の「ポスト資本主義社会」の構想は、ローカルな「コミュニティ」を基盤として「コミュニティ経済」（経済の地域内循環）を成立させること、その基盤の上に、過剰を抑制し、再分配を強化する、ナショナル、グローバルの各レベルで政策対応を積み上げていくというものである。

「コミュニティ経済」なるものはなにか？　そもそもコミュニティとは何か？　広井良典（２００９）は、「コミュニティ＝人間が、それに対して何らかの帰属意識をもち、かつその構成メンバーの間に一定の連帯ないし相互扶助（支え合い）の意識が働いているような集団」とごく一般的な規定をした上で、「生産のコミュニティ」と「生活のコミュニティ」、「農村型コミュニティ」と「都市型コミュニティ」、「空間コミュニティ（地域コミュニティ）」と「時間コミュニティ（テーマコミュニティ）」の三つは少なくとも区別する必要があるといい、都市との関係も問うが（第1章　都市・城壁・市民——都市とコミュニティ）、本書の脈絡では、予め、基礎単位となるのは、コミューン（コムーネ）＝コミュニティである。

## コモンズとアソシエーション

大澤真幸（2021）もまた「資本主義の死を受け入れ、その根本的な枠組みを否定した社会を構想することになる。その社会の名は、「コミュニズム」ということになる」という。そして『資本主義の〈その先〉へ』（2023）の最終節も「コミュニズムへ」である。

共産主義と訳されるが、コミュニズムcommunism、communismeは、コミュニティ（コミューン）主義である。コミュニティ（共同体）の（ための）イズム（運動、思想、主義）であった。コミュニズムすなわちコミューン主義である。

コミュニズムは、資本主義によって、その死を宣告されたのではなかったか？　それが何故再び召喚されるのか？　その理論的根拠は何なのか？

この間、注目されてきたのは、ソビエト連邦・東欧諸国の「社会主義」体制が瓦解し、資本主義システムが世界を制したことで忘れられた存在となってきたカール・マルクスである。資本主義の基本原理をその起源に遡って最も深く洞察したのはカール・マルクスである。そのマルクスが資本主義の未来にみた世界、そして資本主義に代わる原理としたコミュニズムとは何かが、再確認、再評価されるのである。

斎藤幸平の学位論文『自然対資本Natur gegen Kapital』（フンボルト大学、2014）はまさにそうした論考である（斎藤 2019）。その中で、グローバルなマルクス再評価の動向を知ることができるが、その焦点は、マルクスの思索の営みの中に、人間と自然との根源的なあり方、物質代謝についての論考が含まれ、「エコ社会主義」と呼ぶべき環境思想が据えられていることが主張されつつあることである。[46] 新資料を含む新『マルクス・エンゲルス全集 Marx-Engels-Gesamtausgabe（MEGA）』を丹念に読み直す作業については、ここではおこう。問題は、マルクスの復権、その権威を復活させることではない。

キーワードは、コモンズとアソシエーションである。

斎藤（2020）は、コミュニズムの到来を展望する「協業と、地球と労働によって生産された生産手段をコモンとして占有することを基礎とする個人的所有をつくりだす」という『資本論』第1巻の末尾を引きながら、マルクスが構想したコミュニズム社会とは、生産者たちが生産手段を〈コモン〉として、共同で管理・運営する社会であったという。そして、マルクスは〈コモン〉が再建された社会を「アソシエーション」と呼び、「コミュニズム（共産主義）」や「ソーシャリズム（社会主義）」という表現をほとんど使っていない。

コモンを共同管理・運営してきたのがコミューンである。アソシエーションは、一般的に、地縁に基づくコミュニティの対概念として、共通の目的、関心をもつ機能的集団をいうが、マルクスのいうアソシエーションは、労働力以外売るものを持たない無所有者となったプロレタリアート（賃金労働者）が自発的に結成する集団――結社、労働組合、協同組合…である。マルクスは、アソシエーションの可能性をパリ・コミューンに学んだとされるが、マルクスのいう「可能なるコミュニズム」とは、国家による計画経済などではなく、労働者たちのアソシエーションが互いに連合し、社会的生産を調整する、そういうシステムである。柄谷行人（2010）によれば、資本＝ネーション＝国家を超えた組織がアソシエーションであり、その協業・分業体制が「可能なるコミュニズム」である。

## エコロジー（物質代謝）とコミューン

しかし、コモンズのアソシエーションによる共同管理は如何にして可能なのか？　労働組合、協同組合、…全て失敗してきたのではないか？　そもそも自由な個人によるアソシエーションはいかなる理由で協業、連合するのか？　コモンは、基本的に地域の生態系によって拘束されている。マルクスは、土地への拘束、共同体の桎梏からの解放をポジティブに評価してきたのではなかったか？

必要とされるのは、エコロジー（物質代謝）論とコミューン（共同体）論である。

マルクスは、『資本論』第1巻（1867）に「労働は、さしあたり、人間と自然とのあいだの一過程、すなわち人間が自然とのその物質代謝を彼自身の行為によって媒介し、規制し、制御する一過程である」と書くが、『パリ・ノート』（1844）（死後『経済学・哲学草稿』（1932）として刊行）において既に、「人間と自然の本源的統一」（の解体）についての洞察が含まれ、「物質代謝

Stoffwechsel」の概念を用いている（斎藤幸平2019）。

物質代謝論が具体的に問題にしたのは、農（林水産）業であり、資本主義的生産様式によるその「攪乱・亀裂」である。資本主義的農業は、土地を疲弊させ、長期的には生産力を低下させる。佐々木隆治（2016）は、マルクスは、晩期になると、物質代謝の理論を資本の論理に対する抵抗の論理と考え、社会変革の究極の根拠を見出していたという。さらに、克服すべき停滞した存在とみなし否定的であった農業共同体に対して、物質代謝の観点から、変革のための構想に積極的に位置づけるようになったという。実際、マルクスは、本格的な共同体研究を開始し、非西欧世界の共同体の生命力、植民地主義に対する共同体の抵抗力に注目している。「ロシアのマルクス主義者たちは、ロシア共同体は必然的な歴史法則にしたがって没落する運命にあると考えているが、彼らの主張どおり、我々は共同体の没落と資本主義の発展を待つ必要があるのか、それとも、ロシアの共同体は専制のくびきから解放されれば、社会主義へと発展していくことが可能なのか」と問うロシアの革命家ヴェラ・ザスーリチに宛てた手紙「ザスーリチへの手紙」（1881）に、マルクスの共同体論の最晩年の到達点をみている。

佐々木は、そこでマルクスが、単線的で近代主義的な歴史観を否定していること、前近代的共同体にも様々なタイプや発展段階があること、共同体の必然的な解体を否定していること、その根拠として共同体の生命力をあげていることを指摘した上で、ロシアの共同体を「農耕共同体」と呼んで高く評価しているという。「農耕共同体」は「原始的共同体」から生まれるが、私的所有は全く存在せず、極めて強固な共同体規制が存在している「原始的共同体」に対して、土地は共同所有されているが、分割された土地における耕作と収穫は個人的に行われる「農耕共同体」は、生命力（持続可能性）を維持しながら個人と生産力を発展させるというのがそのロジックである。以上は、コモン、アソシエーション、コミューン（共同体）をめぐるおそろしく単純な理論的整理である。

## ユニヴァースとメタヴァース

こうして、資本主義システムに代替しうる、コミュニズムの理論、コミューンのネットワークによって構成される世界のイメージは理解される。その最大の根拠は、資本主義システムが前提とする無限の拡大成長はありえない地球の限界である。

しかし、資本主義からコミュニズムへの移行、そのシステム転換が如何に実現するかについての具体的なプログラムが提示され、共有されているわけではない。それ以前に、その理論モデルが共有されているわけではない。

日本において、世界史とその未来について最も体系的に論じてきたのは、柄谷行人（2010、2022）である。柄谷が問うたのは単なる資本主義システムではない。資本＝ネーション＝国家によって構成される現在の世界である。そして、それを揚棄した世界として想定するのは、カントの『永遠平和のために』（1795）が提唱した「諸国家連邦」、そして「国際連盟」「国際連合」

を引き継ぐ「世界共和国」である（『世界史の構造』（柄谷２０１０））。そして、その世界史の構造論を、「生産様式」ではなく「交換様式」に着目してより精緻に展開する『力と交換様式』においては、大きく、交換様式をＡ　互酬（贈与と返礼）、Ｂ　服従と保護（略取と再分配）、Ｃ　商品交換（貨幣と商品）にわけて、世界史を駆動してきた「力」の原理を記述したうえで、Ｄ　Ａの高次元での回復、に世界の未来をみる。[14]

柄谷が基本的に、資本＝ネーション＝国家に代わる交換システムＤを問題にするのに対して、大澤真幸（２０２３）は、見田宗介の「交響圏」と「ルール圏」[47]、「望ましい社会はいくつもの交響圏を基底に持ち、それらをルール圏が包摂するという二層の構造からなる」という説を下敷きにしながら、「交響するコミューンの自由な連合」を世界の基礎単位として想定する。抽象的な理論モデルとしては、本書のいうＤＡＯのネットワークも基本は同じである。

大澤は、そこでグラフ理論をもとにした、世界中の任意の２人が友人を介して繋がる場合、無数の可能なネットワークの中にランダムに少数のリンク（「太い線」）があれば、わずかな次数（「六次の隔たり」）でつながることができるという、「小さな世界」理論[48]（ダンカン・ワッツとスティーブン・ストロガッツ）を持ち出している。基本的に自由な個人のアソシエーション＝交響するコミューンとその連合を考える場合、ＩＣＴ革命によるインターネット、ＳＮＳの普及によって、その可能性は現実的に高まるであろう。本書で想定するのはブロックチェーンの可能性である。また、現実（物質世界）と仮想現実（メタヴァース）の分離である。資本の自己増殖過程をメタヴァースに封じ込められないか？　次節以降で考えよう。

問題は、コミューン（交響圏）とは何か、コミューンを結びつけるルール、リンク（太い線）の質とは何か、そして、「国家」という「ルール圏」はどう位置づけられるのか？　ということになる。これについて、大澤の見通しはおそろしく保守的である。すなわち、主権国家は乗り越えられるべきではあるが、そのための二つの単純な方向、国家の廃止、アナーキズムも世界政府の成立も不適切と言わざるを得ない、結局、国家間の緊密な協力、あるいはそうした協力を強いることができる国際機関を通じて、国家の主権を少しずつ相対化していくほかない、というのである。

本書の出発点は、予めはっきりしている。世界中に現実に存在する基礎自治体としてのコミューン（コムーネ）の可能性を追求することにかけようということである。

## 2　ブロックチェーンと都市コミューン

サトシ・ナカモトSatoshi Nakamotoという、いかにも日本名と思われる正体不明の人物（あるいは集団）がビットコインと呼ぶ仮想通貨virtual money（暗号通貨cryptocurrency、デジタル通貨）のソフトウエア（コンセンサス・アルゴリズム）をネット上に公表し、運用を開始したのは２００９年である。

ビットコインという仮想通貨が実際に運用開始され始めたことで、専ら、資産運用のための新しい技術としてのブロックチェーンが注目されるが、ここで見極めたいのは、そのシステムあるいはモデルが都市コミューンの運営とそのネットワークに応用可能かということである。

## ICT革命――Web3の世界

21世紀に入って、巨大なプラットフォーマーとなるビッグテック企業が出現する。ラリー・ペイジとセルゲイ・ブリンが検索エンジンによる情報収集を目的とするGoogle LLC（Limited Liability Company）を設立したのは1998年、株式公開したのが2004年である。Gmail、Google Chrome、Google Map、Google Earthなどは今や世界中に行きわたっている。

Web1・0の時代は、ウェブサイト（ホームページ）が主であり、ユーザーは情報（コンテンツ）の消費者に過ぎなかった。1991年から2004年までの期間はWeb1・0の時代である。それに対して、Web2・0は、SNS（ソーシャル・ネットワーキング・サービス）の時代、「プラットフォーム・ウェブ」の時代で、ブログblog、ウィキwikiなど誰でも情報発信ができる時代である。

しかし、結果として出現したのは、世界中で発信される莫大な量の情報を特定のビッグテックが独占的に所有し、利用する時代である。グーグルを例にすれば、自分がいつ何を調べ、どこにいたのか、デフォルトはすべて記録するモードになっている。設定を変えない限り、プライバシーはほぼない。その情報をもとに、グーグルは巨大な広告収入を得る。広告の表示順は支払い総額と一回表示の単価をもとに入札で決める仕組みになっており、最も高額な広告収入を獲得し続けることができるのである。

このあまりにも巨大化したビッグテックとその情報独占化に対して、立ち向かおうとする新たな動きがWeb3である。Web3とはいかなるものか？　Web3の世界は果たして世界システムとなりうるのか？

## 仮想通貨

Web3という用語は、ブロックチェーンのプラットフォームイーサリアムEthereumの共同設立者であるギャビン・ウッドの造語というが、「ブロックチェーンに基づく分散型オンライン・エコシステム」をそう呼んだ（2014年）。ブロックチェーンという技術を基盤として、仮想通貨、NFT（非代替性トークン　Non Fungible Token）によって運営される、中央集権ではなく分散自律組織DAOのネットワークの形成が可能という。資産運用に関しては、ビットコイン以降、イーサリアム（内部通貨イーサEther　2014〜）、ポルカドットPolkadot（内部通貨Dot　2020〜）…などのコミュニティが既に運用されている。

国家の信用をベースに発行される法定通貨ではなく、その信用を全く別の仕組みで担保するブロックチェーン技術は、国民国家と中央銀行による金融システムと異なるネットワークを形成する可能性を示している。エルサルバドルと中央アフリカは法定通貨としてビットコインを使用している。

ビットコインの運用開始後、1年ほどして、フロリダ州でプログラマーがピザ2枚を1万ビットコインで購入する。これが、ビットコインで商取引が成立した最初の例である。仮想通貨と法定通貨との交換比率は、仮想通貨取引所と呼ばれるオンラインのプラットフォームで、基本的には需要と供給のバランスによって決定される。24時間取引が可能であり、規制は少ない（未整備である）。交換比率は、仮想通貨取引所によって異なる。従って、変動は、通常の金融市場や外国為替市場より早く、大きい。今のところ規模は小さく、少数の有力メンバーによる発言や投資行動によって左右されるなど不安定である。

## ブロックチェーン

ブロックチェーンは以下のような特性をもつとされる。

**分散性**：ブロックチェーンは、参加者（ノード）間でデータを共有する分散型ネットワークである。中央集権的な機関やサーバーがなく、複数のノードが相互にデータを確認・更新する。

**ブロック**：ブロックは、ブロックチェーン上でデータを保存する単位である。複数のトランザクション（取引データ）を含み、一つ前のブロックへのリンク（ハッシュ）を持つ。
**ハッシュ**：ブロックは、その中に含まれるデータの一意の識別子であるハッシュを持っている。ブロックの内容が変更されると、ハッシュも変化するため、改竄を防ぐのに役立つ。
**マイニング**：ブロックチェーンは、新しいブロックを追加する際に競争が行われるプロセスである。これをマイニング（採掘）という。マイナー（マイニングをする人）は数学的な問題を解いて新しいブロックを作成し、ネットワークにブロックを追加する権利を得る。
**トランザクション**：ブロックチェーンは、透明性と不変性を持つ。一度ブロックに記録されたトランザクション（一定の情報処理単位）は改竄できず、全参加者が同じデータを共有する。

プログラミングの知識がないと、俄かに理解しがたいが、ブロックチェーンは、既に、金融業界や供給チェーン管理、不動産登記、医療、投票システムなどさまざまな分野で応用されている。従来の企業や組織は、中央の管理者や組織の管理部門によって運営されるが、DAOでは、ブロックチェーン技術によってその運営がプロトコルとして定義され、コードによって制御されることが特徴で、参加者は自動的にプロトコルに従って意思決定を行い、トランザクションを承認したり、新しいルールを提案したりすることができるのだという。また、DAOは、中央集権的な管理体制に頼らず、より民主的かつ透明性の高い組織を実現することを目指すという。

一般的な組織形態と組織運営について、分散自律組織を支える技術がブロックチェーンであるとすれば、会社組織のみならず、さまざまなコミュニティの形成に応用可能である。そして、都市コミューンの運営にも導入可能であろう。

DAOの運営についての合意形成と意思決定はどのように行われるのか？　仮想通貨のコミュニティでは、トークン保有者による投票メカニズムやコンセンサス・アルゴリズムなどを用いて行われることが一般的で、トークンの保有量に応じて重みが異なるというが、それでは、現実の自治体と変わらない。創意工夫が必要となる。

「自治体がブロックチェーンを活用するとしたら、どのようなことが可能ですか？」とChatGPTに聞いてみた。以下が答えである。

自治体がブロックチェーン技術を活用する具体的な事例をいくつか挙げてみます：

**データの透明性と改竄防止**：ブロックチェーンはデータの透明性と改竄防止に優れた特性を持っています。自治体は、予算、公共事業、契約などの情報をブロックチェーン上に記録することで、市民に対して透明な行政を提供できます。

**デジタルアイデンティティ**：ブロックチェーンを活用したデジタルアイデンティティのシステムを導入することで、市民の個人情報をセキュアに管理し、オンラインサービスの利用を容易にすることができます。

**投票システム**：ブロックチェーンは投票プロセスの透明性と信頼性を高めるのに役立ちます。自治体はブロックチェーンを使った電子投票システムを導入し、選挙の結果の透明性と改竄防止を実現できます。

**不動産登記**：ブロックチェーンを使って不動産の登記を行うことで、不動産の所有権情報を確実かつ信頼性のある方法で記録できます。

**エネルギー管理**：ブロックチェーンはエネルギー取引や電力の供給を効率的に管理するのに役立ちます。自治体は再生可能エネルギーの発電と消費をブロックチェーン上でトラッキングし、エネルギーの効率的な利用を促進できます。

**サプライチェーン管理**：ブロックチェーン上でトレーサビリティを確保することで、自治体が市民の健康や安全に影響を与える商品やサービスのサプライチェーンの製品の品質と安全性を向上させることができます。

**スマートコントラクトの活用**：ブロックチェーン上で実行されるスマートコントラクトは、条件を満たした場合に自動的に契約を履行する仕組みです。自治体は、契約や支援プログラムの管理を自動化することができます。

これらは自治体がブロックチェーンを利用する例の一部ですが、ブロックチェーンの応用は多岐にわたります。ブロックチェーン技術はセキュリティや信頼性の向上、透明性の確保、効率的な運営などを実現するため、さまざまな分野で利用が拡大しています。ただし、ブロックチェーンの導入には技術的な課題や適切な法律・規制の整備が必要であることに注意してください。

技術的な課題や適切な法律・規制の整備が必要であるのは当然であるが、既に「デジタル村民とＮＦＴを活用した電子住民票」によって、デジタル村民とリアル村民とをつなぐ「旧山古志村

～Nishikigoi NFTによる山古志ＤＡＯ（仮想共同体）」のような事例がある（本書４０１頁）。仮想共同体の多重多層のネットワーク形成は大いに期待できるであろう。

## 3　コモンズとしての地球

希望のコミューンにとって、第一の基本原理は、オートノミーAutonomy、自治、自立、自律である。その存立根拠となるのは何か。コモンである。コモンは、コミューンの語源であり、その定義に予め含まれている。

マルクスは、ボン大学・ベルリン大学で青年ヘーゲル派の一員として多感な学生時代を過ごした後、ケルンの自由主義運動の機関紙『ライン新聞』（１８４２年創刊）の編集長となるのであるが、そこで「木材窃盗取締法」をめぐる問題を取り上げることになる。「前近代的所有権」と「近代的排他的所有権」の間に衝突があり、「近代的所有においで木材という物を崇めて、人間を犠牲にする転倒した関係が成立している」とマルクスは書いている（佐々木２０１６）。「前近代的所有権」は「入会権」であり、英語にすればコモンズcommons、独語ではアルメンデAllmendeである。

日本でも同様な問題を経験してきた。なかでも、岩手県の小村の小繋事件（１９１７年）が知られる。肥料、飼料、燃料、建築資材のみならず食料も調達してきた小繋山が地租改正で民有地とされ、地区の代表者が名義人となっていて他人に売却、1966年まで裁判が続けられたが、最高裁で入会権は認められなかったのである。

前近代においては、所有は基本的に人格的関係に基づいていた。共同体（コミューン）においては、その一員であることにおいて所有が認められていた。しかし、資本主義社会においては、商品や貨幣によって所有が認められ、商品や貨幣の所有によって資本蓄積が行われる。

しかし、本来、個々人が独占的に所有しえないものがある。水、空気…自然…地球、それがコモンである。ここでのコモンは、私有財（Private Goods）や公共財（Public Goods）と対置される共有財（Common Goods）＝「コモンズ」である。

## コモンズの悲劇とアンチコモンズの悲劇

コモンズの問題について最初に指摘したのは、イギリスの経済学者ウィリアム・フォスター・ロイド（1794～1852）とされる。「コモンズの悲劇 The Tragedy of the Commons」（1833年）と名づけられることになるが、共有の牧草地に個人が自分の利益のために過剰に放牧を行うことによって、最終的には共有資源が枯渇するというコモンズの過剰利用の問題を指摘するものであった。

このロイドの講演を引いて、「コモンズの悲劇」（1968）という論文をサイエンス誌に書いたのが、アメリカの生態学者ギャレット・ハーディン（1915～2003）である。彼の場合は、人口過剰、環境問題を「コモンズの悲劇」として告発するものであった。「コモンズの悲劇」は、コモンズそのものが問題であるかのように受け止められ、誤解を生んだために、ハーディンは、後に、「管理されないコモンズの悲劇」とすべきだったというが、より的確には、「コモンズの過剰利用の悲劇」である。一方、「アンチコモンズの悲劇」も指摘される。共有すべき資源が細分化されて私有され、社会にとって有用な資源の活用が妨げられる悲劇である。

## 最大のコモンズ

最大のコモンズは地球である。斎藤幸平（2019、2020、2023a、b）は、コモンズの解体と稀少性の創出が資本主義を離陸させ、その無限の追求が、46億年の歴史をもつ地球の地質年代に影響を及ぼすほどの危機をもたらしたことを理論的に明らかにする。

地球温暖化への取り組みは、1995年以降毎年開催されてきた国連気候変動枠組条約締約国会議の目標設定をめぐる議論を振り返っても一向に進展する気配がない。グレタ・トゥーンベリは、気候変動と地球温暖化問題について最前線で提起を続ける科学者、専門家、活動家、ジャーナリスト、著者に原稿を依頼して『クライメイト・ブック』という一冊の本（グレタ・トゥーンベリ編　2022）を編んだ。ただの編著ではない。彼女はすべての原稿をそれこそ編むように全5部

102章のうち18章を自ら執筆している。8歳にして気候変動について知り、15歳にして声を上げた。以降、学んだことを吐き出すように、この本には、気候変動をめぐる彼女がいう「世界最大の物語」が重層的に語られている。そして、彼女は「気候危機は、今日のシステムのなかでは解決できない」と言い切る。

では、どうすべきか？「希望は勝ち取らなければならないもの」と彼女はいい、社会の中で、また、個人として、できることを列挙している。「炭素吸収源となりうるものはすべて最大化する」「木を植える」「自然を復元する」「自然を再野生化する」「風力と太陽光発電に投資する」「プラントベース（植物性素材）の食生活に移行する」など極めてまっとうな指針である。

「飛行機に乗るな」というのは、エキセントリックに聞こえるが、自動車、船舶も含めた交通運輸業の化石燃料消費が莫大であることの指摘である。トゥーンベリは「地域の公共機関を無料にする」「交通手段を考え直す」（EV車、カー・シェアリング…）というオールタナティブをしっかり提案している。

## 身近なコモンズ

コモンズは、しかし、地球規模の二酸化炭素の排出量だけの問題なのではない。身近な環境における自然と人間との活き活きとした関係を支えるのがコモンズである。そして、コモンズは、生存のために必要な水、空気、食料…自然だけではない。共同生活に必要な設備は基本的に全てコモンズである。上下水道、道路、鉄道、広場、公園、運動場、体育館、劇場、音楽堂、公民館、学校、病院、図書館…など公共施設、自治体が所有、管理運営する施設、設備は全て公共財であり、コモンズである。

しかし、この公共施設の整備が真のコモンズたり得ているかは大いに疑問である。自治体の施設整備は「ハコモノ行政」と言われるように、建築物の建設のみが目的とされる実態がある。「土建国家の体質」（本書57頁）として触れたが、建設業者や不動産業者の思惑（欲望）によって、公共建築のあり方は大きく左右されてきた。建てては壊す「スクラップ・アンド・ビルド」の体質は、すなわち、自然破壊、コモンズ解体の体質である。万国博覧会やオリンピックなど国際的なイベントがわかりやすいが、国や自治体がインフラ整備を行った敷地を民間不動産業者に売却する都市開発や再開発の手法は明治以降今日に至るまで一貫している。「神宮外苑問題」が近年の典型的な事例である。

この間、日本の国土のかたち、都市のかたちを規定してきたのは、土地の価格であり、建築の値段である。あらゆる空間が商品化されており、その価格は、立地と規模によって決定されている。その結果、東京都心にタワーマンションが林立する一方で、全国で1000万戸もの空き家が生じる事態が起こっている。国土の編成としては歪で異常である。各地域でコモンズが回復されなければならないことははっきりしている。

日本が世界で最も先鋭な少子高齢化社会となりつつあることは前述したが（本書69頁）、既に総世帯数の4分の1となった夫婦＋子どもの核家族のためのｎＬＤＫ住戸モデルを供給し続けるのは、あまりにも近視眼的である。単独世帯が既に4割となり、このままであれば、住宅は全て「おひとりさま（独居）」の終末住宅となることにも触れた。

住居についてもコモンが必要であることも自明である。コモン・ハウスすなわち共同住宅である。単なる住宅を積み重ね並べる集合住宅ではない。共同性を育む共有空間を最大化するかたちの共同住宅である。コーポラティブハウスあるいはシェアハウスと欧米では呼ばれるが、世界中でそうした共同住宅が追求されている。インドネシアのルスン rusun（積層住宅）もそのひとつである。

松村淳（２０２３）は、日本での様々な試みを挙げている。斎藤幸平・松本卓也編（２０２３）は、コモンの「自治」をうたう。問題は、自治の主体となるのは誰か、である。

## 4　アーバン・ヴィレッジ——共生の原理

80億を超えた世界人口のうちおよそ55％は都市に居住する。また、アジアには約6割の人口が居住する（国連人口基金ＵＮＦＰＡ）。そして、南アジア、サブサハラを中心に約13億人の貧困者（国連環境計画ＵＮＤＰ）が存在する。人口の半数は合計で世界の富の2％の資産しか所有しない貧困者であり、その大半は、グローバル・サウスの大都市のいわゆるアーバン・ヴィレッジ（都市村落）に居住する。アーバン・ヴィレッジとは、急激な都市化によって、農村集落がその共同体的特性を残しながら都市圏域に取り込まれた居住地をいう。中国では「城中村」というが、インドネシアのカンポンkampungがまさにその典型である。

カンポンのような、相互扶助、共生を原理とする共同体的特性をもつ居住地すなわちアーバン・ヴィレッジが存在しなければ、圧倒的大多数の都市住民の生活は立ち行かなくなるであろう。都市コミューンの存在根拠は自明である。

## スラム——貧困の共有

産業革命以降の人口増加を吸収したのは大都市のスラムである。スラムという言葉は、スランバー slumberに由来し、1820年代からその用例が見られる。スランバーとは耳慣れないが、動詞として、（すやすや）眠る、うとうとする、まどろむ、（火山などが）活動を休止する、あるいは、眠って（時間・生涯などを）過ごす、無為に過ごす（away, out, through）、眠って（心配事などを）忘れる（away）、名詞となると、眠り、《特に》うたたね、まどろみ、昏睡、無気力状態、沈滞という意味である。産業革命によって、農村を離脱して都市へ流入してきた大量の賃労働者たちが狭小で劣悪な住宅環境に集中して住んだのがスラムである。

スラムは、しばしば、家族解体、非行、精神疾患、浮浪者、犯罪、マフィア、売春、麻薬など、様々な社会病理の温床とされる。しかし、それは必ずしも普遍的ではない。生存のためにぎりぎりである居住条件に対処するために、むしろ、強固な相互扶助組織、共同体が形成されるのが一般的である。同じ村落の出身者毎に、また、民族毎に共住がなされ、それぞれに独特の生活慣習、文化が維持される。アメリカの人類学者O・ルイス（1914～1970）[49]はスラムに共通する「貧困の文化」を指摘する。貧困者のコミュニティが文化的相似性すなわち「貧困の文化」を維持するのは、貧困という共通の問題への共通の適応様式に由来する。高度に個人主義化され、階級構造化された資本主義社会の中で、貧困者は下層階級として周縁化されていることを認めながらも、それに抵抗する態度、精神が「貧困の文化」を生むのである。

C・ギアツ（2001）は、「貧困の共有」という。貧困というと貧しさが先に立つが、「エネルギーの共有」「資源の共有」「地球環境の共有」と言えば、当然の原理である。

## カンポン

カンポンはスラムではない。第一に、先進諸国のスラムが都市の一定の地域に限定されるのに対して、発展途上国の大都市ではほぼ都市の全域を覆うのである。第二に、カンポンが農村的特性を維持し、直接農村とのつながりを持ち続ける点もその特徴である。カンポンというのは、マレー語、インドネシア語でまさにムラという意味である。カンポンガンkampunganというと、イナカモンといったニュアンスで用いられる。都市の住宅地をカンポン（ムラ）と呼ぶのである。英語ではアーバン・ヴィレッジ（都市集落）がぴったりくる。

　このカンポンという言葉は、英語のコンパウンドcompound（囲い地）の語源だという（オックスフォード英英辞典OED）[50]。かつてマラッカやバタヴィアを訪れたヨーロッパ人が、囲われた居住地を意味する言葉として使い出し、インド、そしてアフリカに広まったとされる。カンポン的居住地が世界各地に存在することを示している。

　アーバン・ヴィレッジは、フィリピンではバロン・バロン[51]、南米では一般的にバリオ[52]あるいはバリアーダbarriada、ブラジルではファヴェーラfavela[53]、チリではポブラシオンpoblacion、北アフリカではビドンビル[54]、トルコではゲジェコンドゥ[55]、インドではバスティbustee、busti、basti[56]などと各地域で様々な呼び方をされる。住居はバラック建てで物理的には貧しいけれど、その共同体組織はむしろ強固で、それぞれの地域の伝統に根ざして多様である。ネガティブなニュアンスをもつスラムではなく、それぞれの地域に固有の居住地の概念として以上のように固有の言葉が用いられる。

　インドネシアのカンポンの特性をまとめると以下のようである。[57]

①**多様性**：その立地、歴史などによって極めて多様である。

②**複合性**：様々な階層、様々な民族が混住する。多様性を許容するルール、棲み分けの原理が

ある。

③**全体性―生産と消費の結合**：カンポンの生活は基本的に一定の範囲で完結しうる。カンポンの中で家内工業によって様々なものが生産され、近隣で消費される。

④**高度サービス社会―屋台文化**：カンポンには、ひっきりなしに屋台や物売りが訪れる。少なくとも日用品についてはほとんど全て居ながらにして手にすることが出来る。高度なサービス・システムがカンポンの生活を支えている。

⑤**自立性―相互扶助システム**：カンポン社会の基本単位となるのは隣組（RT：ルクン・タタンガ）―町内会（RW：ルクン・ワルガ）である。また、ゴトン・ロヨンと呼ばれる相互扶助活動がその基本となっている。さらに、アリサンと呼ばれる民間金融の仕組み（頼母子講、無尽）が行われる。

カンポンの①～⑤の特性を支える基本原理を一言でいえば、インヴォリューションの原理である。C・ギアツのインヴォリューション・テーゼについては他に譲るが[58]、外に向かって拡大進化（エヴォリューション）するのではなくて、限られた枠の中で内に向かって進化するのがインヴォリューション（内向進化）である。カンポンにおいて、物売り、屋台によるサービスのシステムが成立したのは、雇用機会が極めて少ないからである。屋台文化は、仕事を細分化して分かち合う、まさにワークシェアリングの原理によって支えられているのである。朝から晩まで人々が溢れ、活気に満ちているのがカンポンである。そして、その活気を支えているのがこうした原理である。

インヴォリューションの原理や相互扶助システムが、発展途上地域、グローバル・サウスの大都市のアーバン・ヴィレッジの共通の特性とされるのは、それがなければ日常生活が維持されないからである。

## デサとヘメーンテ

ジャワ、マドゥラの村落はもともとデサ desa と呼ばれた。14世紀に書かれたマジャパヒト王国の年代記『デーシャワルナナ』（『ナーガラクルターガマ』）は「地方の描写」という意味である。それに対して、スンダ（西ジャワ）では、カルラハン kalurahan が村落という意味で用いられていた。そして、カンポンというのはカルラハンを構成する単位であった（クンチャラニングラット編1980）。オランダの慣習法学者C・v・フォレンホーフェン[59]によれば、カンポンはジャワのデサのように自治領域をもたなかった。行政単位の名称として採用されたのはデサである。その歴史は、オランダ植民地期の原住民自治体条例（1906年）に遡る。原住民自治体条例によって、デサが原住民自治体を意味する公用語となるのである。この条例に基づくデサは、それ以前のデサとは明らかに異なる。原住民自治体条例は、オランダの村落（ドルプ dorp）についての自治体法をもとにしたものである。

自治体すなわちヘメーンテ gemeente（ヘメーンシェプ gemeenschep）である。ドイツ語ではゲマインデGemeinde（ゲマインシャフトGemeinschaft）、すなわち、共同体[60]である。

C・v・フォレンホーフェンは、ジャワのデサを「旧法のデサ」（Ouderwetsche desa）と「新法のデサ」（Nieuwerwetscher desa）に分けるが、原住民自治体条例以前のデサが「旧法のデサ」である。

## デサ共同体

「旧法のデサ」とはすなわち伝統的村落、慣習法（アダット）に基づく村落デサ・アダットである。このデサ・アダットについて大きな手掛かりとされてきたのが『ジャワ・マドゥラにおける現地人土地権調査最終提要』（以下『最終提要』）全3巻（1876〜89[61]）であるが、『最終提要』をもとにした多くの論考は、19世紀中葉におけるジャワの村落が「共同体的」性格を色濃く残していたとする。

デサは村長（ルラー）および村長補佐（クバジャン）、長老（クミトゥワ）、イスラームの導師、水利役人（オルオル）、および書記などの村役によって運営され、村役は、治安、税務、賦役義務履行、土地利用、水利、儀式等生活万般に関わった。村役には、さまざまな特権と報酬が与えられ、土地については共同体的占有地の持分配分や割替えにおいて主導権が与えられ、賦役義務は免除された。

デサの土地は、村有地、職田、宅地、耕地、荒蕪地、森林に分けられ、村有地は、デサが処分権をもつ土地と個人が占有権を獲得した土地からなる。前者は、墓地やマーケットなど公共用地として使われ、後者はデサ成員の賃借や分益小作の対象となる。職田は村役の報酬のために使われ、宅地は、基本的には私有地もしくは世襲財産とされる。

土地の「共同占有」の形態が数多くみられるが、「共同占有」とは、耕地の使用の主体は個人であるが所有権はあくまでデサに属し、個人による相続や処分が不可能な占有である。「共同占有」形態においては、その「持ち分」保有者となる資格が厳しく規定されているのが一般的であり、その資格を満たすことにおいてデサの正式のメンバーとして認められる。持ち分については定期割替えが行われることが多い。

しかし、デサの土地占有形態には、様々なヴァリエーションがあり、「個人的占有」地が「共同体的占有」地へ転換されている場合もあるなど、必ずしも一般化できない。植民地権力が、デサの共同体組織を解体するのではなく、むしろその共同体的性格を強化し、デサの首長の統治能力を最大限に利用することにおいて、植民地支配の秩序をつくり上げる間接統治の手法がとられたことも指摘される。

大塚久雄（1955）は、全世界的な規模における単一の構成として現れる資本主義社会に対して、一つ一つの「共同体」がそれぞれ多かれ少なかれ独立した「局所的小宇宙」をなし、そうしたあまたの小宇宙の連結体として構成される世界を想定するのであるが、「局所的小宇宙」の例として、「ジャワの「デッサ」や旧ロシアの「ミール」が「共同体」と同時に「世界」を意味したことを思え」と、1か所「デサ」に触れている。[62]

マルクス主義者たちは、前近代的村落共同体を批判し、その解体を積極的に支持してきた。そして、封建社会のあらゆる桎梏から解き放たれた自由な個人によるアソシエーションに基づく社会を構想した。すなわち、前近代的コミューンには否定的であった。ところが、マルクスは、前述のように（本書101頁）、晩年には、コヴァレフスキー『共同体的土地所有』、シーウェル『インドの分析的歴史』、マニー『ジャワ』などを抜粋ノートに残しており、前近代の農耕共同体への関心を深めていた。最晩年に執筆された「ザスーリチへの手紙」（1881）では、「共同体はロシアにおける社会的再生の拠点である」と言っているのである（佐々木2016）。

## 隣組と町内会

現在のインドネシアの行政単位として用いられるのは、農村（郡）部（カブパテン）も都市部（コタマジャ）もクチャマタンである。農村部ではデサがクチャマタンの下位単位となり、デサはさらに下位単位ドゥクーによって構成される。都市部では、クルラハンがクチャマタンを構成し、その下位単位となるのがRW（エル・ウェー）（ルクン・ワルガRukun Warga：町内会）とRT（エル・テー）（ルクン・タタンガ：隣組）である。

このRT、RWは、実は、日本軍政（1942年3月～45年8月）が、日本の戦時体制を支えるために隣組を基礎単位とする町内会制度として持ち込んだものである。日本が総動員体制へ向かう中で、町内会制度がつくられたのは、1940年9月11日の「隣組強化法」と呼ばれる「部落会町内会等整備要領」（内務省訓令17号）によってである。5軒から10軒の世帯を一組とし、動員、物資の供出、統制物の配給、防空活動を義務化した。団結、自治の進行をうたうが、思想統制、相互監視の役割をも担った。日本軍第16軍が「隣保制度組織要綱[63]」を施行したのは太平洋戦争末期の1944年1月である。

隣組tonarigumi、字aza、常会joukaiは、日本語がそのまま用いられるが、隣組すなわちルクン・タタンガRTである。RTは、「ジャワ民族において以前から受け継がれている相互扶助精神に基づく住民間の互助救済など共同任務の遂行に勤めなければならない」とするが、ルクンとは、ジャワの伝統的概念である「調和、和合」を意味する。タタンガは、隣人である。相互扶助精神とは、ジャワではゴトン・ロヨンと呼ばれ、インドネシアの国是とされることになる。デサの全戸を対象にし、10～20戸を単位に隣組を構成、隣組RT長を置き、区長（デサ長）が任命する。隣組は少なくとも月1回の隣組常会を開催する。カンポン毎に、字長、隣組長、字の有識者によって字常会を組織し、少なくとも月1回の字常会を開催する。すなわち、カンポンは、字と隣組からなる。都市部から始まった隣組の組織化は、すぐさま農村部に波及し、1944年4月末の時点で50万組（50万8745）に達した。太平洋戦争末期、わずか1年余りの期間にジャワ全島に及んだ隣組組織が現在のRTの起源である。

日本では、戦後1947年になって、連合国軍最高司令官総司令部（GHQ）によって隣組制度は禁止される。その際にGHQがまとめた『日本における隣保制度——隣組の予備的研究[64]』

(1948)は、「隣保組織の歴史的背景」(第1章)を幕藩体制下の「五人組」、さらには大宝律令(701年)、養老律令(718年)が規定する「五人組制度」まで遡って振り返った上で、「1930年代以降における隣保組織の国家統制」(第2章)そして「東京都の隣保組織」(第3章)を具体的に検証したうえで、「隣保組織の解体」(第4章)を結論づけている。GHQの総括は、隣組制度が総力戦体制、大政翼賛体制を支えた「支配と強制」の装置となったが故に禁止する、というのである。戦後日本において町内会システムが弱体化していったのは、このGHQ指令が大きいとされる。

日本の無条件降伏によって、インドネシアは独立戦争を戦うことになるが、RTそして、字azaはルクン・カンポンrukun kampung=airka、エルケーRK、として、存続する。すなわち、税の徴収、住民登録、転入転出確認、人口・経済統計、政府指令伝達、社会福祉サービスなどの役割を果たしてきた。その後の詳細な経緯は、布野修司(2021)(Space Formation Ⅳ カンポン都市村落 1 RTと隣組)に譲るが、1979年の村落自治体法(Village Government Law 5)によってRTをいくつか集めた新たな近隣単位としてルクン・ワルガRWが導入されRT／RWは、国家体制の機関として組み込まれることになる。

インドネシアの場合、強制的に組織化されたRT／RWではあるけれど、自律的、自主的な相互扶助組織として存続してきたのは、デサの伝統と隣組の相互扶助の仕組みが共鳴し合ったからである。しかし、それは開発独裁体制の成立過程で、再び、国家体制の中に組み込まれることになるのである。生活を支える相互扶助活動と選挙の際に巨大な集票マシーンとなる同調規制力は、カンポンに限らない共同体の二面性である。

日本の都市において、どのようなかたちで近隣単位としての「町内会」を再構築できるかは都市コミューンの鍵を握ることになる。

## アーバン・ヴィレッジ運動

アーバン・ヴィレッジへの着目は、発展途上地域、グローバル・サウスに限らない。先進諸国の大都市でも新たな動きが見られる。イギリスでアーバン・ヴィレッジ運動が開始されたのは、1970年代から80年代にかけてで、都市部における社会的問題や住宅不足、都市環境の荒廃などに対処するのがきっかけであった。様々な階層、様々な職種が混在する地区で、住民参加、公共交通の率先利用、職住近接の生活を想定したコミュニティ形成を目指してきた。運動の主な目標は、以下である。

1　**住宅の改善と新たな住宅の提供**：既存の住宅の改善や新たな住宅の建設を通じて、住環境の向上を図り、住宅不足を解消する。

2　**コミュニティの再生と強化**：地域社会の結束を強化し、住民の参加を促進することによって、地域全体の活性化と社会的なつながりを増進させる。

3　**商業と文化の振興**：地域内に商業施設や文化施設を導入し、地域経済の活性化や文化的な活動の支援を行うことで、地域全体の魅力を高める。

4　**都市環境の美化と改善**：公共スペースや緑地の整備、景観の改善などを通じて、都市環境の質を向上させる。

アーバン・ヴィレッジ運動には、ロンドンを中心に活動する非営利住宅協会The Peabody Trust、ブリストル地域において地域住民の参加を通じた土地利用や住宅計画を推進する団体The Bristol Community Land Trust、ロンドンのスピタルフィールズ地区で歴史的な建物と文化的な遺産の保護を目指すSpitalfields Trust、都市デザインや建築に関するイベントを開催し、都市の魅力とアイデンティティを強化する活動を行うThe London Festival of Architectureなど、地域住民とコミュニティグループ、地方自治体、非営利団体とＮＧＯ、開発業者、文化団体とアートコミュニティ、環境保護団体などが参加している。

このアーバン・ヴィレッジ運動は、欧米では、ニューアーバニズム、さらにコンパクトシティと連合する動きとみられている。

## 5　オートノマス・アーキテクチャー Autonomous Architecture（自律建築）

二酸化炭素をはじめとする温室効果ガスの排出量の約30％は、産業界（重工業）に由来するが、その70％は鉄、セメント、石化製品の製造によって排出される。鉄の生産にかかる$CO_2$排出量は、主に鉱石を還元する際の燃料の燃焼によるもので、世界の$CO_2$排出量の約7％、コンクリートの生産にかかる$CO_2$排出量は、セメント製造プロセスでの燃料の燃焼、原料の石灰石の加熱、そして輸送によるもので約8％、ガラスの生産にかかる$CO_2$排出量は、主に原料の石灰石、ソーダ灰、および燃料の燃焼によるもので約1％である。鉄そしてセメント、ガラスは、現代建築の基本材料である。地球環境問題は建築の存在基盤を根底から揺さぶっているのである。建築についての指針ははっきりしている。目指すべきは、オートノマス・アーキテクチャー（自律建築）である。

### オフ・ザ・グリッド

オフ・ザ・グリッドという概念もわかりやすい。すなわち、電気、ガス、水、廃棄物処理など全て遠隔のインフラストラクチャーに頼らない建築、地域で生活に必要なものを循環させる建築である。

日本でいう「環境共生建築（エコ・サイクル・アーキテクチャー）」も、環境との循環系を強調する意味ではわかりやすい。地域の生態系に基づく建築である。要するに、ヴァナキュラー建築の現代的再生である。そんな建築は可能なのか？　などという余裕はない。可能な限り一定の地域において循環系を再生させることは最優先すべき指針である。木造建築の木材の植林—伐採—利用・再利用という循環系を再生していくこともわかりやすい指針であるが、建築の維持管理のためのエネルギー循環も大きな課題である。

## パッシブ・デザイン

大規模な機械的（アクティブ）手法を用いずに太陽エネルギーや風力などの自然エネルギーを建築の設計の中に活かすことによって、化石燃料の消費をできるだけ抑えるパッシブ・デザインの手法は、今では広く共有されているといっていい。アメリカの建築家フロリダ大学のA・バウエン教授によって提唱されたPLEA（Passive and Low Energy Architecture）[65]という建築家・研究者の国際ネットワークが組織されたのは1982年である。以降、ほぼ毎年1回、世界各地で会議を開いてきている。日本でも、奈良で第7回会議「脱工業化時代の地球環境と建築」（1989）、釧

図1　スラバヤ・エコハウス

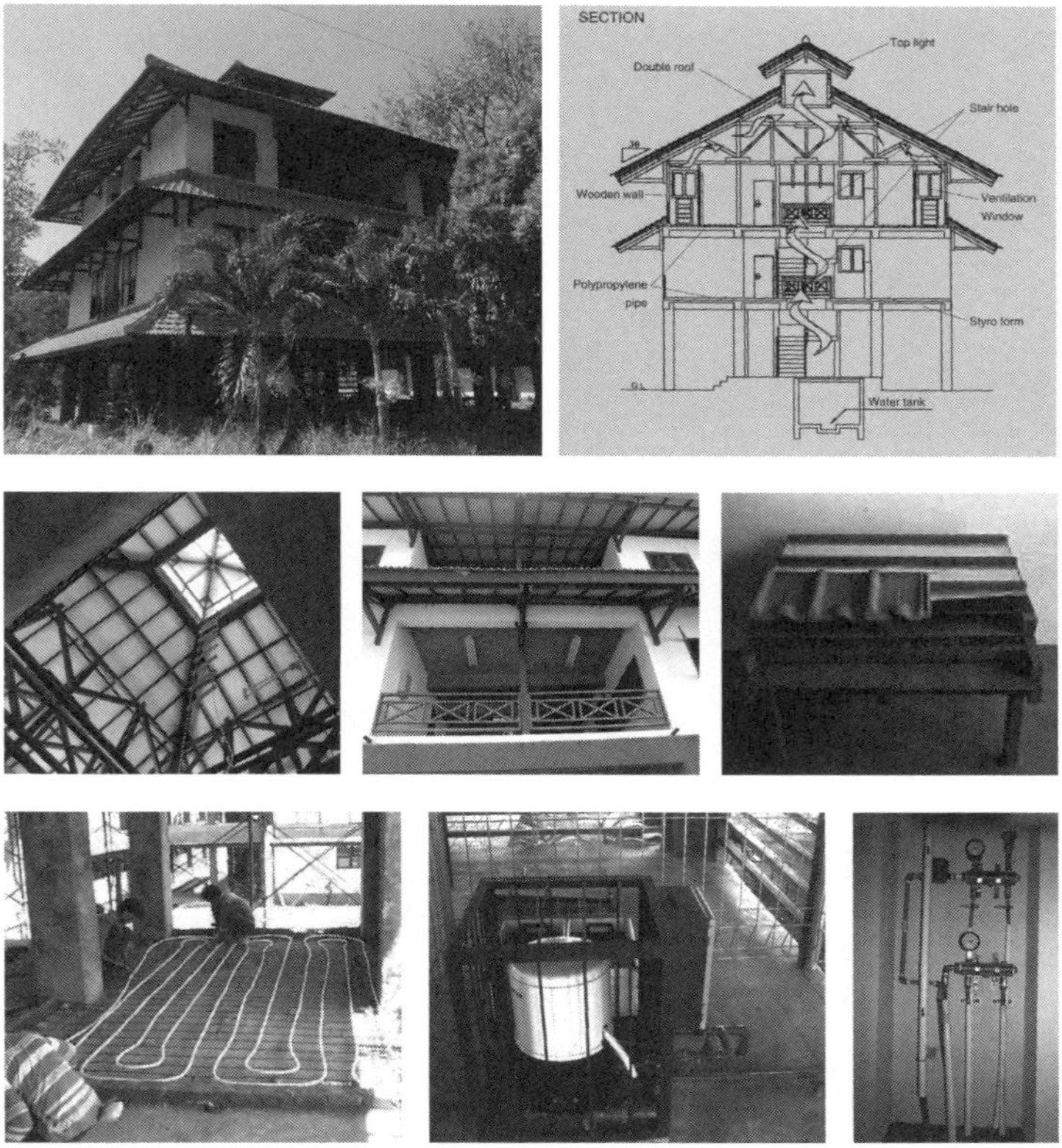


出所：布野修司＋京都大学布野研究室基本設計・小玉祐一郎監修／スラバヤ工科大学J.シラス実施設計　1998年

路で第14回「持続可能なコミュニティと建築：寒冷地における生物気候デザイン」（1997）が開かれた。筆者はこの釧路会議にPLEA会議の理事を務めていた小玉祐一郎とともに参加する機会を得たが、その時の議論の結果、今後圧倒的な人口増加が予測される熱帯地域におけるPLEAのモデルが必要ではないかということで建設することになったのが「スラバヤ・エコハウス」（図1）である。

「スラバヤ・エコハウス」のパッシブ・デザインの手法の主要な要素技術は、①水平・垂直（煙突効果利用）の通風を可能にするポーラス（多孔）なプランニング、②断熱のための二重屋根、大屋根・庇の採用、③地域産材としての椰子の繊維の断熱材利用、④井戸水循環の輻射床冷房の採用、⑤エネルギー源としてのソーラー・バッテリーの導入などである。

## グリーン・ウォッシュ建築

警戒すべきは、グリーン・ウォッシュ建築である。グリーン・ウォッシュとは、気候変動の重大性を認識しながら、それを糊塗（ウォッシュ）し、あたかも温室効果ガスを抑制することをうたいながら、化石燃料を使い続けることをいう。世に蔓延るのは、木材をぺたぺた貼るだけ、樹木で覆うだけで、エコ・アーキテクチャーをうたうグリーン・ウォッシュ（「グリーン」で糊塗する）建築である。「カーボンオフセット」や「気候補償」のような用語は放棄しよう、とトゥーンベリは言う。ＳＤＧｓにしても、それを謳う政府や企業がそういう行動をとっているとは限らない。斎藤幸平（２０２０）は、「ＳＤＧｓは「大衆のアヘン」である！」という。

「温暖化対策として、あなたは、なにかしているだろうか。レジ袋削減のために、エコバッグを買った？　ペットボトル入り飲料を買わないようにマイボトルを持ち歩いている？　車をハイブリッドカーにした？　はっきり言おう。その善意だけなら無意味に終わる。それどころか、その善意は有害でさえある」とまでいうのだ。そして、政府や企業がＳＤＧｓの行動指針をいくつかなぞったところで、気候変動は止められない、ＳＤＧｓはアリバイ作りのようなものであり、目下の危機から目を背けさせる効果しかない、というのである。

グリーン・アーキテクト（緑の建築家）という言葉が既にある。例えば、ポンピドー・センター、関西国際空港旅客ターミナルで知られるイタリアの建築家レンゾ・ピアノ（１９３７〜）は、屋上にマウンド形の芝を植えたカリフォルニア科学アカデミー（２００８）によってそう呼ばれる。しかし、ピアノは続いてロンドンにシャード・ロンドン・ブリッジ（２０１２）という超高層（地上87階建て、尖塔高３１０ｍ）を建てており、その名に値するかどうかは疑問である。彼は、丸の内の皇居前、１９６０年代に「美観論争」の対象となった「東京海上日動ビルディング（東京海上火災ビル）」を（可能な限り）木造の超高層として建替える建築家に選ばれている。果たして、オートノマスな超高層建築が可能なのか。

また、ミラノに全体を樹木で覆うかのような「垂直の森Vosco Verticale」（アパートメントホテル）と呼ばれる高層住宅（２０１４）を設計したのはステファノ・ボエリ（１９５６〜）である。２棟は高さ80mと112mのタワーマンションであるが、約2万本の樹木で覆われる。十数種数百羽の鳥が住む。この2棟で年30トンの二酸化炭素を吸収し、19トンの酸素を排出するという。「垂直の森」は、世界中でひとつの流れとなりつつあるかのようであるが、壮大な失敗事例となったのが、蚊や昆虫が大量発生、建設と同時に廃墟と化した中国成都の「森林城」（30階建8棟、計826戸）（2020）である。

しかしいずれにせよ、建築のライフサイクル（建設・維持管理・解体）の全体において二酸化炭素の排出量（カーボンフットプリント）の削減につながっているかどうかが問題である。

ゼロエネルギー・ビルディング、ゼロエネルギー住宅ZEH（Net Zero Energy House）[66]というけれど、基本的に建設そして解体にかかるエネルギーが考慮されていない場合がほとんどである。繰り返せば、地球環境問題は個別の建築の断熱性能やエネルギーの効率的制御による省エネルギーのレベルにあるわけではない。重要なのは住宅の建設・使用・解体の全過程における地球温暖化ガスの排出量削減であり、再生可能エネルギーを最大化していく方向である。

## 6　グローバル都市革命

拡張拡大を続ける大都市を抑制するための諸方策、そのアンチモデルとしての都市理念は、

「田園都市」以降も提起されてきた。そのひとつが「コンパクトシティ compact city」である。ニューアーバニズム、アーバン・ヴィレッジと呼ばれる運動は、ほぼ同じ理念を共有しながら展開されてきた。田園都市の理念については既に確認したが（本書85頁）、コンパクトシティ論は、都市―農村の結合、自給自足、公的土地所有などには触れない。土地建物の価格によって規定される大都市圏のなかに、如何に自律的な生活圏を確立するか、それがいかに有効かを主張する理論である。

コンパクトシティ論に先立って、大都市批判を激しく展開し、近代都市計画思想に大きなインパクトを及ぼしたのは、ジェーン・ジェイコブス『アメリカ大都市の死と生』（1961）である。ジェイコブスは、「大都市は多様性を生み出し、新事業やあらゆる種類のアイディアを豊富に生み出す孵卵器（インキュベーター）であって、膨大な数と範囲にわたる小規模企業の経済的な本拠地でもある」といい、都市の街路や地区に豊かな多様性を生じさせるための四つの条件として、

①混用地域の必要性
②小規模ブロックの必要性
③古い建物の必要性
④集中の必要性

をあげている。

## コンパクトシティ

「コンパクトシティ」という概念は、1973年に2人の数学者ジョージ・ダンツィヒ（1914〜2005）とトーマス・L・サーティ（1926〜2017）によって提起されたとされるが[67]、郊外スプロールを抑制するために、車による移動に頼らず、徒歩と自転車を基本とした多様で複合的な機能を集積させた高密度でコンパクトな都市の方がエネルギー消費、廃棄物処理など、よりサステナブルであることを主張する。

コンパクトシティをめぐっては、日本でも数多くの議論がなされ、出版も少なくない。松永安光（2005）は、逸早く、コンパクトシティ、ニューアーバニズム、アーバン・ヴィレッジの動向を紹介している。松永の関心は、団地あるいはニュータウンに向けられているが、谷口守編（2019）は、都市自治体、アムステルダム（85・4万人）、コペンハーゲン（184万人）、ベルリン（360万人）、ストラスブール（48・3万人）、ポートランド（60万人）、トロント（273万人）、メルボルン（16・9万人）を取り上げている。ただ、この7都市について、何をもってコンパクトシティというかは必ずしもはっきりしない。本書の関心から言えば、提唱者が数学的モデルをもとにして主張する「徒歩と自転車を基本とした多様で複合的な機能を集積させた高密度でコンパクトな都市」が実現しているかどうかである。

「コンパクトシティ」モデルは、「田園都市」モデルとは明らかに異なる。しかし、都市がコミュニティ内で人が必要とするすべてのものを持っていること、それぞれ自立したコミュニティであることをめざしていることは、共通の基本原理である。

コンパクトシティは、店舗、雇用主、郵便局、サービスプロバイダー、エネルギー生成、廃棄物の処理、および小規模農業生産（コミュニティガーデンや垂直ガーデニング）が含まれており、高密度居住による通勤時間の短縮、化石燃料・エネルギーの消費削減などの面で、「田園都市」モデルより有利であるというのがその主張である。要するに、モビリティ、移動、輸送、交通をどう考えるかが鍵となる。そして、大都市の内部に分散自律組織を構築するか？　農村部に分散自律組織を新たに構築するか？　大きく二つの方向が分裂していることになる。

## 国民国家からの自立

一方、自国第一主義に対して、国民国家からの自立の動きがある。ひとつは民族自立の流れである。

関曠野（2001）は、国民国家（ネイション・ステート）は、本来、民族国家と翻訳すべきという。民族をヘブライ語でゴイgoiという。ネーションという言葉は、中世ラテン語にナツィオNatioに由来するが、このナツィオはゴイの翻訳である。民族ということで想起されるのは、『旧約聖書』

「創世記」（成書年代は紀元前550年前後のバビロン捕囚期）の「バベルの塔 Migdal Babel」の寓話である。「バベルの塔」は完成することなく倒壊してしまう。天から降りてきたヤハウェは、言葉がたがいに通じないようにした。町の名バベルは「乱れ」を意味する。

この「バベルの塔」の寓話は、聖書学では特に問題にされることはないが、一般的な解釈は、人類が神に挑戦し、天に達する塔をつくるなど無謀な企てであり、実現不可能だということである。すなわち、人類の科学技術への過信に対する神の戒めだと解釈される。「創世記」は、寓話の前に多種多様の民族を列挙している。世界にさまざまな言語が存在する理由を説明するための寓意だという説もある。複数のゴイ＝ゴイム goim からなる世界すなわち異邦人＝異教徒の世界を前提とし、その中でヘブライ人の社会イスラエルを「選ばれた」平等主義的な共同体と主張するのが「創世記」である。

一方、「バベルの塔」が象徴しているのは力による帝国の統一だという解釈がある。そこに言葉の混乱がないのは帝国の神々と言語がさまざまな集団に一様に押しつけられているからで、「創世記」が「彼らは石の代わりに煉瓦を、粘土のかわりに瀝青（アスファルト）を用いるようになった」と革新的な建築材料について語っていることは偶然ではなく、技術革新は富と権力の巨大な集積をもたらし、軍事的征服による帝国の建設を促進したという（関2001）。

国民国家形成の過程で、民族、言語、文化の異なる人々が組み込まれることが世界各地で行われてきた。国民国家内の民族的アイデンティティを求める動きはグローバリゼーションに対する抵抗である。

コルシカ、北アイルランド、スコットランド、ブルターニュ、カナダ・ケベック州、クルドなどは国民国家形成に向かう可能性がある。スペインのカタルニア州、バスク地方、ベルギーのフランドル州、デンマークのフェレオ島、グリーンランド島、フィンランドのオールランド島、クロアチアのイステリア、スロベニア、…などヨーロッパ各地だけでも地域自立の動きがある。

## Covid-19と幕藩体制

日本の都市政策は、1970年代以降、かなりの迷走を続けてきた。戦後復興から高度成長期にかけての人口増に対して、ニュータウン建設、郊外住宅地開発を前提として、市街化区域と市街化調整区域を区別する程度の規制を行うだけの施策展開しかなかったといっていい。石田頼房（1987）によれば、戦後復興都市計画期（1945～54）の後は、基本法不在・都市開発期（1955～68）であり、1968年の都市計画法改正によって地区計画制度が導入される新基本法期（1968～85）となるが、以降、規制緩和の反計画期（1982～）となる。ヨーロッパ諸国のようにグリーンベルトによって都市と農村を截然とわけることはなく、ダラダラと市街地が連担する都市景観が成立したのが日本である。

結果として、大きな問題となったのが地方都市の中心市街地の空洞化現象である。大規模小売店舗法（1973～2000）がそれを促進したと言われるが、自動車中心のアメリカ型都市化が進行したことが大きい。郊外に巨大ショッピングセンター、幹線道路沿線に全国チェーンのロードサイド型店舗、ファミリーレストラン、ファストフード店が立地することで、中心市街地の店舗が利用されなくなるのである。商業施設に限らず、公共施設も権利関係が錯綜して再開発が進まないため、広い敷地を求めて郊外に移転する傾向も見られ、既往の都市構造は大きく変化してきた。コンパクトシティの逆現象である。

東京一極集中の是正への方向を唯一期待させたのは、前述のように（本書77頁）、第一次オイルショック後の三全総（第三次全国総合開発計画、1977）であった。しかし、その後の無作為は以上の通りである。そして再度、国土計画を根本的に見直す契機となったのがCovid-19である。

都市化は、人と人の結びつきの密度を高くする社会変容である。3密（密集、密閉、密接）化は、まさに都市化、全球都市化、人工環境化（無季節化）の流れである。一方、人類は、ウイルスとともに生きてきた。ウイルスはあらゆる場所に存在する。海には膨大な数のウイルスが存在しており、プランクトンを宿主とするウイルスの存在も確認されている。バクテリアや藻類はウイルス感染による増殖と死滅を繰り返しており、海から誕生したヒトの身体にも多くのウイルスが存在している。ウイルスは生物の進化の一環に取り込まれ、ヒトのゲノムにもウイルス由来のものがある。ヒトの全ゲノム情報は解読されたが（2003）、ヒトの身体をつくるたんぱく質を生み出すのに関わるゲノムはわずか1・5％で、大半はよくわからない「ジャンク」DNAであり、さらに全体の8％はウイルス由来である。

病気を引き起こすウイルスは「氷山の一角」であるが、しばしば、世界史に大きなインパクトを与えてきた。14世紀にヨーロッパを襲った「黒死病（ペスト）」や16世紀にクリストバル・コロンが新大陸から持ち込んだ梅毒などが知られるが（マクニール　1985、2007）、今日の感染の速度はそうした時代に比べるべくもない。中国起源のペスト菌がシルクロードを通じてヨーロッパに伝わるのに1年はかかったけれど、コロナ直前には世界人口の2割、14億人が移動する流動性の高い世界が現実化していたのである。ウイルスが生物の100万倍の速度で進化、変容することをこの間のCovid-19は示してきた。悪性ウイルスの出現は、地球全体のある種の調節機能の駆動とみなすことができるかもしれない。

はっきりしたのは、感染者数はビッグデータとして、人口密度の指標となっていることである。日本の都道府県の感染者数の推移は、人口密度と人の移動の結果を示してきた。人口規模がほぼ同じ東京、ジャカルタ、ニューヨークは、同じような感染動向を示す。ロックダウンなどの行動規制は、人口密度を減らすことに他ならない。満員電車で通勤する際には、毎日超過密状態を一定時間経験するということである。

人口分散化と一定地域に自律可能な施設、人材の配置が必要であることを明らかにしたのがCovid-19である。そして、ＩＣＴ環境の整備によって、在宅勤務、リモートワークの可能性も明らかになった。山中大学は、日本の地域単位としては江戸時代の「藩」がベースになるという。[68]

都市コミューンの基本的な原理、仕組みとして、また、具体的な行動指針、施策展開として、繰り返し立ち返って確認すべき指針を、次節でまとめよう。

## 7　都市コミューンのための七つの指針

### ①オートノミー Autonomy（自治・自立・自律）の原則

これは、都市コミューンの理念そのものであり、全ての指針を貫く第一原理である。

### ②経済の地域内循環

経済の地域内循環という指針は、「ポスト資本主義」、資本主義あるいは「近代世界システム」に代わる社会経済システムに関わる指針である。

資本主義システムは、前述のように（本書94頁）、差異化による無限の資本蓄積を続けるシステムである。この差異化のシステムは、いわゆる市場における商品交換にとどまらず、自然、空気、水、土地…あらゆる物、あらゆる空間に及ぶ。そして今や、仮想現実の世界におよぶ。しかし、この資本主義の基本システムが純粋に自己実現するわけではない。純粋にこの差異化のメカニズムが自己実現するとすれば、システム破綻する可能性が高い、というより、破綻が不可避である。資本主義社会は数々の破綻、恐慌を経験してきている。マルクスは、恐慌によって資本主義は破綻することを予言したが、ケインズが、経済不況、失業対策として、経済政策的介入の有効性を理論化したことで、資本主義は「修正」されたといっていい。現代の資本主義は、実際には、各国の中央政府、中央銀行などが、人々の需要や雇用という、市場経済ないし資本主義の「根幹部分」を管理する「修正資本主義」体制である。

こうした資本主義体制において、経済の地域内循環は如何なる意義をもつのか、それは果たして可能なのかが問題である。

マッキンゼーを経てコーポラティブハウスの企画運営を行うアーキネットを立ち上げた織山和久は、「地域社会圏経済と国家経済」（『都市美』3号、地域社会圏研究所発行、河出書房新社　2023）において、コミュニティを単位とする地域生活圏経済の方が、国家による経済運営より豊かな社会を築く可能性が高いという。具体的に、OECD（経済開発協力機構）加盟の38か国を見て、コミュニティへの信頼度が高い国ほど経済的に豊か（一人当たりGDPが高い）といった統計も示しながら、経済学博士として、経済学の知見からもそれは裏づけられるとする。そして、「コミュニティの自立と国際的な法の支配が確立するとともに、国家は必要がなくなる」と結論づける。本書の主張を裏打ちしてくれている。

都市コミューンのオートノミーの原則は、素朴には、経済の地域内循環、自給自足を原則とする。食料など生活必需品を他の都市、地域に依存するとしたら、自治・自立・自律の基盤を欠くことになる。国家レベルでは、食料安全保障の問題でもある。

都市コミューンの原型は、冒頭（序）で確認したように、「都市―農村地域連合」である。食料を供給する後背農村と密接不可分な関係において成り立っていたということがある。広井良典（2013）は、地域においてヒト・モノ・カネが循環し、そこに雇用や「コミュニティ的なつながり」も生まれる経済を「コミュニティ経済」といい、「共同体から個人の自立」、「自然から人間の自立」を前提として成立した資本主義を再度「自然」と「共同体」につなぎとめる必要があるという。

そして、「コミュニティ経済」の例として（a）福祉商店街あるいはコミュニティ商店街、（b）自然エネルギー・環境関連（鎮守の森・自然エネルギーコミュニティ構想）、（c）農業関連、（d）地場産業ないし伝統工芸関連、（e）福祉ないし「ケア」関連などを挙げている。

これらは、以下の指針にも挙げられるが、根本的なシステム転換として提案されるのは、共同幻想としての貨幣そのものを実質化する「地域（コミュニティ）通貨」である。地域通貨は、都市コミューンあるいは地域をベースとし、自律循環型の地域経済を確立するような、利子を生まない貨幣であるのが基本である。地域内でしか購入できないものに用いる、あるいは地域内で用いるのが原則である。商店街などで使用するだけでなく、バス、電車の乗車券としても利用できる事例、ブロックチェーンを用いたデジタル地域通貨が用いられる事例も既にある。さらに、地域内でのボランティア活動なども組み込むことができるであろう。ただ、どんな地域でも使える大手企業のポイントとリンクするなど、地域内循環と呼べない地域通貨も少なくない。

## ③再生エネルギーによる自給自足

報酬のほとんどを財団に寄付し、月1000ドルで暮らすことから「最も貧乏な大統領」と言われたホセ・ムヒカ（ホセ・アルベルト・ムヒカ・コルダーノ、1935〜）が率いた（在任2010〜2015年）、人口347万4000人（2020）のウルグアイは、再生エネルギー大国と言われ、化石燃料に頼らない風力発電、水力発電、太陽光発電、バイオ燃料によって、必要なエネルギーの100％を賄い、さらに近隣諸国への輸出を行うまでに至っている。自然エネルギー利用のための生態学的環境もその条件となるが、税の優遇措置、自然エネルギーによる発電、サービス会社、機器の製造について大幅な所得税の減税が大きいとされる。やればできるのである。

都市自治体としては、環境政策に積極的に取り組むドイツの中でも「環境首都」と呼ばれる人口約23万人の、その名もまさに自由都市＝フライブルク（フライブルク・イム・ブライスガウ）が知られる。

フライブルクの環境政策は、再生エネルギー政策、廃棄物リサイクル政策、交通政策、都市計画・景観政策など多岐にわたるが、きっかけとなったのは、1970年代のドイツトウヒ（マツ）に覆われるシュヴァルツヴァルトが酸性雨によって枯れるという事態である。

フライブルクは、第一に、大気汚染対策として自動車依存からの脱却のために公共交通・自転

図2　ドイツの「100%再生可能エネルギー地域」(100EE)の分布図(2015)

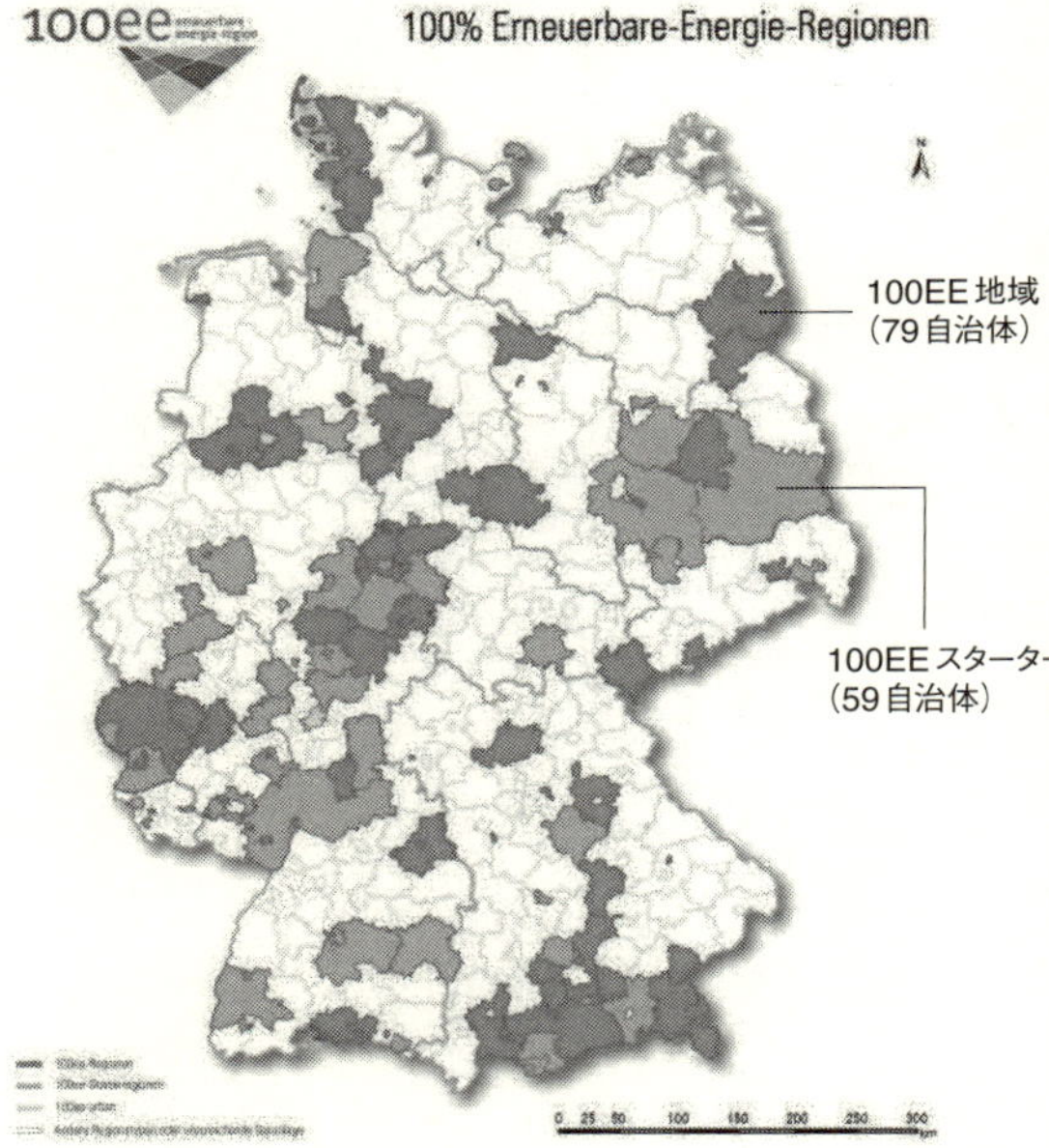


出所：IdE gGmbH (2015)

車利用を強化する。ＬＲＴ（路面電車）を郊外に延伸し、都心への自動車乗り入れを制限し、パークアンドライドを徹底するのである。また、ＭａａＳ（本書214頁）として、市内の路面電車とバスの全路線を利用できる「環境定期券」を導入し（1991年）、さらに1市2郡を走る14交通会社の全路線に拡大している（「レギオカルテ」1996年）。

第二に、脱原発・再生エネルギー利用のために研究機関を誘致、太陽光発電の普及を推進する。結果として、太陽光関連企業がフライブルクに立地、ドイツにおける太陽光発電の重要な開発・生産拠点となる。

第三に、グリーンビルディングの建設を推進する。持続可能な建築と住宅に重点を置き、エネルギー効率の高い建物やパッシブハウスなどの取り組みを支援する。そのモデルとなるのが、旧フランス軍駐留地であった。ヴォーバン地区の団地建設である。

第四に、廃棄物の削減、リサイクルを促進する。

第五に、公園や緑地を多く設け、市内の緑の保全と拡充に力をいれている。

いずれも、全ての自治体が目標とすべき指針である。

ドイツでは、76自治体地域と3都市自治体がエネルギー自給100％を実現しており、59自治体がエネルギー自給を目指しており（図2）、この138自治体はドイツ全人口の約4分の1（2100万人）、全国土の3分の1に及ぶ。

日本でも再生可能エネルギーで地域のエネルギー需要を賄える状況にある市町村は、前述のように（本書69頁）、全国に138（2020年3月）あり、再生エネルギー発電の方が多い「エネルギー永続地帯」も226市町村あるのである。

## ④都市オペレーティング・システムOS——デジタル・インフラストラクチャーの確立

デジタル・トランスフォーメーションDXについては、日本は完全に出遅れた感がある。経済産業省が「DXレポート～ITシステム「2025年の崖」の克服とDXの本格的な展開」で

### 図3　日本の自治体のエネルギー自立可能性

▶環境自治体会議の会員自治体の半分近くが自給可能

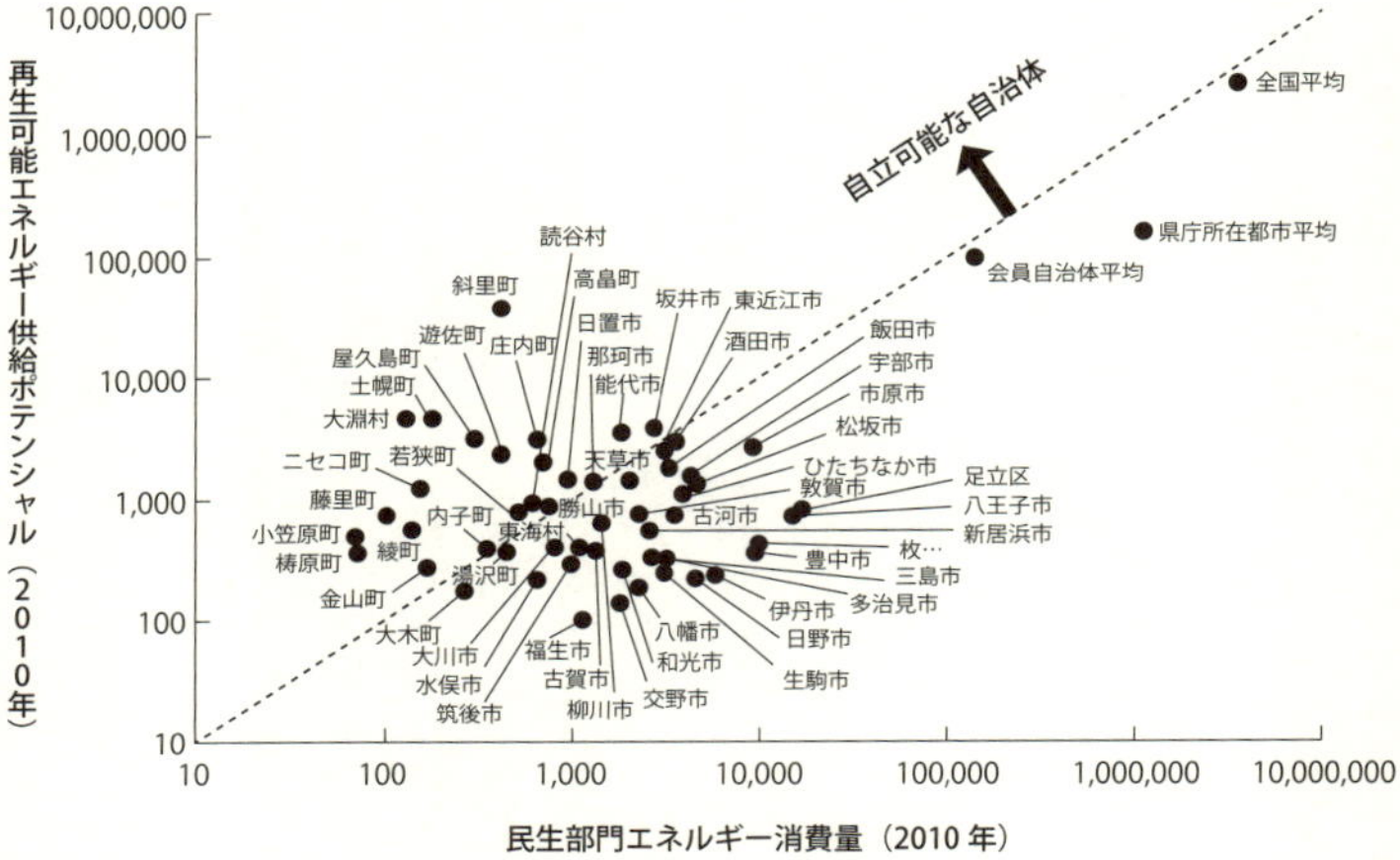


出典：環境自治体会議（2013 環境自治体白書 2013−2014）

「２０２５年の崖」を指摘したのは２０１８年である。

　産業界の既存のITシステムは、部門ごとに構築されて、全社横断的なデータ活用ができない、過剰なカスタマイズによって複雑化・ブラックボックス化しており、DXの実現を阻んでいる、また、現場サイドの抵抗も大きい。この課題を克服できない場合、DXが実現できないのみでなく、２０２５年以降、最大12兆円／年（現在の約3倍）の経済損失が生じる可能性がある。これが「２０２５年の崖」である。その時が近づいているけれど、その懸念が払拭されたわけではない。都市自治体のDXはさらに遅れているように思える。そうした状況に現れたのがChat GPTなどの生成AIである。自治体のDXは不可避である。

都市オペレーティング・システムOSの構築が第一に必要である。都市OSとは、都市の基本ソフトウエアであり、行政や物流、交通といった様々なソフトウエアを動かすための基盤となる。

内閣府の国家戦略特区諮問会議（2020）がスーパーシティを選定する際に考えていたデータ連携基盤と都市OSは、各国で都市OSの構築に関わったシスコ社のバルセロナの例などを想定している。

問題は、しかし、標準化された汎用都市OSをトップ・ダウンで導入するといったレベルにとどまるわけではない。ここでも、自治体独自の体系的システムをいかに構築するかが問われる。前述した「旧山古志村～Nishikigoi NFTによる山古志DAO（仮想共同体）」のような興味深い試みが既に出現しているのである（本書403頁）。

## ⑤共助・相互扶助システムの構築

コミューンは、予め（序）その起源、語源に遡って確認したように、共同体であり、共有、共同、連帯、関与、協力は、その基本原理である。中央政府の指針、補助金に従うだけの、また、既成の利益集団の意向によって左右される「自治なき自治体」が少なくない日本においては、様々な市民団体、NGO、NPO法人、運動体、企業、組合…が共助・相互扶助の役割を担っている実態がある。とすれば、自治体がまず目指すべきは、共助・相互扶助の役割を担う市民と連帯することである。その活動が真に共助を目指し、拡がりを獲得するのであれば、そのリーダーは首長に相応しい。そうした市民活動を経て首長となった市町村長は少なくない。

コモンズを再生する、また創り出そうとする試みは、自治確立の大きな力となる。斎藤幸平は、「行政の下請け化」したNPOやNGOを厳しく批判する。「ある問題を解決するために事業を起こすのではなく、行政や企業から補助金をもらえそうな事業を起こし、それでコネをつくって政策を変えていこうという発想の転倒がおきるのです。しかしそれでは、社会運動の側から行政批判が出来なくなります。行政の下請けになって、公共サービスのアウトソーシング化を助長するだけです。同じように、ソーシャルビジネスに夢中になるという現象も起きています」（第七章「自治」の力を耕す（斎藤・松本編 2023））。確かに、斎藤の指摘にはうなずくところがある。国家体制そのものの劣化には、政治家の劣化とともに官僚組織の劣化がある。そこにPPPとかPFIという口実の下に、アウトソーシングとして有象無象のコンサルタントが入り込む。「自治なき自治体」の実態には、中央政府の意向を自治体に浸透させるエージェントの存在がある。

しかし、斎藤の言う、希望のコモンの自治とは、どこに成立するのか？　本書の主張は、繰り返し述べるように、あくまで既存のコミューン（基礎自治体）との連携に希望を見出そう、というところにある。

## ⑥シェアハウス、コーポラティブハウス、オートノマス・ハウスの原則

共助・相互扶助のシステムを支えるためにも、都市コミューンの最小単位としての世帯、家族のための居住空間すなわち住居のあり方が鍵となる。日本については、前述のように（本書70頁）、世帯人数の平均は2・21人（2020）に過ぎない。いわゆる核家族世帯は既に総世帯数の4分の1になっている。そして、単独世帯は既に4割近くあるが、どんな住居形式であれ、やがて、「おひとりさま（独居）」の終末住宅となることは必然である。それにもかかわらず、ファミリータイプのnLDK住宅を積み重ねるタワーマンションが建てられ、一方で空き家が増え続ける。社会的空間の編成、配分としては、どう考えても壮大なる無駄である。求められるのは、多様な個人があつまって住むかたちである。

古くは、F．エンゲルスが空想的社会主義者と呼んだロバート・オーウェン（1771～1858）の「ニュー・ラナーク」「ニュー・ハーモニー」、シャルル・フーリエ（1772～1837）の「ファランステール」、また、それを具体化したジャン・バティスト・ゴダン（1817～88）の「ファミリステール」が想起されるが、その現代的甦生は不可避である。

そして、その具体的な試みは既に行われつつある。シェアハウス、コレクティブハウス、コーポラティブハウスなどと呼ばれる共同住宅の建設である。

シェアハウスは、和製英語で海外ではルームシェア、フラットシェア、ハウスシェア、コリビングなどと呼ばれる。要するに、一般の住居を複数で利用し、キッチンやリビング、バスルームなどを共同で使用し、プライバシー空間として個室を利用するかたちである。これは既存ストックの有効活用という意味では当然の流れといっていい。また、歴史的にも下宿屋、設備共用の木賃アパートなど同様の形式は存在してきた。ひつじ不動産（２００５）、日本シェアハウス連盟（２００６）といった全国組織や全国展開する不動産屋が既に成立している。[69]

コレクティブハウスは北欧で１９９０年代初期に先行して建設されたとされるが、米国ではコハウジング、ロシアではコミュナルカと呼ばれる。

コーポラティブハウスも和製英語で、英語ではビルディング・コーポラティブというが、入居者が組合を結成し、その組合が事業主となって、土地取得から設計者や建設業者の手配まで、建設行為の全てを行う共同住宅をいう。これこそ、空想的社会主義者たちの試みの後継である。

日本では、住宅組合法の制定（１９２１年）以降、同潤会（１９２３~41年）、住宅営団（１９４１~46年）、日本住宅公団（１９５５~81年、現ＵＲ（都市機構））を建設主体として、パブリック・ハウジング（公的住宅供給）という形で住宅供給が展開されるのであるが、定型化した標準型（ｎＬＤＫ）を供給するにとどまってきた。公団住宅としてコーポラティブハウスの建設が試みられたことはあるが、手間暇、コスト高を理由に以降追求されない。いち早く、コーポラティブハウスを手掛けたのは、建築家・安原秀、中筋修（設計事務所ヘキサ）に率いられた「都市住宅を自分達の手で創る会（都住創）」である。１９７７年竣工の都住創松屋町住宅を第１号として、主に大阪市中央区の谷町界隈に22棟、約250戸のコーポラティブハウスを建設した。その後、日本のコーポラティブハウスは、専ら、都市デザインシステム（1992年設立、現UDS株式会社）、アーキネット（1995年設立）、コプラス（2002年設立）など民間のプロデュース会社、不動産業者によって建設されてきている。

しかし、海外では、都市自治体がコーポラティブハウスの供給に積極的に取り組む例はすくなくない。よく知られるのは、前述のフライブルクである。ヴォーバン住宅地（38ha）の区画はコーポラティブハウスに優先して販売して、結果的に7割を占める。ヴォーバン団地で採用されたソーシャル・エコロジーコンセプトの10か条は以下である（村上2007）。

1. 適度な人口密度による住宅地の実現
2. 既存の樹木や植生、地形、既存建物を最大限生かす
3. 中心部に商業施設と雇用を呼び込み、住宅地のアイデンティティ（独自性）の確保
4. カーフリー（カーポートフリー）での住宅地設計
5. 近自然工法による住宅地内の緑地（公園など）の確保
6. 屋上緑化などの対策を盛り込んだ雨水コンセプト
7. コンポスト（堆肥）を主軸とした住宅地内での廃棄物処理
8. 省エネ建築様式（高断熱・高気密）による住居設置の義務化

9. 地域暖房の導入とコージェネレーションでの発熱・発電
10. コーポラティブを主体とした集合住宅の実現

こうしたコーポラティブハウジングの試みはドイツから北欧に広がっている。ドイツは650万戸に1500万人が居住し、全住宅の17％、アパートの30％を占めるが、ノルウェーの全住宅の15％、オスロ市では40％、450万人、スウェーデンでは50万人が居住する。コーポラティブハウジングは、フライブルクのヴォーバン団地をモデルとするように、オートノマス・ハウス、オートノマス・ヴィレッジを基本的に目指している。

## ⑦多様な都市ネットワークの構築

その定義をめぐって予め議論したように（本書25頁）、都市は、分業を前提として成立し、後背農村や他都市とのネットワークの結節点に位置する。それ故、周辺地域とのネットワーク関係が第一に問題となる。また、災害の場合に相互に援助しあう自治体ネットワークも不可欠である。国際関係を考えると、他の国の都市とのネットワークも重要である。（財）自治体国際化協会（CLARE）によれば、日本の自治体が海外の自治体と姉妹（友好）都市提携している総件数は1818件（都道府県173、市1280、区42、町283、村40）、姉妹提携する自治体の総数は

899（内、複数都市と提携する自治体442）である。また、総件数には、複数の自治体による以下の合同提携5件（10市6町）を含んでいる（2024年3月1日現在）。

●山梨県南アルプス市・甲斐市・中央市・昭和町―四川省成都市都江堰市（中国）
●中海・宍道湖・大山圏域市長会（鳥取県米子市・境港市、島根県松江市・出雲市・安来市）―ケララ州（インド）
●三観広域行政組合（香川県観音寺市・三豊市）―山東省青島市即墨市（中国）
●小豆島（香川県土庄町・小豆島町）―エーゲ海諸島地方ミロス（ギリシャ）
●徳之島（鹿児島県徳之島町・天城町・伊仙町）―慶尚北道清道郡（韓国）

姉妹都市提携の理由、背景は様々であるが、(1)両首長による提携書があること、(2)交流分野が特定のものに限られていないこと、(3)交流するに当たって、何らかの予算措置が必要になるものと考えられることから、議会の承認を得ていることが条件である。

村レベルでの姉妹提携自治体37件をみてみると、様々なネットワークが浮かんでくる。北海道の占冠村《しむかっぷ》（1595人）[70]が米コロラド州アスペン（7004人）と姉妹都市となったのは（1991年）、ホテル・アルファがアスペンのスキー場会社と提携したのがきっかけである。猿払村（2636人）がロシア・サハリン州、オジョールスキー（2400人）と提携したのは（1990年）、旧ソ連の貨物船がオホーツク海で難破したことをきっかけにしている。青森県西目屋村（1167人）と中国・

吉林省梨樹県葉赫満族鎮（390万人）は、農業研修生の受入れをきっかけとしている（1985年）。六ヶ所村（9944人）は原子燃料サイクル施設が立地することで知られるが、ドイツ、ヴァーレン（2万4000人）とは、ハム・ソーセージなど食肉加工技術の連携を基礎にしている（1994年）。秋田県大潟村（2811人）は、八郎潟干拓の父、フォルカー博士に因んで、同時期に干拓されたオランダのドロンテン（2万7000人）と提携する（1992年）。

福島県大玉村（8771人）は、南米ペルーのマチュピチュ村（約3000人）と提携する（2015年）が、大玉村出身の移住者が戦前にマチュピチュ村の村長を務めたという縁による。北塩原村（2301人）は、気候がよく似た南半球、ニュージーランドのタウポ市（2万5400人）と小学生のホームステイを契機として提携を結んでいる（1997年）。長野県原村（7723人）も、中学生のホームステイ事業をきっかけとして、ニュージーランドのプケコへ（1万7000人）と友好都市になっている（2002年）。さらに、愛知県の飛鳥村（4457人）も中学生の海外派遣をもとにカリフォルニアのリオビスタ市（7000人）と提携している（2007年）。

福島県西郷村（2万1085人）は、民間レベルの交流をもとに、中国天津市薊県（76万人）と提携する（1995年）。日本一の村づくりを目指す泉崎村（6761人）と中国一の村づくりを目指す北京市房山区竇店村（4256人）をつないだのは、新華社東京事務所という（1996年）。泉崎村は英語指導助手の採用を契機として、オーストラリアのテモラ（6600人）と姉妹都市となる（1989年）。群馬県昭和村（7347人）と米国のイーグルポイント（8700人）が姉妹都市となったのも英語指導助手の採用がきっかけである（2005年）。

茨城県東海村（3万7891人）は原子力発電所の村として知られるが、アイダホ国立工学研究所のある米国アイダホ・フォールズ（4万2000人）と原子力の安全性についての提携を結んでいる（1981年）。新潟県弥彦村（7336人）は、彌彦神社御遷座百年事業の一環としてモンゴルのエルデネ村（3862人）と友好都市となる（2016年）。

長野県の青木村（3919人）は、村の出身者のヒマラヤ観光開発社長の主導によって、ネパールのナムチェ・バザール村（1200人）と提携している（2004年）。川上村（3619人）は、野菜栽培の先進地として米国ワトソンビル（3万人）と（1988年）、南牧村（2957人）は、農業研修生の受入れを縁としてフィリピン、ラ・トリニダード町（12万人）と（2014年）提携している。泰阜村（1419人）は、満蒙開拓団を送ったという歴史的関係をもとにハルピン市方正県（23万人）と提携する（1997年）。大桑村（3158人）は、地元企業の合弁会社がある米国シェルビービル（2万0067人）と提携する（1997年）。白馬村（9117人）は、同じ山岳観光地の村としてオーストリアのレッヒ（約1400人）と（2001年）、また、ジャンプ競技が盛んなドイツのオーバーヴィーゼンタール（約3000人）と提携している（2002年）。小谷村（2611人）は、アウトワード・バウンド・スクールの交流としてニュージーランドのマールボロウ（3万5000人）と（1991年）、また名前が同じということでイギリスのオタリー・セントメリー（7000人）と（1992年）提携する。

山梨県の忍野村（9378人）は、葡萄とワインの生産地ということでフランスのシャルネ・レ・マコン（7000人）と提携する（2013年）。

岐阜県の白川村（1422人）は、ともに世界文化遺産に登録されているということでイタリアのアルベロベッロ（1万人）と提携する（2005年）。奈良の明日香村（4818人）と韓国の忠清南道は古都（百済扶余）の縁である（1972年）。沖縄県の宜野座村（6002人）は、九州沖縄サミット開催時にイタリア首相を招待、ピノッキオの村ペシャ（1万9520人）と姉妹都市となったという（2001年）。

こうして、小さな村でも、様々なレベルで国際交流を展開している。形式的、儀礼的な姉妹都市提携にとどまらず、その連携関係を深化していくことが都市コミューンに問われる。ある種独自の外交である。世界中にそのアイデンティティをアピールするために、独自のネットワークを形成することがその自治、自立、自律を支えることになる。

## 注 notes

1　人類が最初に農耕を開始したのはレヴァント回廊（東部地中海沿岸地方）である。ユーフラテス河中流域のテル・アブ・フレイラ遺跡（シリア北部、紀元前9050年頃）で最古級の農耕（ライムギ栽培）の跡が確認されている（藤井 2001）。最終氷期（7万～1万年前）後、温暖化が進む中で、寒冷期に逆戻りした時期の遺構である。採集狩猟の旧石器時代であるが既に定住が行われていた。すなわち、レヴァントでは定住が農耕に先行する。ただ、この段階ではまだ家畜を伴っていない。

2　Childe, V. Gordon (1950) 'The Urban Revolution,' *The Town Planning Review* vol. 21, pp. 3–17.

3 都市とは何か？　をめぐってのより詳細な議論については、『世界都市史事典』（布野編　２０１９）「序　都市の世界史」「01　都市とは何か、その起源は　１都市という言葉　２都市の定義　３都市の起源」に委ねたい。

4 日本語の「都市」は、西欧語の翻訳語であり、造語である。世界中で用いられる都市という言葉については、「序　都市の世界史」「01　都市とは何か、その起源は　１都市という言葉」（布野編　２０１９）など。

5 アクロポリスは、城砦として築かれるが、やがて市民の信仰の対象ともなり、共同体のシンボルとして神殿が建設され、ポリスの守護神を祀った。

6 メトイコイは、メタ（ともに）とオイコス（家）の合成語で「ともに住む者」という意味である。単数形はメトイコス。動詞のメトイケオーもしくはメタオイケオーは「移り住む」という意味である。

7 各ポリスは、それぞれの守護神を崇拝し、特有の祭儀及び習慣に従う、いくつかの部族あるいはデモス（区）によって構成された。ポリスは、参政権を所持している市民、参政権のない市民、奴隷（非市民）の、一般的に3種の住民に区分されていた。奴隷制度はアテナイでもっとも発達し、個人所有が一般的であった。

8 王政ローマの社会は、氏族制を基礎にし、ゲンス、クリア、トリブスという3段階の単位によって構成された。氏族の最小単位がゲンスで、ゲンスが集まってクリアが構成され、クリアが10集まるとトリブスとなる。トリブスはそれぞれ10のクリアを持ち、クリアを通じてゲンスを管轄した。また、社会は貴族（パトリキ）と平民（プレブス）からなっていた。クリアを単位とした民会（クリア民会）、また軍隊が組織され、平民は民会を通じて政治に参加した。王の選出も民会を通じてなされた。ローマ領が拡大していくとトリブスの数も増えていく。そこで軍隊の構成を、１００人の市民を1単位（ケントゥリア）として「百人隊」とするとともに、民会も「百人組」の兵員会として組織された（ケントゥリア民会）。

9 共和政ローマの統治体制は、元老院、政務官、民会の三つからなる。全市民によって構成される民会が政務官を選出し、政務官が政務を行うが、その中で命令権を持つ軍民の最高官職が執政官（コンスル）で、任期1年で2名が選出された。その他の政務官として、大神官や法務官（プラエトル、司法）、検察官、財務官、独裁官（ディクタトール、コンスルの1名が元老院より任命され、非常事態時の臨時最高職として全権掌握する。任期は半年以内）などが設置された。元老院は、政務官経験者によって構成され、任期は終身とされた。元老院議員となった平民は平民貴族と呼ばれ、平民貴族とパトリキを合わせてノビレスと呼ぶようになる。そして、平民の権利保護を目的に政務官として護民官が設けられた。

10 紀元前27年の初代皇帝アウグストゥスの即位をもって帝政ローマの開始とされる。前3世紀から前2世紀にかけて、3度にわたるポエニ戦争、兵役や戦禍による農村の荒廃、貧富の格差の拡大によって内乱が続くなかで、ユリウス・カエサルが絶対的権限を持つ終身独裁官に就任、元老院中心の共和政は崩壊の過程を辿った。カエサルが暗殺（紀元前44年）された後、オクタウィアヌスがマルクス・アントニウスとの覇権争いを制し、共和政の復活を宣言、元老院に権限の返還を申し出たが（紀元前27年）、元老院は元首（プリンケプス）としての多くの要職と「アウグストゥス（尊厳なる者）」の称号を与えたのが帝政の開始である。

11 アジアもヨーロッパもその語源はアッシリアに遡る。アッシリアの碑文にアスasu「日出る所」（東）とエレブereb（ireb）「日没する所」（西）の対比が記される。アスがアジアに、エレブがヨーロッパに転訛する。すなわち、アジアとヨーロッパは対概念である。しかし、アジアとヨーロッパの境界は截然と区切られたものではない。アジアもヨーロッパも興亡が激しく不安定であり続けたし、ヨーロッパという地域概念も予め成立していたわけではない。

12 ヨーロッパという言葉がキリスト教世界を意味するようになるのは、エラスムス（1466〜1536）が用いて以降であるとされる。

13 I・ウォーラーステインは、発展段階論から脱却し、また、部族社会、共同体、国民国家といった社会システムを単位とする分析を放棄し、唯一の社会システムとしての「世界システム」の歴史を問題にする。「世界システム」は、広範な分業体制を基礎として経済的・物質的な自給が可能になっていること、また、その内部に多数の文化を含んでいることにおいて、比較的小規模な、高度に自律的で自給的な経済システムと区別される。これまでの歴史において、「世界システム」は、「世界帝国」と「世界経済」の2種類しかない。「世界帝国」は、その領域全体に単一の政治システムが作用しており、「世界経済」には、全空間を覆う単一の政治システムが欠如している。近代以前の「世界経済」は全て構造的に不安定で、「世界帝国」に転化してしまうか、全く分解してしまうか、いずれかの道をたどった。「世界経済」は、中核諸国家と周辺地域に分けられる。ある世紀に外部世界であった地域が次の世紀には周辺ないし半周辺になること、中核諸国が半周辺になること、半周辺が周辺に転落していくことも、歴史的にはあった。「ヨーロッパ世界経済」が16世紀に出現し、それを「世界帝国」に転化しようという動きはあったけれど、そのまま生き延びた。それが資本主義の「世界経済」であり「近代世界システム」である。

14 柄谷行人（2010）は、交換様式をA．互酬（贈与と返礼）、B．略取と再分配（支配と保護）、C．商品交換（貨幣と商品）、D．X（交換様式Aの高次元での回復。社会主義、共産主義、評議会コミュニズム、アソシエーショニズム）に分け、複数の社会構成体が関係する世界システムとしては、それぞれミニ世界システム、世界＝帝国、世界＝経済（近代世界システム）、世界共和国に対応するとする。また、地理的な特定を除くこと、歴史的な継起と発展の順序とみなさないことを条件として、アジア的生産様式、古典古代的奴隷制、ゲルマン的封建制、資本制生産様式の区分は有効であるとする。

15 近代地理学の祖とされる博物学者Ａ・v・フンボルト（１７６９〜１８５９）の提起した概念で「ヒトが生活できる地域、ヒトの生物としての生存可能性と食物の入手可能性のある地域」をいう。

16 Ian Morris (2010) "*Why the West Rules: for Now*", Ian Morris (2000) "*Social Development*", Stanford University. George Modelski (2003) "*World Cities: -3000 to 2000*", Tertius Chandler (1987) "*Four Thousand Years of Urban Growth: An Historical Census*", Paul Bairoch, Jean Batou and Pierre Chèvre (1988) "*La Population des Villes Européennes, 800–1850: Banque de données et analyse sommaire des résultats*" など。

17 Tertius Chandler (1987) "*Four Thousand Years of Urban Growth: An Historical Census*" による。

18 ペスは、欧米のフットfootにつながるが、ローマ・ペスは０・２９６ｍとされる。古代ギリシャのイオニア尺（フット）は０・２９４ｍ、地域によって異なり、０・３５０ｍの地域（サモス尺）もある。

19 ランク・サイズ・ルールとは「ある人口規模の都市数とそれと異なる水準の規模の都市数との間には比例関係がある」という説である。１９４１年にＧ・ツイップによって提唱された（G. K. Zipf (1941) "*National Unity and Disunity: The Nation as a Bio-Social Organism*"）。

20 プライメイト・シティという概念は１９３９年にＭ・ジェファーソンによって提唱されたものであり、45か国を調べた結果、植民地支配の拠点として開発された中心都市の規模と、比較的小さな国では国内全体、大国の場合はかなり広範にわたる周辺を含めた一帯で次位の都市の規模との格差が大きいことに特色があり、そうした都市を類型化する概念である（M.Jefferson, "The Law of Primate City", *Geographical Review*, Vol. 29, 1939）。

21 Jean Gottmann (1961) *Megalopolis: The Urbanized Northeastern Seaboard of the United States*

22 東南アジアの都市化に関する研究の第一人者といっていいT・G・マッギーによる巨大都市化のさらなる展開をめぐる提起。McGee, T.G. (1991) 'The Emergence of Desakota Regions in Asia: Expanding a Hypothesis.' In Ginsburg. N, Koppel, B. & McGee, T.G. (eds.) "*The Extended Metropolis: Settlement Transition in Asia*", University of Hawaii Press, Honolulu (1995) T.G. McGee, 'Metrofitting the Emerging Mega-Urban Regions of ASEAN: Am Overview' In McGee, T.G. & Robinson, I. M (eds.) "*The Mega-Urban Regions of Southeast Asia*", University of British Columbia Press, Vancouver.

23 Jabotabek: Jakarta, Bogor,Tangerang, Bekasi の頭文字を繋いで命名された。1974年に公共事業省大臣H・スセロ Hendropranoto Suselo の発案による。

24 Gerbangkertosusila: Gresik, Bangkalan, Mojokerto, Surabaya, Sidoarjo, Lamongan を連ねたもの。

25 国際通貨基金IMF - World Economic Outlook Databases 2023による。

26 国際連合の幸福度調査のレポートは、自分の幸福度が0から10のどの段階にあるかを答える世論調査によって得られた数値の平均値をGDPや健康寿命など六つの説明変数を用いて回帰分析し、各説明変数の寄与を求めて分析している。初回の報告書は2012年4月、以降は毎年発行されるようになった。

27 Ezra Feivel Vogel, *Japan as Number One: Lessons for America*, Harvard University Press, 1979.（ヴォーゲル 1979）。

28 しかし、後にバブル崩壊（不動産不況）で莫大な赤字を出し、連邦破産法に基づいて運営会社は破産した（1995年5月）。三菱地所が買収した14棟のうち12棟は売却され、現在は「タイムライフ・ビル」と「マグロウ＝ヒル・ビル」の2棟のみが三菱地所の所有となっている。

29　この購入には問題（永久的賃借権を2人の米国人が持っており、所有者にはオフィス賃貸料の一部しか払われない契約であった）があり、横井と購入代理人が所有権を巡る法廷闘争を展開した。この購入、法廷闘争に介在したのが、ニューヨークの不動産王で、後のアメリカ合衆国第45代大統領ドナルド・トランプである。トランプは、１９８2年に焼失し33名の死者を出した横井英樹所有のホテルニュージャパン跡地にトランプ・タワー東京を建てる構想をもっていたが、そのカウンターパートが横井の女婿の米人資産家であった。購入代理人は横井の孫であったが、トランプはエンパイアステート・ビルの所有者が日本人という事を暴露、ジャパン・バッシングを煽って、エンパイアステート・ビルのオーナーになるとぶち上げたのである。三竦みの法廷闘争のなかで、１９９１年8月23日、正式の調印式をもって横井英樹がオーナーになった（ミッチェル・パーセル（２００２）『エンパイア』実川元子訳、文藝春秋）。

30　平成バブルが弾けた１９９2年にはトップ50入りしている日本企業は10社に減っている。

31　元労働大臣の山口敏夫は、「明治神宮外苑は国立競技場や秩父宮ラグビー場、神宮球場の建物老朽化で何らかの措置が必要だったとしても外苑自体の再開発そのものが難しかった場所である。それが東京五輪を錦の御旗にしてできてしまった」と言う。さらに「東京五輪自体が当時の招致委員会評議会議長で、後の大会組織委員会会長森喜朗が広告代理店電通などとチームを組んだ再開発の為の巨大利権だった」と述べている。

32　国勢調査の職業分類でいう建設技術者は、主に住宅などの建築物の建設・改修・維持に従事する建築技術者と道路・橋梁・河川など土木施設の建設・改良・維持を行う土木・測量技術者からなる。ここでは前者の数字である。

33　東日本大震災の復興需要が増えた２０１５年でも、24万人程度である。

34　『Ｗｅｄｇｅ』（２０２3年9月号）は、特集「きしむ日本の建設業　これでは国土が守れない」を組んでいる。

35 オランダ東インド会社については、「第Ⅱ章 近代世界システムの形成——オランダ共和国と海外進出 2オランダ東インド会社とオランダ西インド会社」（布野修司編 2005）参照。

36 1863年のロンドン国際金融協会International Financial Society of Londonあるいはロンドン金融協会London Financial Associationという説もある。

37 ポストモダン都市・東京（布野修司 1998）参照。

38 引きこもりが長期化すれば、若者も中年になり、親も高齢となり、収入や介護などの問題が発生する。これは80代の親と50代の子の親子関係での問題であることから「8050問題」と呼ばれる。

39 新設住宅着工戸数はオイルショック直前、186万戸（1972年）のピークに達し、1974年に126万戸まで激減したものの、団塊世代の住宅取得に伴って150万戸前後に回復した。第二次オイルショック後は120万戸程度にとどまってきたが（125万戸（1985年））、バブル経済の開始とともに急増し、1989年〜90年には、166万〜167万戸に回復していた。しかし、バブル崩壊によって134万戸（1991年）に落ち込み、消費増税前の駆け込み需要と阪神淡路大震災の復興需要によって一旦163万戸（1996年）に回復するが、以降減少し21世紀初頭にオイルショック時の水準となり、以降、減少していく。

40 Antony Loewenstein (2015) "*Disaster Capitalism: Making a Killing Out of Catastrophe*", Verso.

41 John C. Mutter (2015) "*The Disaster Profiteers: How Natural Disasters Make the Rich Richer and the Poor Even Poorer*", St Martins Pr.

42 E・ハワードの構想には、先行するいくつかの計画理念が結合されている。E・G・ウェイクフィールド（『植民の技術』1849年）あるいはA・マーシャルの組織的人口移住計画、T・スペンスあるいは

43
H・スペンサーの公的（共同）土地所有計画、J・S・バッキンガムの周囲を農地で囲んだ形のモデル都市計画の三つである。

44
田園都市が田園郊外となる中で例外的に興味深いのが南アフリカのパインランズ（1920年）である。その計画はハムステッドに先立つ。アパルトヘイト体制のなか、白人のみの自律的コミュニティとして維持されて今日に至る。計画を担当したのは、パーカー・アンウィン事務所にいたA・トンプソン（1878〜1940）である。

45
F・リストに続いて、カール・ビュッヒャー（1847〜1930）が『国民経済の成立』（1893）を著すが、（3）国民経済（商品生産、諸財の流通）の前段階として、（1）家内経済、（2）都市経済（注文生産あるいは直接交換）を区別している。

46
広井良典（2015）は、ヨーロッパにおける世界＝経済の「中心」の推移に関する、F・ブローデル（2009）の次のような一節を引いている。「指摘しておかなければならないのは、1750年代に至るまで、こうした支配的な中心はいつも、都市であり、都市国家であったということである。アムステルダム、18世紀半ばまで経済の世界を支配していたアムステルダムは、最後の都市国家であり、歴史上最後のポリスであったと言っていいだろう。…啓蒙の世紀の半ばから、新しい時代が幕を開ける。新たな支配者、ロンドンは、都市国家ではなく、イギリス諸島の首都であり、その資格において、強大な国民市場の力を付与されていたのであった」。

47
斎藤幸平は、ポール・バーケットの『マルクスと自然』（1999）、ジョン・ベラミー・フォスターの『マルクスのエコロジー』（2000）などを先駆的な著作としてあげている。

48
見田宗介（2006）「交響圏とルール圏――〈自由な社会〉の骨格構成」『社会学入門』岩波新書。

スタンレー・ミルグラム「小さな世界問題」野沢慎司編・監訳（2006）『リーディングス　ネット

ワーク論——家族・コミュニティ・社会関係資本』勁草書房。

49 主要著書にO・ルイス（1985）『貧困の文化——メキシコの〈五つの家族〉』高山智博訳、思索社／O・ルイス（1986）『サンチェスの子供たち——メキシコの一家族の自伝』柴田稔彦・行方昭夫訳、みすず書房／O・ルイス（1971）『ラ・ビーダ：プエルト・リコーの一家族の物語』全3巻、行方昭夫・上島健吉訳、みすず書房など。

50 椎野若菜「「コンパウンド」と「カンポン」——居住に関する人類学用語の歴史的考察」『社会人類学年報』、Vol．26、2000年。

51 barong barong。バロンという植物の繊維で織った布で作る民族衣装をいう。フィリピンで、一般的にコミュニティの基本単位は、南米同様、バリオbarrio（近隣）である。また、タガログ語のバランガイbarangayが用いられる。

52 スペイン語で、近隣のことをバリオbarrioといい、イベロアメリカで最小の行政単位をいう。その後、ブエノスアイレスのバリオ地区のような特別な低所得者居住地を意味するようになった。バリオ・セラドというと閉じたコミュニティ（ゲイティッド・コミュニティ）を意味する。バリオ・デ・インヴァージョンbarrio de invasión（あるいはコムーナcomuna）は貧困地区をいう。むしろ、アメリカ合衆国でバリオはスペイン人居住区をいい、スラムというニュアンスをもつ。

53 ファヴェーラfavelaは、ブラジル北東部サヴァンナ地域に生育する植物の名に由来する。19世紀末に反乱（カヌードス戦争）を鎮圧するために政府軍に参加し勝利した兵士が任務を解かれてリオ・デ・ジャネイロに流入、郊外の土地を占拠し街を形成、モーロ・ダ・ファヴェーラMorro da Favelaと名付けたが、その後、自由黒人らが流入し、ファヴェーラは黒人を主としインディオ、メスティーソらも住む貧民街へと変わっていった。以降、ファヴェーラはスクオッター・セトゥルメント（不法占拠地区）を意味するようになる。1940年代には住宅危機が起こり、都市部の貧民たちは郊外に無数のバラック街を築いた。また、1970年代には、ファヴェーラはリオ・デ・ジャネイロ市の範囲を超えて都市圏の外縁部まで達した。

54 bidon villes。フランス語でスラムの訳語。貧民街。チュニジアで最初に使われたとされるが、アフリカでもさまざまな呼び方がある。ガボンではマパネ mapane またはマティティ matiti、アンゴラでムセク musseques、ケニアでキジジ kijiji などである。

55 gedzekondu。トルコ語の gece（夜）と konmak（尋ねる）を合わせた言葉で「一夜建て」の意味。バラック街をいう。

56 ヒンディ語で住居を意味する。

57 詳細は、布野修司（1991）『カンポンの世界』布野修司（2021）『スラバヤ 東南アジア都市の起源・形成・変容・転成』などを参照。

58 「Cascade I インヴォリューション」（布野 2021）。

59 ファン・フォレンホーフェン（1874〜1933）。オランダの法学者でインドネシア慣習法（Adat）研究の創始者。1901年、ライデン大学教授。1918年、大著『オランダ領東インドの慣習法』（1881-1931）の第一巻を刊行。1910年以降、『慣習法集成』45巻の刊行を指揮した。

60 「共同体」はドイツ語のゲマインデ Gemeinde の訳語である。ゲマインシャフト Gemeinschaft に「共同態」、ゲマインヴェーゼン Gemeinwesen に「共同組織」という訳語が与えられるが（大塚久雄）、英語では、ゲマインデはコミュニティである。

61 1830年以降、ジャワ（マドゥラ）は、中部の王侯領を除いて、全てオランダの直轄領となっていたのであるが、植民地政庁は、この直轄領内の808村を選んで1868〜69年にはじめて本格的な土地調査を実施した。その結果まとめられたのが『最終提要』（１８７６～89）である。土地調査の大きな目的は、私企業プランターの進出を可能にする方向を含めて、土地所有権および利用権を確保することである。その調査は、結果を１８７０年における農地法の制定に結びつけようとするものであった。

62 大塚久雄（１９５５）「第二章　共同体と土地占取の諸形態　二　共同体」。

63 「隣保制度組織要綱」は、隣組を「施策の迅速で適正な浸透ならびに深刻な住民相互間の対立摩擦の削除をおこない、民心を把握し住民の総力をあげて戦力の維持、存続をはかるための、行政単位に基づき行政機関と表裏一体である強力で簡素な単一組織」と規定する。要綱（『ＫＡＮＰＯＯ』Ｎｏ．35－２６０４）は、第1条「目的」、第2条「組織」、第3条「活動」、第4条「費用」、第5条「字常会」、第6条「上部組織との関係および監視」、第7条「地区」、第8条「説明その他」、第9条「公地にある字常会および隣組について」からなる（吉原　２０００）。

64 GHQ/SCAP, CIE, A Preliminary Study of the Neighborhood Associations of Japan, AR-301-05-A-5, 1948（吉原　２０００）。

65 ＰＬＥＡの精神とその目的は１９８９年に奈良で開催された「第7回ＰＬＥＡ国際会議・奈良」において採択されたＰＬＥＡ憲章に表現されている。ＰＬＥＡは、エコロジーと環境に配慮した建築・都市計画を実践しようとする全ての人々の参加を求める／ＰＬＥＡは、Passive and Low Energy Architecture／パッシブで低エネルギーを活用する建築を意味し、建築の地域適合技術、環境設計技術、自然活用技術の開発と記録と普及を行う／ＰＬＥＡは、自然と共生する人間居住環境を実現するために、建築デザイン、建築環境計画、都市計画上の最高水準の研究と職能の確立を期する／ＰＬＥＡは、建築と都市計画の分野において環境の質を論ずる学際的な場を提供する／ＰＬＥＡは、居住環境形式に関わる芸術、科学、技術の専門知識を共有しようとする個人の自発的ネットワークである。

66 ZEH（ゼッチ）とは「外皮の断熱性能等を大幅に向上させるとともに、高効率な設備システムの導入により、室内環境の質を維持しつつ大幅な省エネルギーを実現した上で、再生可能エネルギーを導入することにより、年間の一次エネルギー消費量の収支がゼロとなることを目指した住宅」とされる。

67 George Bernard Dantzig & Thomas L. Saaty (1973), *"Compact City: A Plan for a Liveable Urban Environment."*

68 山中大学「COVID-19で顕在化した人間活動偏在による災害・環境リスク」（AF-Forum　2020年8月21日）

69 全国賃貸住宅新聞 www.zenchin.com によれば、2019年時点で4867棟、約6万人がシェアハウスに暮らしている。また、一物件あたりの平均世帯数は12世帯超という。

70 以下、日本の自治体の人口は、著者が2024年3月に確認した当該自治体のウエブ・サイトによるデータである。

提案 proposal

# 移動の未来

## 都市コミューンのインフラストラクチャー
## 移動 交通 流通 輸送 供給 情報 ICT

佐藤俊和
SATO TOSHIKAZU

ここでは、都市コミューンのインフラストラクチャーとして、移動（交通・流通）の未来に焦点を当てながら、社会のコミュニケーションシステムの未来について議論したい。モビリティ、情報伝達技術ICT（Information and Communication Technology）、モノのインターネットIoT（Internet of Things）の未来である。

まず、大学卒業後、いかにしてジョルダンの「乗換案内」に至ったかを振り返る（第1章）。この半世紀のICT技術開発の歴史を振り返ることになる。次に、移動システムの体系MaaSの必要を、日本の交通インフラの整備過程を振り返りながら説明したい（第2章）。続いて、第3章では、この間のAIの爆発的な進化が移動にどのような変革をもたらしつつあるかを明らかにする。そして、第4章では、DXそしてGXを前提とする未来社会の再構築を展望し、最後に、隠岐の島を日本列島に見立てた日本再生プロジェクトの構想を実装試験に向けて考えてみたい。

profile

ジョルダン（株）代表取締役。1949年、白河市（福島県）生まれ。1972年、東京大学工学部化学工学科卒業。1976年、同大学院卒業。「エス・ジー株式会社」を経て、1979年にソフトウエア開発企業「ジョルダン情報サービス（現・ジョルダン）」設立、代表取締役社長に就任。1980年に日本物産から発売されたアーケードゲーム「ムーンクレスタ」、「クレイジークライマー」の開発は「ジョルダン情報サービス」が受託，世界的にヒットする。1982年㈱マイクロ・テクノロジー研究所から発売されたBASIC高級編5巻「マイコン独歩」を制作。1982年から百科事典のブリタニカの日本の販社、インターフィールドコーポレーションからCAIに関わり、1985年PC「来夢来人」を開発。1993年05月電子ブック版「東京乗換案内」を開発販売、1994年4月Windows版「東京乗換案内」を開発販売，、1996年4月インターネット上で「乗換案内全国版」を公開，その後乗換案内は時刻表を搭載，サポート範囲を拡大していく。2003年大証ヘラクレス（現ジャスダック）に上場。

# 第1章
# 乗換案内

我々は初めてプログラム言語フォートランFortranを学んだ学年である。フォートランは、1954年にIBMのジョン・バッカス（1924〜2007）が考案した世界最初のプログラミング言語である。現在でも、構造力学の有限要素法、流体力学、気候モデル、動植物の品種改良、数値予測など大規模な計算を行う分野でスーパーコンピュータによって使われている。

フォートランを学んでコンピュータの面白さと可能性を直感した私は、闇雲にコンピュータの世界に飛び込んだ。まず、その悪戦苦闘の歴史を振り返りたい。日本におけるICT革命のひとつの断面である。

「乗換案内」に行き着くことによって、移動ということ、コミュニケーション手段が、世界のインフラストラクチャーであることを、意識するようになった。

人類史を振り返れば、馬あるいは船の時代から蒸気機関車、蒸気船の時代へ、そして自動車、飛行機の時代が来る。そして、サミュエル・モールス（1791〜1872）が電信機を考案（1837年）、19世紀後半には世界中に電信網が張り巡らされて、モールス信号による通信が最速のコミュニケーション手段となった。電話が発明されるのは1876～77年で、すぐさまアメリカ各地で電話会社が開業（1878年）、日本でも1890年には東京―横浜間で電話サービスが開始された。太平洋横断の海底ケーブルが敷設されたのは1906年である。1926年以降、自動化（ダイヤル化）が開始され、プッシュホンが登場するのは1969年である。そして、コンピュータの時代がくる。

今やインターネットで世界中の人々がつながることができる。しかし、人が自由に世界を行き来するインフラストラクチャーには様々な障壁が存在する。ジョルダンの「JMaaS」が目指すのは、「乗換案内」から旅行の全体を、スマートフォン、キャッシュレスによってシステム化することである。

## 1　60年代末、新宿

1968年10月21日夜、新宿駅付近は騒然としていた。国際反戦デーのこの日、反戦諸団体が都内各地でヴェトナム戦争に反対する集会を開いた。そのうちの中核派・ML派・第四インター等の新左翼各派のおよそ2000人が火炎瓶、ゲバ棒を持ちながら新宿駅東口に集結、21時頃総決起集会を開き、その後駅構内に乱入、設備を破壊、信号機や停車中の電車に投石、さらには電車のシートを外して放火したりした。一方、新宿駅東口から紀伊國屋書店、伊勢丹デパートにつながる大通りには、デモ隊に加え、2万人もの群衆も集まり、催涙弾が飛び交う状態になった。翌22日午前0時過ぎ、警視庁公安部は騒乱罪の適用を決めた。

我々（布野、森、佐藤）は、団塊の世代最後の1949年生まれであり、1968年4月に東京大学に入学した。しかしそのとき、医学部の学生・研修医は、研修医制度を巡って教授会と対立、無期限ストライキに入っていた。そして、医学部の問題は大学全体に拡大、7月には東大闘争全学共闘会議が結成され、安田講堂を占拠する。教養学部学生自治会も無期限ストライキを決議、東大は全学無期限ストライキに突入していく。

東大が無期限ストライキに入った頃、東京のお茶の水界隈だけでも、日本大学、中央大学、法政大学、明治大学で、学費値上げ反対、学生の自治の要求、使途不明金問題等様々な理由で、大学構内にはバリケードが築かれ、学生による建物の封鎖占拠、授業放棄等が起こり、一部戦闘的な学生が色付きのヘルメットを被り、学内をデモしていた。お茶の水界隈は、日本のカルチェラタンと称された。学生運動が起こった4年制大学は、全国で100校以上にのぼる。

大学のみならず、街中に運動は拡大していた。新宿駅西口地下広場では毎週土曜日の夜、小田実を筆頭としたベ平連（ベトナムに平和を！　市民連合）の若者たちによるフォーク集会が開催されていた。野次馬も加わり、新宿駅西口地下広場に数千人の若者が集まり、反戦歌を歌うのは異様な光景でもあった。第二次世界大戦後の廃墟から立ち上がり、高度成長時代の真只中の日本のエネルギーの噴出を見るようでもあった。

「都市の空気は自由にする」というのは、土地に緊縛されて移動の自由を持たなかった農民が、都市へ逃れて一定期間（1年と1日）が経過すれば自由の身になれたヨーロッパ中世都市の自由を表したことわざ（法諺）である（本書33頁）。この頃の東京・新宿は、混乱と無秩序の中で、新しい時代を渇望する人たちのパワー増幅装置のようなものだった。新宿駅西口には、廃止された淀橋浄水場の広大な空き地があり、端っこには東京ガスのガスタンクがあった。高層ビル群からなる新宿副都心計画がスタートしていた。

1969年1月18日、東京大学当局は安田講堂の封鎖解除を要請、2日間にわたる激しい攻防の後、安田講堂の封鎖は解除された。昭和44年度の東大入試は中止された。機動隊による安田講堂の封鎖解除をきっかけに、他の大学も大きく正常化にむけて動き出す。

1969年6月28日、新宿駅西口のベ平連のフォーク集会も暴徒化し、機動隊と衝突する。それ以降、西口広場は西口通路と名称を変え、集会は禁止される。新宿駅東口には花壇が作られ、集会はできなくなる。新宿副都心計画としての最初の高層ビルは京王プラザホテルであり、オープンしたのは1971年6月である。続いて、新宿三井ビル、新宿住友ビルが建てられていった。

## 2　学生の頃

大学に入学して程なく、全学無期限ストになり授業はなくなるが、ストライキ中でも、殆どの学生は、大学でのクラスの集まりに参加した。当然、自分たちはどうすべきか、といった議論になる。そして、それまでほとんど関心のなかったいろいろなことに興味を持つようになる。理科系の履修単位とは全く無関係なマルクス、レーニン、吉本隆明、埴谷雄高、廣松渉、見田宗介といった理論家の本を読むようになったのはこの時期からである。

およそ8か月の後、大学は正常に戻り始めたが、それぞれがかけがえのない経験をした日々であった。正常化に割り切れない思いを抱えながらも日常に戻った仲間、時代の変化を感じ新たな価値観に賭ける者、人それぞれであった。もちろん何事もなかったかのように学生生活を送る人もいた。

我々が学生の頃、コンピュータはまだまだ遠い存在だった。1965年4月に東京大学大型計算機センターが発足、翌年4月に全国の国・公・私立大学等の研究者に対し、学術研究のための利用に供することを目的とする最初の全国共同利用大型計算機センターとなる。性能的には、今や誰もが持っているスマートフォンにも劣る。東大では、森口繁一教授がフォートランというプログラミング言語を教養学部の学生に教えた。

私は、プログラミングに興味を覚え、教養課程を終えて専門課程に進学する際、現実の世界の実験を計算機の内部でシミュレーションするテーマがある研究室、工学部化学工学科森研究室に入る。指導教官は菅沼彰助教授である。まだ、情報工学科のようなコンピュータを専門に学ぶ学科はなく、工学部のいろいろな学科で一部の人たちがコンピュータを使い始めたところであった。

コーディングシートというものがあった。まずプログラムを書く。研究科に置いてあるパンチカードシステムで一枚のカードに一行のプログラムをパンチし、そのカードの束を計算機センターに持っていって実行する。受け付けてから最初の結果が返ってくるまで数時間かかる。1回で済むことはまずない。バグ（間違い）を正したカードの束をまた読み込ませるという作業を延々と繰り返す。大型計算機センターと研究室、パンチカードシステムの置いてある部屋を行き来するので、研究室の自分のデスクに座っていなくとも不自然さはない。計算機のことは、誰もほとんど知らないので、相当いい加減に自由に遊べた。しかし、実際にコンピュータを使うと面白い。時代が大きく変わる。これは大変なことだ、という思いにとらわれた。

当時、学科にも、一台のコンピュータが置いてあった。紙テープからコンパイラーを読み込むという原始的なものであったが、直接自分で操作できる。これがなかなか面白い。当時はＩＢＭが全盛の時代である。大型計算機は1億円以上した。ＣＰＵの能力をはかる単位はＭｉｐｓ（１００万命令毎秒（million instructions per second））というが、１Ｍｉｐｓのコンピュータが1億円した。10年経つと、ミニコンピュータが全盛になるが、10Ｍｉｐｓのミニコンが１０００万となる。計算機は、10年で性能は一けた上がって、価格は一けた下がるのである。

無期限ストライキ、安田講堂封鎖解除という学生生活を体験、副都心計画がスタートしていく新宿を歩きまわり、コンピュータの登場で時代が大きく変わる思いにとらわれた私は、大学院修士課程を修了後、オフィスコンピュータを自分たちで作ろうとしていたベンチャー企業「エス・ジー」（1973年設立）に就職する。東京からは離れたくない、コンピュータに関わりたい、という思いが強かった。私の周辺には、大企業には就職せず、コンピュータ関連の会社を始めたり、塾、予備校の講師になる、という人たちが随分いた。

## 3　PCの出現、インターネットの登場

### スペースインベーダー

1978年8月、タイトーから「スペースインベーダー」というテーブルタイプのゲーム機が発売される。地球を侵略するエイリアンを倒すために、プレイヤーが左右に移動できるビーム砲で撃つ。このゲームは、空前のヒットとなった。喫茶店のテーブルがわりに置かれたゲーム機に100円玉を1枚入れプレイする。このゲームが大流行し、100円玉が不足する事態が発生、

日本銀行は通常の月より3倍の量を流通させるなどの対策を講じたとも言われている。

ゲーム機のキーとなるのはコンピュータの心臓部のCPUである。「スペースインベーダー」は、インテルの8080というCPUを使っていた。インテル（Intel Corporation）は、アメリカのカリフォルニアに本社を置く半導体メーカーである。競合するのは、モトローラという半導体メーカーで、MC6800というマイクロプロセッサを発売していた。両社が競合しながら、チップセット、フラッシュメモリなどの新しい製品が開発・販売されていくことになる。

## アップル＆マイクロソフト

時間は前後するが、一方で、アメリカではパーソナルコンピュータに向けての動きが始まっていた。まず、組み立てキットとして、個人向けにコンピュータキットがいくつか発売される。そのうちの一つが、1974年12月に発売された「アルテア Altair 8800」である。スティーブ・ジョブズ（1955〜2011）がスティーブ・ウォズニアック（1950〜）に持ちかけ、モトローラ系のCPUで筐体の無い回路基板だけのマイクロコンピュータ「Apple I」を発売したのが1976年6月である。僅か200台の販売だった。しかし、そこからのアップル Apple（1976年4月創業）の動きは速かった。翌1977年、アップルはフロッピーディスクドライブ付きのパソコン「Apple II」を発売する。「Apple II」は爆発的に売れた。さらに1979年には

「Apple II」で使える表計算ソフト「VisiCalc」（ビジカルク）がディスクで発売された。その後、多くのソフトウエアが開発・販売され、パーソナルコンピュータは一気に普及していく。

アメリカとほぼ同じ頃、日本でもマイクロコンピュータに向けての動きが始まっていた。１９７６年、日本電気はトレーニングキットとしてインテル系のＣＰＵにキーボード、シンプルなディスプレイを付けた「ＴＫ-80」を販売する。日本電気が秋葉原に開設したサービスセンター「Bit-INN」には興味を持った学生や教師が集まり、ブームになる。「ＴＫ-80」は、１９７９年に発売されるパーソナルコンピュータ「PC8001」につながる。このマシンには、ＯＳ（オペレーティングシステム）としてマイクロソフトのN-BASICが搭載される。１９７５年、「Altair 8800」用にプログラミング用の言語Basicを開発したのが、ビル・ゲイツ（１９５５～）、ポール・アレン（１９５３～２０１８）たちによって設立されたばかりのマイクロソフト（１９７５年創業）である。マイクロソフトのBasicは、ＮＥＣに採用される。PC8000シリーズに引き続いて、ＮＥＣは安価なPC6000と上位機種のPC8800を発売、１９８２年には16ビットＣＰＵのPC9800シリーズを発売、国内市場はほぼＮＥＣの独占状態となる。

１９８４年、アップルはマウスとグラフィカルなユーザーインターフェースを採用した「Macintosh」を発売する。アップルの勢いに、アメリカでは、１９８４年、ＩＢＭがそれまでの方針を大きく転換、マイクロソフトのBasicを採用、内部仕様をオープンにした「ＰＣ／ＡＴ」を発売する。コンパックやＤＥＬＬなど多くのメーカーからＰＣ／ＡＴ互換機が発売される。「Macintosh」のあまりの先進性に発売が伸び悩んでいる中、ＰＣ／ＡＴ互換機は猛烈に販売量を伸ばした。

アップルの「Macintosh」に対抗し、マイクロソフトはWindowsの開発を進める。バージョンアップを繰り返し、Windows3.1になったとき、マウスとグラフィカルなユーザーインターフェースがヒットする。マイクロソフトはソフトのみをハードウエアメーカーに提供することでメーカーとの協業が加速する。この動きは日本にも及び、NECの独占状態が解消されることになる。

## WWW

通信の世界では、1960年代から世界中のコンピュータを相互接続することで情報の共有を進める研究が進められていたが、1982年にプロトコルTCP／IPが標準化され、「インターネット」という概念が提唱された。1993年にはWebブラウザでテキストだけではなく、画像、オーディオ、動画が送信できるようになる。また、大学や政府機関でのみ使われていたのが商用利用が可能になり、急速に利用者が増えた。

マイクロソフトのWindowsの新しいバージョンとして、1995年に「Windows95」が発売される。これにはWebブラウザも搭載され、WWWサーバーが一気に増えていくと、パーソナルコンピュータは、インターネットと接続されることによって、世界中のサーバーとつながることになった。

１９８０年代後半、日本ではポケベルが女子高生の間ではやり出す。ポケベルひとつひとつに電話番号が振り分けられており、相手のポケベルの電話番号に電話をかけると、同時に数字を送信することもできる。単に特定の相手に数字を送るだけの機能しかなかったから、ビジネス用途の連絡が主であったが、女子高生は、４２８（渋谷）、３３４１４（寂しいよ）といった使い方を始めた。こういった文化は、携帯電話が小型化されるとそのまま引き継がれる。

ＰＣがインターネットにつながってから程なく、携帯電話がインターネットにつながるようになる。１９９８年12月、JphoneがJ-Skywebをリリース、専用網ではあるが携帯電話で天気やニュース、乗換案内などが閲覧できるようになる。１９９９年2月、ＮＴＴドコモがキャリアメールの送受信やウェブページ閲覧などができる世界初の携帯電話ＩＰ接続サービスを開始する。着メロ、着うた、写メール、ゲーム…と消費者の心をつかむソフトが次々とリリースされる。ポータブルオーディオプレイヤー、ＧＰＳを商用利用した車載カーナビ、インターネットとつながった携帯電話等、日本のＩＣＴは、ここまでは世界の先頭を走っていた。

しかし、１９９８年にグーグルGoogleが設立され、検索エンジンの提供を始める頃から、日本は後塵を拝するようになる。グーグル社は、Gmail、Google Maps、Google Earthなどを次々に提供する。そして、２００４年には、フェイスブックFacebookがサービスを開始した。アマゾンAmazonは、２００７年に電子書籍サービスKindleの発売以降、音楽、映画、テレビ番組、アプリケーション、食品、家電製品などの商品を販売するようになる。アップルもスマートフォンを発売した2007年以降、iPad、Apple Watchと新しい商品を次々に発売していった。
今や日本の停滞は世界中誰の目にも明らかとなっている。

## 4　ジョルダン&乗換案内

私は、大学院を卒業すると、上述のように、オフィスコンピュータを作っていたベンチャー企業「エス・ジー」に就職した。「エス・ジー」のPATNAC-100（1976年）は、8インチのフロッピーディスクと接続し、熱転写プリンターを接続、ユーザーとのやりとりができ、アポロという名の簡易言語を搭載、OSも自社製という画期的な商品であった。「エス・ジー」には、政府の肝いりで作られた国策のソフト会社のスタッフも合流し、この時点での商品PATNACはアメリカとくらべても遜色がなかった。

しかし、売れなかった。ソフト開発を受託してでも収入を得て、会社を存続させなければならない。私もいろいろな受託仕事に関わった。それはそれで面白かったが、できる仲間が次々と去っていく。私も30歳になったのを機に独立する。

ほぼ同年代の仲間が3人と若い同僚2人の計5人で1979年に創業したのがジョルダンである。ジョルダンは、冗談という意味を込めて、「ジョルダンの閉曲線定理」から採った。お金もないので大学の先輩の会社に間借りしてのスタートだった。

贅沢さえ言わなければ、受託仕事は山のようにあった。ワンチップマイコンのプログラム開発、ワークステーションでの業務システムの開発などを孫請けで請負った。営業が好きなものはいなくて、納期間際のやっつけ仕事がよく舞い込んできた。ゲーム・ソフトの仕事も受託した。「クレイジー・クライマー」というビルを登っていくゲームは、世界中でヒットしたが、一括受託の契約だったので、受託した金額だけしかもらえなかった。ロイヤリティー契約をしていたら、ビルが建ったと言われた。会社としては儲け損ねたわけだが、それなりに楽しくやっていた。百科事典のブリタニカが英会話のソフトを作りたい、というので企画から入って、コンピュータまで作ったこともあった。

それなりに面白い仕事が多かったが、ジョルダンの名前は残らない。10年たったときに、我々も商品を作ろうということで、いろいろな商品作りを始めた。会計ソフトに手を出したこともあった。複数の会社に売れたが、サポート体制を組むのが大変である。担当者が変わるたびに「教えてくれ」という依頼があり、下請けで受託していたときのほうが楽だった。これ以上ユーザー数が増えたらたまらない。消費者向け商品を開発しようということになり、もともと構想にあった「乗換案内」の開発に着手する。

東京に出てきたとき、公共交通のネットワークに圧倒された。運賃はキロ数から決定されるが、複雑なネットワークになっているので最短経路を考えるのが意外と大変である、御茶ノ水駅から五反田まで行こうとしたとき、神田経由でも行けるし、代々木経由ででも行ける。「エス・ジー」

で受託の仕事をしているとき、最短経路問題をうまく解くアルゴリズムを使ったことがあり、それを使えば一瞬でできるはずである。会社では経費の精算をするときも、役に立ちそうである。

もともと、素人が触れるソフトをつくりたいという思いがあった。ちょうどWindowsマシーンが出てきた頃、「キーボードなしで動くソフトを作ろう」といって始めたのが「乗換案内」だった。シンボライズされた地図が出てきて、押すと路線候補が出てきて、路線を押すと駅名が出てくる、そういう入力もできるようにした。そのインターフェイスは、当時としては画期的で、ＩＢＭがWindowsマシーンを発売したとき、予めインストールされているソフトに採用された。他社のパーソナルコンピュータにも搭載されて、知名度と商品力が出てきた。

そうこうしているうちに１９９６年頃からインターネットが使えるようになる。世界中のコンピュータがつながる。「これで世の中が一変する」と震えた。当時は「モザイク」というブラウザ上で、会社案内がネットで見られるようなサイトが殆どだった。しかし、構造的にはプログラムが動く。まだそういうサービスはなかった。

「乗換案内」は、「東京乗換案内」としてスタートし、全国まで広げていったのであるが、その次には「時刻表をやりたい」と思っていた。ホームに行ったとき電車が出た後だと悔しい。時刻表がわかれば便利である。特急と新幹線と飛行機ぐらいだったら手打ち入力でもできる。パソコンでは時刻表まで見られるようにして、インターネットで経路だけ見せることにすれば面白いのではと考えた。

それでパッケージのほうは時刻表付きにして、インターネットで経路だけ見せ、最新の時刻表はダウンロードするというやり方を考えた。するとインターネットのアクセスはびっくりするぐらい増えていった。JRも時刻表を販売するという方針に変わり、山手線の時刻表まで提供するという。全国全駅の時刻表が入れば便利になる。時刻表がない私鉄は直接駅まで取材に行き、パッケージの方は全国全駅対応にした。次いで、携帯電話での乗換案内を始めた。急速に利用者が伸びていった。

全国全駅の時刻表を搭載したところで、次はバスである。全区の駅の数は1万を超える。しかも、バス停はいくつあるかわからないくらいある。そんなことできっこない、という意見も社内にあったが、バスへの拡充を始めた。バスまで扱い出すと、やらなければならないことは飛躍的に増える。バス停がどこにあるかもなかなかわからない。地図まで拡大する必要がある。携帯電話にGPSが搭載されても、なかなかどの方向に進んでいいのかがわからない。駅の出口情報も調べ、「E3出口から右へ行け、左へ行け」までやり始めた。

現在、「乗換案内」は、マルチモーダルになっている。電車で行って、バスに乗って、バスが少なければタクシーに乗るといったことまで全部ひっくるめてできるようになっている。これら全部が統合しているサービスは意外とない。見せ方をもう少しうまくして、〝移動のポータルサイト〟にしていこうという方針である。「乗換案内」から、チケットまで予約ができるようになればさらに便利である。しかし、JRもJAL、ANAも予約の入り口をオープンにしていない。

アメリカではかつて、国の指導でエアラインは予約部門を本体から独立させられた。独立させられた予約部門は他社のエアラインの予約も扱い、ベンチャーの予約サイトからアクセスできるようにした。その結果、インターネット上にいろいろな予約サイトが登場し、旅客数が増加する。

次章で述べるが、海外ではＭａａＳ（Mobility as a Service）というサービスが始まっている。スマートフォンで予約から決済まででき、そのまま乗車できるという動きである。日本でもそうしなければと思い、２０１８年に「ＪＭａａＳ」という会社を立ちあげた。ジョルダンが立ちあげ、他社を巻き込み、国全体のインフラになっていくのが夢である。予約以外にも、例えば、バスデータ一つとってもデータ収集が非常に大変である。国もそういうことをやろうとしたこともあったが、誰かが本気で走らないとなかなかできない。それを今、我々が一生懸命やっている。それをウェブサイトを作る会社、アプリを作る会社が簡単に利用できるようになればいいと思っている。

大手事業者がなかなか予約のための入り口を開放しないので、ジョルダンは、今、モバイルチケット、バスなどの一日きっぷを携帯電話で見せるだけで乗れるようにすることを目指している。それに観光施設等を組み合わせ、地域のＭａａＳを構築しつつある。スマートフォン、キャッシュレスをキーワードにしながら、「乗換案内」から旅行の全体をシステム化する。ＪＭａａＳはそのためのプラットフォームでもある。

# 第2章 MaaS (Mobility as a Service)

現在、交通移動手段、輸送手段は大きく変わりつつある。振り返れば、人類史を大きく規定してきたのは交通・輸送手段である。人類に最低限必要なものは衣食住というが、中国では衣食住・交という。交わること、コミュニケーション、交換は、同じように基本的である。

交通移動手段は、駱駝・馬そして船（帆船）の時代を大きく変えた蒸気船、蒸気機関車の時代を第一次交通革命とすれば、自動車の出現、そして飛行機の出現が第二次交通革命、そして、無人自動運転、ドローンによる無人輸送が実現しようとする現在は第三次交通革命である。

自由に、より速く移動できる交通移動手段の発達は、世界史の行方をしばしば左右してきた。柄谷行人（2022）は、食料、資源、人、情報の交換様式によって世界史は大きく区分できるとする。

人力、馬力、風などに依存してきた交通移動手段は、産業革命以降、石炭石油など化石燃料に大きく依存してきたが、バスや電車、タクシー、飛行機はそれぞれ別々の交通手段として利用されてきた。しかし、今や目的地までの複数の交通手段を一括して予約・決済できるシステムが実現しつつある。ＭａａＳすなわちMobility as a Serviceと呼ばれる。

フィンランドのマース・グローバルMaaS Global社がサンポ・ヒエタネンによって創業されたのは２０１５年５月のことである。スマートフォンアプリ「Whim」を開発、ヘルシンキの公共交通機関やタクシー、レンタカー、シェアサイクルなどの移動手段を組み合わせたルート検索を提供し、予約・決済までできるシステムを開発したのである。

ジョルダンが「乗換案内」を携帯電話で提供し始めたのは１９９８年である。フィンランドよりも20年近くも早く、それもネットワークの複雑さは比べものにならないくらいの日本で実現していたのである。しかし、ＪＡＬ、ＡＮＡやＪＲなど交通関連大手事業者は、予約の入り口を開放していない。忸怩たる思いがある。目指すべきは、複数の交通手段が街づくりに生かされるなど、ＭａａＳが都市コミューンの施策と統合されたシステムの実現である。

## 1　無人タクシーとテキサス新幹線

２０２３年8月12日、朝日新聞の朝刊に、移動に関わる二つの記事が掲載された。一つは、「無人タクシー、24時間街を走る」というタイトルで、米カリフォルニア州当局が自動運転車による「完全無人タクシー」の24時間営業を認めたという記事。もう一つは、ＪＲ東海が支援する米新幹線計画にアムトラックが参画することが決まったという記事である。移動についての章を一気に書き始めようと思ったその日の朝刊に、アメリカの動きが掲載されたということに、不思議な縁を感じる。

初めの記事「無人タクシー、24時間街を走る　サンフランシスコで認可　普及へ一歩、安全面・雇用に課題」は次のように言う。

米カリフォルニア州当局は10日、米グーグル傘下ウェイモと米ゼネラル・モーターズ（GM）傘下クルーズの2社に、サンフランシスコ市内で自動運転車による「完全無人タクシー」の24時間営業を認めた。普及に向けた大きな一歩だが、安全面では課題も残る。

「今日の認可は、サンフランシスコでの我々の商業運行の本当の始まりだ」。ウェイモのテケドラ・マワカナ共同最高経営責任者（CEO）は声明でそう訴えた。同社は今後数週間で、有料の無人タクシーサービスを市内全域で始めるという。

7日夜、クルーズの無人タクシーを利用してみた。スマートフォンのアプリを開いて目的地を入力すると、7分ほどで運転手がいない車が道路脇に止まった。車内に乗りシートベルトを締め、画面の「運転開始」のボタンを押すと、ゆっくりと車は走り出した。

クルーズは昨年6月、同州当局から完全無人運転の商用運行の認可を得て、同市の一部地域で深夜から早朝までの間、タクシーサービスを始めた。今回の認可で24時間、市内全域で運行できるようになる。

全米の主要都市の中でも坂が多く、霧などの悪天候に見舞われるサンフランシスコは、全米屈指の自動運転の「実験場」となってきた。ウェイモとクルーズは同市内で現在、計500台以上の自動運転車を保有している。自動運転に詳しいオレゴン大のニコ・ラルコ教授は「自動運転の拡大に扉を開きうる重要な決定で、全米の議論に影響を与える」との見方を示した。（サンフランシスコ＝五十嵐大介）

中国では、IT大手の百度（Baidu）が2020年8月から北京で自動運転タクシーサービスを開始、その後、上海、広州、重慶、滄州、重慶、武漢とエリアを拡大している。アメリカも負けじと動き出したのである。

次の記事「アムトラック参画、追い風か　JR東海が支援の米新幹線計画」は次のようである。

JR東海が技術支援する米テキサス州の新幹線計画に、全米鉄道旅客公社（アムトラック）が参画することが決まった。全米規模で旅客鉄道を運営する同社が加わることで、事業費の資金調達で追い風になるとみられる。

アムトラックが9日、発表した。この計画は、ダラス―ヒューストン間の約385キロを約90分で結び、事業主体のテキサス・セントラルが東海道新幹線の「N700S」をベースとする車両を導入する。

東海道新幹線方式のシステムが採用される予定で、JR東海が運営やメンテナンスの計画作成など技術面で支援をしている。6月には、主要7カ国（G7）交通相会合で来日した米国のブティジェッジ運輸長官が、東京都内にある総合指令所を視察。同社幹部から新幹線の運行管理について説明を受けた。計画では、2021年着工、26年開業予定としているが、コロナ禍による景気減速もあって大幅に遅れている。事業費は約2・8兆円とされ、公的資金に頼らず、民間資金でまかなうとしている。資金調達のめどが立つことが着工のカギとなる。

米国の大手鉄道事業者が参画したことで計画が進むとの観測が高まりそうだ。JR東海の広報担当者は「米国の鉄道事業での豊富な経験とノウハウを生かせれば計画推進の力になると期待している」と話す。（高橋豪）

この後、詳しく述べるが、日本の新幹線は、モータリゼーションの時代が始まると誰もが考えたとき、作られ始めた。東京—大阪間から始まり、日本全国に拡大、日本の経済成長のインフラとなった。中国もそれを真似、今では総延長キロ数は飛躍的に増えている。アメリカもようやくそこに気づき始めた。

# 2　ウーバーとライドシェア

## 2017年、ウーバーUber初体験

2017年1月、サンノゼのダウンタウンにある社宅にいた私は、電車を乗り継いでサンフランシスコ空港まで行こうと、スマートフォンで電車の発車時刻を検索しようとしていた。シリコンバレーに行ったときには、レンタカーを借りるのが常だった。あちこち移動するのに便利だし、経済的だからだ。だがこのときは違った。新年早々にサンノゼの社宅に到着、知人と会ったりしていた。引き続いて、ラスベガスで開催される世界最大の家電ショーCES（コンシューマー・エレクトロニクス・ショー）に参加するつもりだったが、フライトは混雑、ラスベガスのホテルもバカ高い。ところが、日本にもあるエアー&ホテルというパッケージがアメリカにもあり、サンノゼ空港からのフライトとホテル宿泊が破格に安い。サンノゼ空港は社宅からすぐ、5キロもない。ライトレールで2駅、タクシーで行っても10ドル台である。それでレンタカーは早めに返しておいた。

日本へのフライトはサンフランシスコ空港からである。タクシーだと3万円以上はする。ライ

トレールの駅からカルトレインのサンノゼ駅まで10分ちょっと、その後、カルトレイン、地下鉄と乗り換えサンフランシスコ空港まで行くのだが、乗車時間はカルトレインが50分程度、地下鉄は5分もかからない。

本数は少ないが天気は快晴、たまには電車で行くのもいいかな、そう考えていたとき、ふと自分のスマートフォンに「ウーバー Uber」のアプリをダウンロードしていたことを思い出した。タクシーは、貧乏性の私には縁のない交通手段だが、仕事柄興味があったので、アプリをダウンロードするだけはしておいたのである。よもや自分が使うことはないと思っていたが、調べるだけはしてみようと、スマートフォンでUberのアプリを立ち上げた。

まず近くにいる車が表示される。結構な数である。画面に表示された各車の位置は刻一刻と変わっていく。アプリ画面の目的地の欄に「ＳＦＯ」と入力した。すると、「サンフランシスコ国際空港」と表示され、到着予想時間と料金が表示された。料金は、車種、相乗りかどうかなどで異なるが、相乗りだと31・27ドルと表示される。当時、為替レートは1ドル＝１１５円程度だったから、わずか３６００円ほどにすぎなかった。あまりの安さにびっくりした。

それなら試してみるかと、乗車を選択した。すると、車種、ナンバー、運転手名が表示されて、3分で来るという。慌てて家を出るとほぼ同時に車が到着した。私が乗車すると、特に相乗りの相手も現れないまま、一気にサンフランシスコ空港に到着した。かかった時間は40分ちょっとだったし、運賃は最初に決定された額のままで増えることも減ることもなかった。また、現金での受け渡しもなく、予め登録していたクレジットカードで決済された。

これは実に鮮烈な体験だった。そしてこの日以降、私はアメリカ出張の際、一切レンタカーを使わなくなった。電車が使えるところは電車を使い、それ以外の場所ではライドシェアを利用するようになったのだ。

## ギグワーカーの誕生──ライドシェア・フードデリバリー・宅配便

Uberは、配車サービス会社であるウーバー・テクノロジーズUber Technologies社（2010年設立）が提供している、ドライバーと利用者をマッチングさせるサービスである。他に、ライドシェア、フードデリバリーUber Eats、宅配便、貨物輸送、電動自転車や電動スクーターのレンタルなどを展開する。同社はサンフランシスコに本社を置き、世界900以上の都市で事業を展開、Uberの月間ユーザーは全世界で1億人に達すると推定されている。米国では食品配達市場の約2割、ライドシェア市場の7割近くを占めているという。こうしたプラットフォーマーを介する就業形態は、ギグワーカーまたはクラウドワーカーと呼ばれる。[1] ウーバー・テクノロジーズ社は、ギグエコノミーの世界最大手である。

モバイルアプリを通じて配車を依頼すると、端末のGPS機能を通じて現在位置が発信され、付近の迎車可能なドライバーが手配される。手配した側は手軽に迅速に自動車を利用することができ、自動車を運転する側は暇な時間を使って小銭を稼ぐことができる。その利便性から一気に普及していったわけだが、それゆえ、既存のタクシー業界の強い抵抗や運輸当局の規制にあうこととなった。都市によっては、ライドシェアが禁止されているところもあったし、許可されていても空港とかホテルでは厄介もの扱いされてもいた。例えばサンフランシスコでは、許可されてはいたものの、空港からUberを利用しようとしても乗り場はわかりにくいところにあったし、ホテルから乗ろうとしても大分離れたところまで歩かねばならず、かなり不便だった。ラスベガスではライドシェアは禁止されていた。空港からホテルに行くタクシー乗り場は長蛇の列で、30分以上並ぶのが当たり前であった。

それがどうだろう。3年後の2020年、ラスベガス空港のタクシー乗り場はガラガラになった一方で、ターミナルと隣接したパーキングの2階にはライドシェア専用の広いスペースが用意されている。そればかりか、そこまでの行き方が空港の要所、要所に掲示されているし、ホテルの入り口からも普通にライドシェアを利用することができるようになった。2023年1月にラスベガス空港でUberを呼んだときには、あまりにも利用者が多いので、乗り場のスポットに番号が表示され、アプリ上に何番スポットに到着する、というメッセージが表示されるようになった。ライドシェアがタクシー業界の妨害や運輸当局の規制を乗り越えて、あって当たり前のサービスとなったのである。利便性と料金の安さを多くの利用者が支持した結果であり、ライドシェアが社会に受け入れられていったのである。

自分の今いる場所がわかるGPSを搭載したスマートフォンが普及したことが、Uberが登場する前提である。乗る側はどこからどこに行きたいかを伝え、乗せる側はリアルタイムにその情報をキャッチする。職場から自宅に帰るとき、誰かを乗せてちょっとした小遣い銭を稼ぐ。ギグワーカーの誕生である。インターネットと携帯電話の普及が新しいプラットフォーマーを出現させたのである。

行き先を指定すると運賃が表示される。運賃は時間によって、つまりそのときの需要と供給によって異なる。支払いは予め登録しておいたクレジットカードで払う。ダイナミックプライス、事前確定運賃というものへの利用者、サービス提供者の理解がベースにある。また、クレジットカードの普及ということも背景にある。

Uberは、コストの安さ、便利さで一気に普及した。当然、タクシー会社にとっては脅威である。タクシー会社で働いていた運転手が、Uberで働くようになることも起こる。タクシー会社も存続が危うくなる。ところが、Uberに転じたドライバーも思ったよりも稼ぐことができない。あちこちでUberへの反対の声が起こる。Uberへの対応は、地域ごとで異なる。しかし、利用者の支持の声が勝つことになる。

日本では、国が認可せず、白タクという言葉で切り捨てられてしまう。メディアも国に同調する。安全性に疑問がある、治安上も良くない、マナーにも問題がある、という。しかしどうだろう。アメリカは日本とは比べ物にならないくらいに治安が悪い。そのアメリカで普及しているのである。ドライバーの情報はスマートフォン上に表示される。利用者の評価を反映したスコアも表示される。利用者自身も予めクレジットカードを登録しておくのだから、相互に誰かはオープンである。さらに移動中の情報は全てプラットフォーマーが把握しているのである。

メキシコに行ったとき、電車・バスは利用してはいけない、タクシーも治安に問題があるから乗ってはいけない、ホテルに連絡を入れ、ホテルの車を頼めと言われた。しかし、移動のたびにガイドを頼んだり、ハイヤーを手配するのは面倒である。Uberのことをガイドに聞くと、問題ありませんという。自分の車を所持していることで、生活のランクが上とみなされているようである。

Uberの運営会社、ウーバー・テクノロジーズ社は、2019年5月にニューヨーク証券取引所に上場、以来赤字を出し続けてきた。経営陣は「やがて自動運転の時代が来て、一気に収益は改善する」と強気で、シェアの拡大に邁進している。ギグワーカーの拡大のみにとどまらず、専用のドライバーをも取り込みながら、自動運転の時代が来て一気に収益は改善するとは凄まじいものがある。[2] Uberに代表されるライドシェアが、〝蟻の軍団〟よろしく公共交通に代替しうるような利便性の高いサービスを提供し始めたのである。

# 3 日本の公共交通

## 世界一の公共交通システム？

ライドシェアの急速な普及に加え、EV（電気自動車）にチャレンジするテスラTesla社、自動運転に取り組むグーグル等のアグレッシブなアメリカ企業の動きを見るにつけ、私は、ある疑問を感じるようになっていった。それまで私は日本の公共交通に大きな誇りを持っていた。日本は、〝世界一公共交通が充実した国〟である。東京、大阪などの大都市では、網の目のように公共交通のネットワークが張り巡らされ、正確な時間通りのダイヤで運行されている。朝の通勤時は、2～3分に一度の頻度で電車が到着し、車での移動よりもはるかにスムーズである。

それればかりではない。乗客の利便性を考え、例えば、所沢から横浜まで行こうとしたとき、西武鉄道、副都心線、東急電鉄と電車は会社の枠を超えて乗り入れていく。こんな素晴らしい国はない。

ジョルダンのアプリ「乗換案内」は、この世界一の公共交通をより便利に使いこなすためのツールであり、それゆえ、多くの人々に使われている。それも、私が日本の公共交通に誇りを持つ所以となっていたのかもしれない。ところが、そんな私に、「何かがおかしい」「このままでいいのか」という感覚が、芽生えてきたのである。

アメリカの物価は高い。シリコンバレーではちょっとしたビジネスホテルに泊まっても一部屋300ドル以上かかる。食事も高い。さほど美味しくないのに、日本の倍くらいの感じがする。それなのに、サンノゼ市内からサンフランシスコ空港まで、ライドシェアで40ドルもかからない。そして、新たに登場したこのサービスは、多くの人々に受け入れられ、大きな存在感を示すようになっている。

誕生したばかりの頃のライドシェア業者は、既存の公共交通機関にしてみれば、まるで〝蟻〟のようにちっぽけな存在にすぎなかった。だが、その蟻の軍団が、瞬く間に、日本の公共交通と同じように、利便性の高いサービスを提供するようになったのだ。

## 鉄道網とモータリゼーション

今日の公共交通システムの起源は、産業革命の推進力となった蒸気機関の実用化に求められる。蒸気力を活用する発想はローマ時代に遡るが、産業革命につながる蒸気機関の開発は、鉱山の排水ポンプに関するT・セイヴァリー（1650頃〜1715年）の特許取得（1698）、T・ニューコメン（1663〜1729）による実用化によって開始される（1712）。ジェイムズ・ワット

（1736〜1819）が蒸気機関を汎用化するのが1763〜75年、R・トレヴィシック（1771〜1833年）が蒸気機関車を制作したのは1802年であるが、ジョージ・スティーブンソン（1781〜1848）らによって実際に鉄道が開通するのは1825年である。蒸気船の実用化はそれに先立つ1807年である。この蒸気機関車、蒸気船による交通手段の転換（交通革命）は、地域経済を世界経済に直接結びつけ、都市―農村関係を大きく変えるのである。イギリスは、18世紀から19世紀にかけて、世界経済のヘゲモニーを握り、世界市場を支配することになる。

一方、自動車の発明も蒸気機関の開発と同時期であった。すなわち、蒸気機関自動車がまず造られた。蒸気機関車より早く、フランスのニコラ・ジョセフ・キュニョー（1725〜1804）が蒸気で走る自動車を発明したのは1769年である。軍隊の大砲運搬用で、スピードは10km／h以下だったという。さらに、電気自動車EVの歴史も、実は、ガソリンエンジン車より古い。電池は1800年、モーターは1823年に発明され、1873年にイギリスで電気式四輪トラックが実用化されている。時速100km以上で走ったという。ガソリン自動車が誕生するのは、1885〜86年のドイツで、ゴットリープ・ダイムラー（1834〜1900）が1885年に木製の二輪車にエンジンを載せて試走に成功し、翌年に四輪車を開発した。そして、同じ1886年、カール・ベンツ（1844〜1929）が三輪車を完成させて実際に販売するのである。

20世紀初頭に自動車の生産・販売をリードしたのはフランスであったが、自動車大衆化の舞台となったのはアメリカであり、その象徴が1908年に発売されたT型フォードである。[3]

日本に、自動車（パナール・ルヴァソール）が持ち込まれるのは1898年である。以降、日本でも自動車製造の試みが始まるが、興味深いのは、当初は蒸気自動車で、乗合自動車（バス）を目的としていたことである。純国産のガソリン自動車が実用化されたのは１９０７年であるが、自動車産業の確立を主導したのは１９１１年に設立された快進社と翌年に設立された白楊社である。快進社は乗用車第1号「ダット」を１９１４年に完成させる。しかし、本格的な自動車生産に先んじたのは白楊社で、１９２５年に「オートモ号」の生産が開始された。ただ、ＧＭとフォードが日本でノックダウン生産を始めると、快進社、白楊社とも解散を余儀なくされる。

今日に至る日本の自動車メーカーが誕生するのは、１９３０年代で、日産自動車の前身となる自動車製造株式会社が設立されたのは１９３３年である。トヨタ自動車の前身となる豊田自動織機製作所自動車部が設立されたのも１９３３年である。[4] しかし、15年戦争期の日本車製造はトラックが中心で、軍需用のトラックの製造が開始されると、乗用車の開発は中断されてしまう。

鉄道の敷設が必要な汽車とドア・ツー・ドアの移動が可能な自動車は、交通移動手段としては次元が異なる。鉄道網の敷設が先行した地域とモータリゼーションが先行した地域では、交通移動のネットワーク形成は全く異なる。

日本の場合、知られるように、最初の鉄道は、１８７２年に新橋（汐留）と横浜（桜木町）間約30kmに敷設される。イギリスで実用化された１８２５年の蒸気機関車の模型は幕末に日本に伝えられたが（１８５３年）、実用化にはさらに20年を要したことになる。新橋—横浜間と同時に建設が開始された大阪—神戸間も１８７４年に開通し、１８７７年には京都まで延伸される。

明治政府は、産業基盤の整備のための鉄道敷設は国有国営を旨としてきた。第一次計画を東京と京阪神を結ぶ路線とし、当初は、東京—名古屋間は、外国軍艦の攻撃を避けるために長野県など内陸地域の開発につながる中山道経由の中山道幹線が計画されていた。1883年に高崎—大垣間の建設が開始されるが、山岳部で難所が多く、1886年には東海道ルートへ変更され、1889年に全線開通する。

しかし、西南戦争による財政逼迫により、新規建設は東海道線を除いて停止する。大日本帝国憲法が成立（1889年）するまでに開通したのは、幌内鉄道、釜石鉄道、大津—神戸間にとどまっていた。そこで、幹線鉄道網の一部は日本鉄道などの私鉄により建設されることになる。日本鉄道（1881年設立、東北本線全線・高崎線・赤羽線・山手線敷設）に加えて北海道炭礦鉄道（1889年設立、函館本線・室蘭本線・石勝線敷設）、関西鉄道（1888年設立、名古屋—難波線敷設）、山陽鉄道（1888年設立、山陽本線敷設）、九州鉄道（1888年設立、鹿児島本線・三角線・長崎本線・佐世保線・大村線・日豊本線敷設）は、明治の「五大私鉄」と呼ばれる。他に中小規模の私鉄が設立されるが、1906年に鉄道国有法が制定され、一部を除いて、私鉄は買収され国有化される。

現在、日本民営鉄道協会には72社の私鉄が登録されるが、大手私鉄とされるのは、東武鉄道（1897年設立）、阪神電気鉄道（1899年設立）、阪急電鉄（1907年設立）、西日本鉄道（1908年設立）、京成電鉄（1909年設立）、西武鉄道（1912年設立）、相模鉄道（1917年設立）、東京地下鉄（1920年設立—帝都高速度交通営団（営団地下鉄、1941年設立）—東京地下鉄（2004年設立））、名古屋鉄道（1894年設立）、東急電鉄（1922年設立）、南海電気鉄道（1885年設立）、近畿日本鉄道（1910年設立）、小田急電鉄（1923年設立）、京王電鉄（1910年設立）、京阪電気鉄道

（1906年設立）、京浜急行電鉄（1898年設立）の16社である。

以上の私鉄は、基本的に東京、名古屋、大阪、福岡という日本の大都市とその郊外を結ぶ路線を運営する鉄道会社である。大手私鉄は、また、直営の自動車事業部としてバス事業（乗合バス・貸切バス）を運営した。日本の場合、この鉄道事業・バス事業は、郊外開発と一体の事業として展開された。すなわち、沿線における不動産事業さらには流通事業（百貨店やスーパーマーケット経営）と合わせた多角的事業として展開された。「鉄道・不動産・流通」を三本柱とした日本特有の私鉄経営モデルを考案したのは、阪急電鉄の創業者小林一三である。小林一三の構想には、E・ハワードの田園都市計画の影響があったともされる。

## 小林一三——1910年、鉄道沿線開発のビジネスモデル

小林一三（1873〜1957）は、山梨県巨摩郡河原部村（現・韮崎市）で生まれ、慶應義塾を卒業（1892年）、三井銀行に入行する。34歳の時に大阪の北浜銀行に出向、三井銀行退職後、国有化された阪鶴鉄道（現・福知山線）が設立した「箕面有馬電気軌道」専務となる（1907年）。そして、1910年に開業したのが、現在の宝塚本線・箕面線である。

この時、同時に、先立って鉄道敷設予定の沿線土地を買収し、郊外に宅地造成開発を行い、割賦販売による分譲を開始している。当時の大阪は、日本経済の中心であり、サラリーマンが増え

て、住宅地が郊外へと広がりつつあった。小林は「大衆向け」住宅の需要を読んでいたのである。そして、同じ1910年11月には、箕面に動物園を開園する。さらに、翌年には宝塚に大浴場「宝塚新温泉」、1913年7月には、宝塚唱歌隊、後の宝塚歌劇団を創設する。神戸方面への路線開業に伴い、会社名を阪神急行電鉄と改めるのは1918年であるが、阪急電鉄沿線は、阪急グループの根拠地、聖地として発展していく。1920年には、梅田駅に駅ビルを建設、1階に白木屋を誘致、2階に阪急食堂、2・3階に日用品販売の阪急マーケットを設けたターミナル百貨店の原型をつくった。小林一三が社長となるのは1927年であるが、阪急百貨店が開店するのは1929年である。

小林のビジネスモデルは、当時の経済人にしてみれば、まさしくベンチャーであったといっていい。開業当初の宝塚線は、乗客も少なく、「猿や案山子を乗せるのか」「ミミズ電車」と揶揄されたりしたというが、勤務先と自宅を往復するだけの運賃収入ではたかが知れている、鉄道利用の需要を自ら創り出す、総合的なプログラムが「鉄道・不動産・流通」を三本柱とした日本特有の私鉄経営モデルである。百貨店事業の成功は、同じ1929年の六甲山ホテルの開業とともに、1938年の第一ホテル（新橋）建設などホテル事業に結びついていく。1934年には東京宝塚劇場の開場、1937年には東宝映画の設立（両者は、1943年に合併し東宝となる）といった興業・娯楽事業にも拡充されていくのである。プロ野球球団「大阪阪急野球協会」（現・オリックス）を設立したのも小林一三である。

この阪急グループの鉄道沿線開発モデルは、小林一三自身によって、東京、福岡にも移植される。1918年に、東京では渋沢栄一らによって田園都市株式会社（後の東京急行電鉄）が設立されるのであるが、小林一三は、鉄道敷設による田園調布、玉川、調布などの宅地開発に直接かかわっている。E・ハワードの田園都市の理念は、日本へそのまま伝えられたわけではない。当時内務省地方局が出した『田園都市』は、解説本の翻訳で、もっぱら地方の活性化、郊外開発の必要を説くものであった。田園都市株式会社は小林一三の阪急沿線開発をその理想のモデルとするのである。田園都市株式会社から鉄道部門を分離した目黒蒲田電鉄そして東京横浜電鉄を率い、東急百貨店を開業する五島慶太は、小林の手法をモデルとして東横線沿線に娯楽施設やデパートをつくっていくのである。福岡で九州鉄道博多駅にターミナルデパート「岩田屋」を開業した（1936年）中牟田喜兵衛を後押ししたのも小林一三である。近江鉄道・西武百貨店の堤康次郎も小林一三の影響を受けている。

小林は阪急会長を退任（1936年）した後は、様々な企業に関わり、政界にも接近、第二次近衛文麿内閣の商工大臣（1940～41）に起用される。戦後は、幣原内閣で国務大臣（戦災復興担当）となり、戦災復興院の初代総裁を務めたが、戦時中に商工大臣であったことを理由に公職追放された。

鉄道網の開発が日本の産業革命を支えるインフラストラクチャーになった。モータリゼーションの普及以前に鉄道網を完成させたことが、アジアの他の国に先駆けて国際的な地位を確立できた理由である。国主導、国鉄による建設のみでは全国鉄道網の整備は不可能であった。それを補完し、都市開発のインフラストラクチャーを構築したのは私鉄であり、鉄道敷設とともに宅地造成、沿線の開発を行ってきたディベロッパーが日本の鉄道事業者である。

しかし、やがてベンチャーも大手事業者となり、ほぼ地域を独占するいくつかの鉄道事業者は自分の域内のバス、タクシーと移動の全てに関わるようになる。鉄道事業者間での電車の相互乗り入れといったことで利用者の便に供することには積極的に対応してきたが、Uberのような域内のライバルを認めることには積極的ではない。人口増のときはこれまでのビジネスモデルが通用したが、人口が減ってくる未来、さらには高齢者が増えてくる将来に向けて赤信号が点滅し始めている。

## １９６４年、東海道新幹線

１９３２年満洲国の成立で日本から朝鮮半島・中国大陸へ向かう輸送需要が急増すると、対馬海峡に海底トンネルを掘削し、満洲国の首都新京（現・長春）や中華民国の北京までの直通列車を走らせるという構想が立てられる。まず、東京と下関間を広軌による幹線で結ぶために、１９４０年に、鉄道省が「東京・下関間新幹線建設基準」を制定、同年に帝国議会で「広軌幹線鉄道計画」が承認され、１９５４年までに開通させることを目標とした「十五ヶ年計画」に基いて、総予算５億５６００万円が決定された。世間では「弾丸列車」と呼ばれ、用地買収・工事が開始された。しかし、戦局が悪化したため、１９４３年度をもって工事は中断されてしまう。[5]

第二次世界大戦によって国土は焦土と化したが、朝鮮戦争特需を機に経済は再生していく。1955年から1973年までの19年間は、日本経済は年平均で10％もの成長を続け、高度経済成長期と呼ばれる。

モータリゼーションが本格的に始まり、交通輸送手段は鉄道から自動車へと転換することが予想されたが、国鉄の十河信二総裁と技師長の島秀雄は、かつての「弾丸列車」の夢の実現に動く。まずは、東京―大阪間から。東海道新線は、1959年4月20日新丹那トンネル熱海口で起工式を行って着工する。

1959年5月26日、西ドイツのミュンヘンにて開催された第55次IOC総会において、東京が欧米の3都市を破り1964年の開催地に選出されたことで、計画は勢いづく。東京オリンピックの開幕日は10月10日であったが、開会直前の10月1日「東海道新幹線」として開業した。振り返れば、高度経済成長期のまっただ中であった。東海道新幹線は、その後、岡山、博多へと延伸され、さらに東北新幹線、上越新幹線が開通する。

1987年、国鉄の分割民営化で民営となったJR各社に経営主体は移る。経済合理性を考え、広軌ではなくそれまでの軌道を活用したミニ新幹線を活用したりしながら、新幹線網はさらに拡大していく。今現在10路線、延伸工事中のものもある。

一方、都市圏内での稠密な電車網が整備されていく。首都圏をとっても3000近い駅があり、時間通り正確に運転されている。新型コロナウイルス下でも、減便こそあれ、電車網は維持されてきた。戦後の日本の高度経済成長は、モータリゼーションの前に鉄道網が整備されていたことに負うところが大きい。

日本では、地方空港の整備も進められ、ほとんどの県に一つは設置され、その数は100を超えた。しかし、輸送量で航空機と鉄道には大きな差がある。新幹線網は今も拡大している。お隣り、中国でも主要な都市間は高速鉄道網で結ばれている。国土の大きさもあるが、中国の高速鉄道網は、今や日本を越え世界一である。ダラス―ヒューストン間の新幹線の設立は、アメリカの高速鉄道網の嚆矢となっていくものと思われる。

新幹線網、地方空港の整備は、都市間を結ぶ移動の手段としてはよくできている。しかし、本来、新幹線網は都市計画と一体化して進めるべきものである。現実には、土地買収等のコスト等もあり、新駅はそれまでの繁華街から離れたところにできることも多い。例えば富山県高岡市、北陸新幹線の新高岡駅は高岡駅から2キロほど離れた何もない場所に作られた。高岡駅の周りに商店街、ホテル等があるが、新高岡駅の周りには殆ど何もなく、イオンモールが新しく作られただけである。高岡駅前の商店街はシャッター通りと化している。

モータリゼーションの発達がその背景にあるが、高齢化社会になろうとしている今、車がなければ移動できない人たちが増えている。

## 廃線・運転手不足（ギグワーカー）・リニア新幹線

張りめぐらされた鉄道網と新幹線が日本の経済の高度成長の源泉となったことはこれまで述べてきたとおりである。鉄道は大都市のみならず、都市間でも敷設され、主に通学の足、高齢者の病院通いといった目的のために維持されている。しかし、モータリゼーションの発達で地方は今や車社会である。鉄道に頼らなければならない人たちはいるが、鉄道を維持するコストが膨大で、地方では廃線が続いている。代替のバスを運行しても、事業者からすると採算性は悪いし、利用者も鉄道の方が快適である。高齢化に伴い、運転手の数も減っている。タクシーが殆どいない地域も増えている。やがて自動運転が一般化し、交通は大きく見直されていくものと思われるが、今現在の問題を解決しなければならない。

利用者からすれば、タクシーのように呼べばすぐきてくれるのは便利である。しかし、コストは高い。ドライバーも減少している。鉄道、バスが日常的な移動手段である。しかし、鉄道は廃止され、代替のバスも運転本数が非常に少ない。地方では、移動がままならなくなっている。

前述したように、アメリカではUberが大都市内の移動を一気に便利にした。位置が把握できるスマートフォンが普及したことで、新しいプラットフォーマーが登場、運転するのは自分の都合の良い時間だけ働くギグワーカーである。

電車は短時間で大量の人を運べる。しかし、新たな路線を建設するにはコストも時間もかかる。そこを新しいICT技術が補い始めたのである。日本の地方の移動問題の解決のためにもこのICT技術をどう活かすか、そこから考えていくべきであろう。

利用者にとって何が一番便利か。待たないことである。30分以内が基本であろう。サイズを小さくしても、運転本数を増やし、バスを走らせることを考えるべきであろう。自動運転ももうすぐのところまで来ている。どうバトンタッチするかまで考えていく。

人口が少ない地域では、地域の人が空いている時間に自分の車で運転するようなプラットフォームを構築する。保険を整備、料金体系も助け合いをベースとした地域ポイント（通貨）のようなもので考えていく。一気に高齢化が進む日本が、世界に先駆けて新しい交通体系を考えることになる。

最後にリニア新幹線を考えよう。静岡県の反対もあり、計画は大きく遅れているが、今の東海道新幹線は老朽化し、輸送量も限界に達している。どうあれもう一本は必要なのである。リニア新幹線については、山本義隆（2021）が、技術からも、都市政策からも、環境破壊からも相当問題があることを指摘している。しかし、新しい技術の実用化はいろいろな副産物を生む。問題点とメリットをとことん検討しながら、計画を立て直すときであろう。

目的地まで早く着きたい、というのは、いつになってもチャレンジすべき課題なのであろう。ロンドン、パリとニューヨークを3時間30分で結んだ超音速旅客機コンコルドは、1976年に就航するも、騒音問題、全席ファーストクラスながら座席の狭さで乗客数は伸び悩み、2000

年の墜落事故、２００１年のアメリカ同時多発テロの影響もあり、２００３年で運行を停止した。しかし、今、コロラド州を拠点とするスタートアップ企業のブーム・スーパーソニックBoom Supersonic社が超音速旅客機「オーバーチュア」の開発を行っており、ユナイテッド航空、アメリカン航空からそれぞれ15機、20機の発注を受け、２０２９年の就航に向けて動いている。この超音速旅客機は、温室効果ガス排出ゼロで、サステナブルな航空燃料を使用するという。

テスラで有名なイーロン・マスク（１９７１〜）は、２０１３年にハイパーループ構想を発表した。真空のトンネルに鉄道を走らせ、ロサンゼルスとサンフランシスコ間の約６５０kmを35分で結ぶ構想である。鉄道のみならず、真空のトンネル内に車を走らせるとかいろいろなムービーがネットに登場した。２０２１年1月にラスベガスで開催されたＣＥＳでは、この一部が公開されると話題になったが、実際にはショーの会場間を結ぶトンネルを人の運転するテスラが結ぶ、というものに切り替わり、その後は計画の非現実性が強調され、今は話題にも出なくなった。世界最大の家電ショーに、ショーの運営事業者とラスベガス市までもが応援し、翌年には消滅。アメリカは変化を皆が応援する。

## 4 MaaS

そうこうしている間に、フィンランドのMaaS Global社から、スマートフォンで、電車、バス、タクシー、レンタカー、レンタサイクルを利用した経路が表示され、決済まで完了、さらに定額で乗り放題までできるサービス「ＭａａＳ」が登場してくる。

フィンランドのMaaS Global社の登場によって、ＭａａＳという言葉が一気に世界に広がる。ＭａａＳとは、"Mobility as a Service"の頭文字をとったものである。MaaS Global社は、最先端のＩＣＴ技術を使って移動を効率化する実証実験から誕生した会社である。前述したとおり、スマートフォンアプリ「Whim」を開発、ヘルシンキの公共交通機関やタクシー、レンタカー、シェアサイクルなどの移動手段を組み合わせたルート検索を提供し、予約、決済までできるようにした。ＭａａＳという言葉の登場によって、最新のＩＣＴ技術を使って移動を一気に効率化することが世界中で目指されるようになる。

日本でも国土交通省が積極的に取り組み始めた。サービスのレベルを5段階に分け、バスや電車、タクシー、飛行機といった複数の交通手段がそれぞれ別々のサービスとして利用されている状態を「レベル０」、複数の交通手段に関する料金や時間、距離などを一括検索できる状態を「レベル１」とする。目的地までの複数の交通手段を一括して予約・決済できる状態が「レベル２」、目的地までの複数の交通手段を組み合わせたものが一つのパッケージとして商品化される段階が

「レベル3」、サービスとなった複数の交通手段が街づくりに生かされるなど、MaaSが政府や自治体の施策と統合された状態が「レベル4」である。[6]

日本では以前から、公共交通の稠密なネットワークが出来上がっており、時間どおりに正確に運行されている。ジョルダンが全国全駅の時刻表を搭載した経路検索「乗換案内」を携帯電話で提供し始めたのは1998年である。フィンランドよりも20年近くも早く、それもネットワークの複雑さでも比べものにならないくらいの日本で、「レベル1」のサービスを提供していたわけである。それ以前のPCソフトの頃から、ジョルダンは「乗換案内」からJAL、ANAやJRに予約の入り口を開放してもらう提案をし続けている。しかし、大手事業者はどこに対しても予約の入り口を開放していない。「レベル2」までもうちょっとというところで足踏みをし続けているのである。

Uberの登場により、都市内の移動が飛躍的に便利になったのがアメリカである。フィンランドでは、MaaS Global社が定額で全交通機関乗り放題のサブスクリプションモデルまで提供している。この章の初めに見たように、アメリカでは、自動運転のタクシーまで走り出している。日本は、時間どおりに動く稠密な交通網を作りあげたところまでは良かったが、GPSが携帯電話に搭載され、移動が大きく変わろうとしているとき、その先に進めていない。

MaaSの「レベル4」は、MaaSが政府や自治体の施策と統合された状態である。移動には、都市内の移動と都市間の移動がある。都市内の移動は、自動運転の自家用車、タクシーを組み合わせながら、バス、電車、タクシー、飛行機といった複数の交通手段をどう組み合わせていくか、ということになっていくものと思われる。都市間の移動では、新幹線と飛行機が軸になっていくはずである。その新幹線、日本はすでに世界に冠たるネットワークを作り上げている。米テキサス州の新幹線計画に、全米鉄道旅客公社（アムトラック）が参画することが決まったということは、アメリカも都市間の移動での日本の先進性に目をつけたということである。

この章で見てきたように、かつては鉄道も新幹線も奇想天外ともいえる発想から始まり、今日の日本を作ってきた。会社も国もベンチャーのようなものであった。しかし、ベンチャーが素晴らしい交通網を作り上げたところで、その先の変革に及び腰になってしまった。できあがったインフラをひたすら守っているうちに、高齢者が増え、人口は減少し始めている。地方の鉄道は次々と廃線になっている。コロナウイルスの影響で、廃業に追い込まれたタクシー会社も多く、ドライバーも高齢化している。高齢者の事故もよく報じられ、運転免許証の返納が話題にされている。地方に住んでいて車が移動の手段だとしたら、今の状態で免許を返納すれば、移動のすべを失う。

現在、ほとんどの人が今の日本にはそこそこ満足しながら、もはやこの国は衰退していくだけ、未来は暗い、と感じ始めている。しかし、高齢者が増え、人口が減少し始めているのは、世界の先進国の共通の課題でもある。この問題に本気で取り組むことこそ、日本がまたかつてのパワーを取り戻すことにつながるのではないか。この先、移動はどうあるべきか考えるとき、自動運転の未来から遡って、都市内、都市間の二つの軸で公共交通の体系をどうしていくか、ということがキーになるであろう。

# 第3章

# AIと移動

2016年、囲碁の世界チャンピオンとコンピュータが対戦、世界チャンピオンのイ・セドルがGoogle傘下にある人工知能研究所Deep Mindが開発したAlphaGo（アルファ碁）に負けてしまう。囲碁はその複雑さからコンピュータにとって勝つことは容易ではないと思われていた。すべての場合を考えると約10の360乗通り、力任せにやるそれまでの手法では天文学的な時間がかかるので、コンピュータが人間に勝つことは到底不可能と思われていた。

そこにディープラーニングという新しい手法が誕生する。子どもに犬や猫を覚えさせるようにコンピュータに犬、猫を学習させる。人間の脳が持つニューラルネットワークを模したやり方であり、機械学習と言われる。ニューラルネットワークは、過去の対局データから学習、その後、自分自身と対局することによって強くなる。もちろん、何千万回も対局し続ける。アルファ碁は、翌年、そのときの世界トップ棋士だった中国の柯潔《カケツ》と対決、これも3連勝を果たす。その後、自分自身とさらに対戦を続け一段と強くなり、人間との対局から引退する。

計算機のスピードは日に日に速くなる。さらに今はコンピュータ同士がネットワークでつながり、処理を分散しながら進めることができる。イ・セドルとの対戦のときのアルファ碁は、機械学習用に開発された特殊なボード上で動いていたが、ネットワークでつながった1000台以上のコンピュータと考えれば良い。対局を戦国時代の戦い風に描けば、草原に立つイ・セドルが、武器を持つ1000人以上の相手に囲まれているといった姿であろうか。ひやりとするものがあった。

それから6年後の2022年11月30日、OpenAI社がChatGPTを公開すると、生成AIは瞬く間に世界中に浸透していった。そして、AI（人工知能）は果たして人間の知能を凌駕するのか、といった議論が巻き起こった。

本章では、AIと移動の未来について考えてみたい。

# 1　AI革命

## ムーアの法則、ギルダーの法則

この間のコンピュータと通信技術の発展は異常なほど加速度的である。このICT技術の発展速度については、「ムーアの法則」そして「ギルダーの法則」と呼ばれる指標が有名である。「ムーアの法則」とは、1965年に、インテル社の創業者のひとりであるゴードン・ムーアが唱えたもので、コンピュータの基礎となる集積回路上のトランジスタ数は2年で2倍になる、というものである。性能が2年で2倍、価格は2年で2分の1である。つまり価格性能比は、1年で2倍。これが1960年代から継続され、1975年以降も維持されている。

「ギルダーの法則」というのは、2000年にアメリカの経済学者ジョージ・ギルダーが提唱したもので、「通信網の帯域幅は6か月で2倍になる」というものである。実際にはそのスピードは予測よりかなり遅いが、それでも1年で2倍は増加している。

1年で2倍というのは、10年で1000倍、20年で100万倍、30年で10億倍、指数関数的な異常さである。現に今や誰もが持っているiPhoneも、50年前、東大計算機センターにあった日本で最高のコンピュータ以上の性能である。２０２０年ごろには限界と言われたこともあったが、ＩＣＴ技術のとどまらない進展は続いてきた。昨今は量子コンピュータが登場、その飛躍的な性能が注目されている。

パーソナルコンピュータの出現、そのコンピュータがインターネットでつながる、携帯電話が登場、さらにＧＰＳが搭載される、３Ｄでバーチャルヒューマンが現れる…、この数十年は、過去の歴史のどの時期よりもＩＣＴ技術の進化が速い。10歳離れると物心つくときの環境がまるで異なるのである。

インターネットの商用利用は１９９６年に開始されたが、その結果、どれだけ社会のあり方は変わったのか。国際電話での通話料金を気にしていたのが、今やZoomでテレビ会議が、それも無料で行える。レンタルビデオ屋があっという間にオンデマンド配信に、ショッピングがいつの間にかAmazonに代わる。街から本屋が消える。仕事もガラリと変わる。ゴールドマン・サックスでは、６００人いたトレーダーがたった2人になる。例を挙げればキリがない。

## トランスフォーマー――ＡＩが言葉を獲得した？

ベースにあるのは、計算機のスピードの向上である。ディープラーニングの登場の頃から、ＡＩは一気に進み始める。まず、翻訳がどんどん良くなってきた。それと同時に、音楽や絵画といった領域でＡＩが使われ始める。

文字を打ち込めば、音楽を生成してくれる、というツールが現れた。Mubertがそれである。当初は、PythonやGitHubといったプログラムを作る人たちの知識や環境が必要ではあったが、文字どおり、テキストを入力するだけで、それなりのクオリティの曲が作られる。今は、アプリになっているので、誰もが容易に作曲家になれる。

次いで、テキストを入力すると画像が合成されるMidjourneyが注目を集める。英語での動作であったので、例えば、「日に日に秋が深まる中、私は上野公園をジョギングする」と日本語でテキストを考え、Google翻訳にかける。結果の「As autumn deepens day by day, I go jogging in Ueno Park.」を入力すると、その情景の絵が現れる。セザンヌ風に描写せよとか、ゴッホ風にといった指示にも対応する。今は、似たようなサービスがいくつも登場している。このサービスは、ムービーにまで拡大しようとしている。

少し前になるが、３Ｄグラフィックで作られたネスカフェ香港のテレビＣＭ「バーチャルヒューマン」は、随分話題になった。「私は何を探しているんだろう。何か大切なものを。それはいつだって、君のそばにある。でも時々見失ってしまう。私はここで探し続ける。始まりはいつも、白紙なんだから。」というナレーションとともに、新しい感覚のＣＭが流れる。ＣＧの性能も飛躍的にアップしているのである。[7] ムービーもＡＩで作られる時代が来る一歩前のＣＭである。

そういった中で、トランスフォーマーTransformerという技術が登場してくる。事前に大量のテキストデータを学習させておき、特定の言葉に続く言葉の確率をもとに文を作る、というやり方で一気に注目を集めたのが、OpenAI社である。流暢な言葉で結果を返すChatGPT3.5は、２０２２年11月末に公開され、世界的に注目を集める。たった2か月でユーザー数は1億人に達した。大規模言語モデルＬＬＭ（Large Language Model）が一躍注目を集めるのである。

流暢な言葉を紡ぐChatGPTは、あたかもコンピュータが言語を獲得したようにみえる。ヒトは言葉を獲得してから文明を築いた。ヒトと同じように今度は機械が言葉を獲得した。機械と対話している人間は、相手が人間か機械かもわからずにいる。ChatGPTは、言葉のみではない。プログラミングが得意である。問題を与えるとヒトよりも圧倒的に速く、ときにはヒトの思いつかないような解法で答えを出す。

コンピュータの産みの親、人工知能の父と称されるアラン・チューリングは、１９５０年に「計算機と知能」と題した論文を発表、そこにチューリングテストとして知られるゲームを紹介する。機械（＝人工知能）が人間の模倣をして、人間がそれに気付かないかをテストする。手順は、審査員と、機械もしくは人間とで、自然言語による会話を行い、最後に審査員は会話相手が機械か人間かを判定する。機械が人間と同じように振る舞うなら、それは人間と同じように知的である、という主張である。

その反論として、ジョン・サールの「中国語の部屋」は有名である（１９８０）。中国語の部屋では、思考実験として、質問者とは別の部屋にいる回答者が「中国語を理解するか否か」を判定するテストを想定する。そこでもし完璧な「中国語質問への回答マニュアル」を使うなどして回答者が中国語の質問にうまく答えられれば、質問した人から見ると回答者はあたかも中国語を理解しているように見えるはずだ（つまり、テストに合格するということ）。しかしこれは「中国語を理解している」という意味にはならない。[8]

ChatGPTの登場以後、チューリング、ジョン・サールの議論はあっという間に過去のものとなり、ＡＩもよく間違えるとかそういった議論になってしまった。トランスフォーマーにより、言葉を理解したと言って良く、人間と同じように言葉を獲得することも視野に入ってきている。

このことは、ネットが大きく変容していくことを暗示している。ＳＮＳのコンテンツに機械の作ったものがふんだんに紛れ出す、ということである。ＡＩが生成するコンテンツが映画にまで拡大し、プログラミング能力まで獲得したＡＩは、装置やデバイスの設計にまで関わり始める、と思われる。メディア・世論にも大きな影響を与える可能性がある。

## シンギュラリティ

アメリカの人工知能研究者のレイ・カーツワイル（１９４８〜）が、２００５年の著書『The Singularity Is Near』で、２０４５年には人間の脳とＡＩの能力が逆転するシンギュラリティ（特異点）に到達すると予測した。シンギュラリティとは、ＡＩが人類の知能を超えるときを意味する。

近年の計算機のスピードアップは、量子コンピュータの登場によってさらに加速しつつある。ＡＩの技術は、OpenAIのChatGPTの登場によってさらに進展する。Googleも、Metaも、さらに中国系の企業も参入、ありとあらゆるところで使われ始めている。シンギュラリティももっと早まるかもしれない。

イ・セドルと対戦した囲碁ソフト、アルファ碁は、最初は棋譜を読みまくり、その後熟練した棋士との対戦をし、最後には自分との対戦を繰り返すことにより強くなっていった。しかし、その改良版の「アルファ碁ゼロ」は、単にルールのみから40日で作られた。棋士が束になって戦っても決して勝てないであろう、今現在、世界最強の囲碁ソフトである。[9]

ＡＩが人間の知能を超えてからどうなるか。ムーアの法則、ギルダーの法則でみた今までの計算機の価格性能比を単純に外装すれば、1年で2倍、10年もしたら人間よりも１０００倍賢いのである。そのときのコンピュータは、人類のしもべなのか、仲間なのか、あるいは人類を統治する神なのか、さまざまな議論がなされている。

大量のテキストデータを学習させる生成ＡＩはそのデータから知識が構成される。子どもの頃流行ったアニメに「鉄人28号」というのがあった。横山光輝の漫画で、１９６０年代、テレビで放映されていた。少年たちが悪者と戦うとき手伝う巨大ロボットであるが、リモコンで操縦される。リモコンを悪者が手にすると今度は悪者の手先になる。それがなんとも面白く、「良いも悪いもリモコン次第」という主題歌を皆で歌っていたことを思い出す。まさしく、大規模言語モデルＬＬＭは、良いも悪いも読みこませたデータ次第なのである。

人類にとってより良き世界とはなんなのであろう。それが定式化されたとして、シンギュラリティ後の世界のシステムについては、人間がＡＩに依頼するのかもしれない。

あまり先走るのはやめよう。移動はどうあるべきか、そのために何をすべきか、そこを考えることが本章の役割である。

## 2　AIと自動運転

無人タクシー、ライドシェアなど、移動、交通移動手段の変化、そしてＭａａＳについては、第2章で述べた。ＡＩそしてＩＣＴの発展が、我々の社会にどのような変化をもたらすのか、視野を広げて考えてみよう。

ＡＩによる自動運転すなわち無人走行、無人タクシーや無人バス、配達ロボットの無人稼働、ドローン輸送は既に実現しつつあり、早晩、交通輸送手段の中心として普及していくことは間違いないであろう。

自動運転あるいは自立走行とも言われるが、英語ではオートノマス・ドライブあるいはセルフ・ドライビングである。自動運転の技術は、ＡＩ技術の進展によってごく最近実現しつつあるように思われるが、その構想、アイディアは、自動車が実用化された20世紀初頭にはあったとされる。最初の提案は１９３９年。ニューヨークの世界博でゼネラルモーターズＧＭのフューチュラマFuturamaという未来の自動運転システムの展示といわれている。そして、アメリカで自動運転に関する本格的な研究がスタートしたのは1950年代、日本では、1960年代に当時の通商産業省工業技術院機械試験所で研究が始められ、1977年に機械技術研究所（津川定之教授）が自動運転車を発表する。しかし、以上は前史にすぎない。

1980年代にはドイツのメルセデスも自動運転技術の開発に積極的に取り組みはじめるが、急速な新展開は近年である。2009年に日本のベンチャー企業ZMP（2001年設立）が最初のロボットカー「RoboCar1/10」の販売を開始すると、2010年にはGoogleが自動運転車開発を発表、さらにZMPは実車タイプのロボットカー「RoboCar HV」（2012）、「RoboCar MINIVAN」（2014）を発売した。熾烈な開発競争が世界中で展開されるが、世界で初めて自動運転タクシーを商用展開した企業は、2018年12月にサービスを開始したGoogle系のWaymoで、アリゾナ州とカリフォルニア州で事業を展開している。アメリカではWaymoに続き、GM傘下のCruiseが商用サービスを開始している。日本では、ホンダが先行するが、まだこれからという段階である（レベル3）。

この進化を支えているのがAI（人工知能）である。ディープラーニング（深層学習）以降のAIの大幅な進化がなければ、カメラやライダーLiDAR（Light Detection and Ranging）、ミリ波レーダーによって大量の画像データを、すなわち人や自転車、さまざまな形の自動車、信号機や道路標識、車線などをはじめ道路交通に関係する全てのものを、ラベリングして各オブジェクトに分別することはできない。分別されたものをベースに、AIが各オブジェクトの特徴を学んでいくことで車両制御の精度をあげていくことが可能になるのである。

自動運転技術は、日本では、国土交通省が定める「自動運転車の定義及び政府目標[10]」によって5段階のレベルに分けられている。

レベル1は、基本的な運転支援で、前を走る車にぶつからないように自動的に速度を調整する「ACC（アクティブクルーズコントロール）」や、車線からはみ出さないようにハンドルの向きを調整してくれる「LKAS（レーンキープアシストシステム）」、ぶつからないように自動で止まる「自動ブレーキ」などの装備のレベルをいう。

レベル2は、より高度な運転支援で、「LKAS」と「ACC」を組み合わせて車線を維持しながら前の車に付いて走ったり、遅い車がいればウインカーなどの操作によって自動で追い越したり、高速道路の分合流を自動で行ったりする機能が搭載されたレベルをいう。

レベル3は、特定条件下における自動運転、システムが主体となり自動運転を行ってくれるため、特定条件下ではドライバーは前を見ていなくてもよくなり、周囲の交通状況監視から解放されて運転負荷を軽減できるレベルをいう。

レベル4は、高速道路など特定条件下における完全自動運転をいう。

レベル5は、完全自動運転をいう。

レベル1と2の技術は、既に市販の自動車に搭載されている。レベル3の型式指定を初めて国土交通省から取得した（2020年11月）のがホンダの「レジェンド」で、発売されたのは2021年3月である。[11]

# 3 リモートワーク

## Covid-19

２０１９年の暮れ以降、世界中は新型コロナウイルスCovid-19に襲われる。Covid-19が一気に世界中に蔓延し、次々に変異していった背景には、人間のグローバルな経済活動があり、国際移動の活発化がある。すなわち、グローバルな移動の活発化がある。Covid-19が世界を襲う直前、２０１８年には世界の海外旅行者数が14億人を超える流動化が常態化しつつあったのである。グローバリゼーションによって野生動物が媒介する未知のウイルスと遭遇する機会は増大する。そして地球温暖化によって氷河に封じ込められていたウイルスが解放されることも指摘される。

パンデミックはこれまでも繰り返されてきた。ウイルスとホモ・サピエンスは今後も共存していく宿命にある。新型コロナウイルスの流行は、スペイン風邪の流行（１９１８〜20年）からちょうど１００年であったが、これからはパンデミックの間隔は短くなっていくことが予想される。14世紀にヨーロッパを襲った黒死病は、その発生源と思われる中国南部からヨーロッパに感染するまで3年ほど要している。馬と駱駝が交通輸送手段であった時代である。今や人類、貨物の移動速度は比較にならないほど速い。

## 移動の制限

２０２０年に入って新型コロナウイルスが猛威をふるい始めると大都市でのロックダウンをはじめ、世界中で移動の制限が実施された。イタリアでは、２０２０年3月10日に全国のロックダウンを開始する。学校、店・商業活動・本質的ではない生産活動を閉鎖、レストランや喫茶店、映画館や博物館などもクローズ、すべてのスポーツ活動も停止、食料品店と薬局だけがオープンという措置がとられた。アメリカ、ニューヨークでも２０２０年3月22日からロックダウンを開始、基本的に全従業員の出勤を禁じて在宅勤務を要請し、また全住民に不要不急の外出をしないよう自宅待機が要請された。イギリスでも3月23日夜に、ロックダウンを宣言した。東京でも４月７日からは、徹底した外出自粛が要請される。

一気に社会が変わるか？　とも思われたが、医療の対応も早く、最新のｍＲＮＡワクチンがおよそ9か月の期間で開発され、２０２０年12月には米ファイザー社、モデルナ社から供給され始めた。しかし、新型コロナウイルスには、次々と新たな変異株が登場する。行動制限が解除されても新たな変異株の出現で、再び行動制限が実施されていく。２０２１年は、オミクロン株が猛威を振るった。

そんなコロナ禍の只中、2022年2月、ロシア軍がウクライナへの侵攻を開始した。西側諸国は一斉にこの侵攻に反対、グローバリズムは一気に終焉する。ロシアの上空を西側のエアラインが飛ぶことができなくなった。これによって、コロナウイルスでの移動の制限に加え、国をまたぐ出張も観光も一段と厳しくなった。石油の値段も高騰。ヨーロッパ諸国ではロシアからの天然ガスのパイプラインも止まり、燃料費が一気に10倍、というところまで現れた。

そして、私たちの日常も大きく変わってきた。リモートで働く、というワークスタイルが急速に広がるのである。テレビ会議が当たり前になり、将来的にも出社を要請せず、在宅勤務を基本とする会社も現れている。東京では、朝の通勤時間帯の電車のラッシュがなくなった。地方に移住する人も増え、東京ははじめて転入人口よりも転出人口が増えた。皆が集まるパーティや宴会も全くなくなってしまった。

新型コロナウイルス感染が拡大していく中、世界中の都市や国が移動の制限を始めた。その後、感染者数が減ると、行動制限の解除が段階的に行われるが、新たな変異株が出現し、再び行動制限が厳しくなるということが繰り返された。例えば、ニューヨークでは2020年3月22日にロックダウンが始まる。その後、規制は緩められるが、オミクロン株の感染拡大、感染者数の急増を受けて、2021年12月6日から12月31日までの期間中、飲食店やジムなどの屋内施設でのワクチン接種証明書の提示が義務付けられている。

ワクチン接種の効果は大きく、3年目に入った2022年になると、世界中で行動制限が解除され始める。日本も、2023年5月8日、「5類」移行となり、普通の風邪と同じ扱いになった。

およそ丸3年の間、世界中で移動の制限が続いたが、このところ、まるで昔に戻ってしまったようだ。丸3年間耐えたことへの反動も大きい。しかし、持続できる地球のために、我々の生活は大きく変わっていかざるを得ない。この間のコロナ禍のいろいろな体験は、実に貴重な実証実験であった、と言えるだろう。

## Zoomミーティング

この3年のいろいろな変化を改めて見てみよう。まずは、会議はリモートでやることが当たり前になり、リモート会議ツールZoomが、急速に拡大したことがあげられる。Zoomを利用した1日当たりのミーティング参加者数は、全世界で2019年12月時点では1000万人だったが、2020年4月には3億人になる。

売り上げも、米ズーム・ビデオ・コミュニケーションズの21会計年度（21年1月期）売上高は26億5100万ドルで、前年度比4倍を超える成長を記録した。22会計年度の売上高は約40億ドルになる。

日本法人でも2020年1月と4月を比較すると、無料ユーザーのサインアップ数は63倍となり、有償顧客（10ライセンス以上）数は、17倍となったとされている。もちろん、国内の売り上げも、大きく成長している。日本法人のZVC Japanの売上高は2019年度に7・7億円、2020年度に86・4億円、2021年度には128・8億円と急拡大している。

新型コロナウイルスが拡大する中、Zoomは圧倒的にユーザーを増やす。2020年9月1日、米株式市場で、ズーム・ビデオ・コミュニケーションズの株価が急騰、終値は前日比で41％高の457・69ドル、時価総額は1291億ドル（約13兆6800億円）となる。これは、米IBMを上回る時価総額であった。しかし、この稿を記している2023年8月25日の時価総額は201億ドル、IBMの時価総額1189億ドルの約6分の1になっている。

日本でのテレワークの普及について、総務省が発表した『情報通信白書』（令和3年版）を見ると、2020年3月のテレワーク実施率は13・2％だったが、緊急事態宣言後の2020年4月には27・9％まで上昇している。その後、2020年5月調査では25・7％、2020年11月調査では24・7％と、多少実施率は低下しているが、テレワークは一定程度定着傾向にあることが窺える。東京商工リサーチが企業を対象に実施した調査では、1回目の緊急事態宣言時には17・6％から56・4％へと上昇し、その後、緊急事態宣言解除後には低下するものの、2回目の緊急事態宣言時には38・4％に再上昇している。

業種別のテレワーク実施率（2020年11月）を見てみると、実施率が高いのは情報通信業（55・7％）、学術研究・専門・技術サービス業（43・2％）及び金融業・保険業（30・2％）である。一方で医療・介護・福祉（4・3％）、宿泊業・飲食サービス業（11・1％）及び運輸業・郵便業（11・3％）の実施率は低い。地域別のテレワーク実施率（2020年11月）は、関東が高く（36・3％）、次いで近畿（20・8％）、東海・北陸・甲信越（15・9％）となる。

## シェアオフィス・コワーキングスペース

自宅からのテレワーク以外に、この間は企業が「サテライトオフィス」を作ったり、あるいは、「シェアオフィス」や「コワーキングスペース」を借りたり、という試みも始まっている。都心まで通わなくとも仕事ができるようにするためである。

「コワーキングスペース」は、複数の人が集まって働くオープンスペースで、自由に席を選んで仕事をすることができる。他の利用者との交流を重視しており、様々な業種・職種の人たちと出会い、情報交換や協業を行うことができるようになっている。一方、「シェアオフィス」は、複数の企業や人が一つのワーキングスペースを共用する施設で、個室や会議室なども完備されていることが多く、仕事に集中しやすい環境が整っている。

外出自粛で、オンライン飲み会が話題になったときもあった。しかし、参加者は約16%、2割に満たない。遠くに住む人との間では効果を感じるも、リアルに直接会うことがベストということなのであろう。[12]

大事な会議にリモートで参加することも可、といったことが最近では当たり前になってきている。しかし、G7、G20での世界の首脳が集まる会議にしても今は対面でやるように戻ってきている。真のコミュニケーションのためにはリアルが一番ということなのであろう。

Covid-19は、人々の移動を制御する必要（都市単位のロックダウン、出入国管理）、国民国家内での必要物資の調達、リモートワークの可能性など、これまでのパンデミック以上の教訓を人類に残した。問われているのは、一定の人口密度、ソーシャル・ディスタンスのあり方である。この経験は、世界史の方向を確実に変えていくことになる。ここでも、可能性は分散型自立組織（DAO）にある。

## 4 Web3、DAO、ブロックチェーン

マーケティングにイノベーター理論[13]という理論がある。イノベーター理論では、新しいサービスや商品への市場の反応を五つに分類する。それぞれのネーミングと割合を記すと、イノベーター（革新者）2・5%、アーリーアダプター（初期採用層）13・5%、アーリーマジョリティ（前期追随層）34%、レイトマジョリティ（後期追随層）34%、ラガード（遅滞層）16%、となる。

イノベーターは、商品やサービスを最初に購入する層のことである。「オタク」や「マニア」などで、商品やサービスの品質や便益には無頓着、「いち早く試してみたい」という欲求で購買決定をする。アーリーアダプターは、流行に敏感で、自ら情報収集を行い判断する層のことである。新しい商品やサービスなどを早期に受け入れ、他の人々に評価を広めるため消費者に大きな影響

を与える。

「普及率16％の論理」とは、市場の16％にあたるイノベーターとアーリーアダプターを攻略することが商品やサービスの分岐点であるとする考え方である。オンライン飲み会の16％という数字は、ちょうどここにあたる。マーケティングでは、次に「キャズム理論[14]」というのが出てきて、アーリーマジョリティへのマーケティングが重要であるとする。

コロナ禍に、テレワークもオンライン飲み会も普及率16％まではいったのである。そうこうしているうちに、事態が収拾し、昔に戻りたい、という刹那的な欲求が大きくなったと考えれば辻褄が合う。しかし、SDGsが世界の大きな目標とされたように、エネルギー多消費型の環境を大きく変えないと人類は生き延びられないところに来ている。再びまたどうするか、ということが世界中の大きなテーマになる。

この間、イノベーターが一生懸命にトライしているものがある。ブロックチェーン、NFT、Web3、DAOといった新しいテクノロジーをベースにした世界の変革である。これまで何度かこれらの言葉が出てきた。ここまで読み進める間にそれなりのイメージができていると思われるので、あえて詳細な意味合いや技術的に掘り下げることはやめ、ここでは、私たちがどう関わり合うか、という視点から見ていく。

Zoomのテレビ会議やオンライン飲み会で関わり合う、ということから一歩進んで、アバターでバーチャルな世界に入り、そこで関わり合うということがキーである。性別もなく、年齢もなく、全く新しい「わ・た・し」である。アバターはユニークでありたい。他者が認識するものだから、それなりの「カ・タ・チ」が欲しい。もちろん3Dである。世の中には、優れたデザイナーがおり、いろいろなアバターが売られている。良いものはそれなりに高い。ここで流通するのは仮想通貨である。

持ち物だって、人とは異なるものが欲しい。リアルなファッションブランドで有名なGucci（グッチ）が、実はいろいろなアイテムを出している。オークションハウスのChristie's（クリスティーズ）と共同で、NFTオークション「Future Frequencies: Explorations in Generative Art & Fashion」を開催したりもしている。Louis Vuitton（ルイ・ヴィトン）やDolce&Gabbana（ドルチェ&ガッバーナ）、Tiffany（ティファニー）など、名だたるハイブランドがNFT関連プロジェクトを展開している。

DAO（分散型自律組織）とは、中央集権的な管理を必要とせず、ブロックチェーンを基盤にして、世界中の人々が協力しながら管理・運営をおこなう組織のことである。一般的な企業は、階層構造がある中央集権的な組織になっており、トップマネジメントが意思決定の大半をおこない、階層下部にあたる労働者はその指示に従うという構図だが、DAOでは初期段階には先導者がいることも多いものの、基本的に組織的な階層は存在せず、対等な参加者の間で意思決定がおこなわれる。

DAOは独自のガバナンストークンを発行しており、参加者はそれを保有することで、意思決定のための投票権を得られる仕組みだ。DAOの場合は、コミュニティに貢献したインセンティブも、ガバナンストークンを含むさまざまなトークンで支払われる。さまざまなDAOにアクセスできるポータルサイトのSnapshotによると、DAOの数は2021年5月時点の700件から、2023年4月6日では1万3000件まで大幅に増加している。

だれでも参加でき、情報の透明性が高いことを売り物にして、上場しているガバナンストークンも多い。DAOのガバナンストークンは、DAOの中で使用されるだけでなく、仮想通貨取引所やDEX（分散型取引所）で取引されているものが多い。The DAO、Maker DAO、Illuvium DAO、Ninja DAO等が有名である。

メタヴァース上で、新しい動きが始まっている。チャットサービスのDiscord上ではTwitter（現・X）やFacebookといったSNSを超えた新しい動きが始まっている。

## 5　宇宙

2022年2月、ロシアがウクライナに侵攻を開始したが、この戦争は、戦争そのものも大きく様変わりしたことを世界中に示した。ロシアからの侵攻があってほどなく、ウクライナの副首相兼デジタル改革担当大臣のミハイロ・フェドロフがSNS上で「我々はIT軍を立ち上げる」と宣言する。SNSで組織するIT軍が30万人以上集まり、ロシアへのサイバー攻撃を開始する。同時に、支援を仮想通貨で募り、半日で約60億円集まったという話がネット上に流れた。

Twitterでの依頼にイーロン・マスクも反応、通信機器が提供され、2日以内、48時間以内にスターリンクがウクライナでの稼働を開始する。ロシアがウクライナの通信設備を一気に壊滅しようと試みたが、既に打ち上がっているスターリンクのおかげでウクライナ国内の主要な通信は全然変わらない。

スターリンクとは、高度約550キロメートルの地球の軌道上に、約1万2000基の通信衛星を打ち上げ、世界中のどこでも高速インターネットが使えるようにする計画で、この時期までに2000基ほどが配備されていた。日本では、KDDIがこの設備を使い、携帯の基地局間での伝送等で用いている。イーロン・マスクの「スペースX」が衛星を打ち上げるのだが、2022年4月21日の打ち上げを見てみると、53基の人工衛星を搭載したロケットを一気に打ち上げる。

また、ロシア軍の攻め方は、戦車、装甲車による都市攻撃とミサイルによる無差別爆撃であるが、ウクライナにはアメリカの大手防衛機器メーカーが共同で開発した歩兵携行式対戦車ミサイル、ジャベリンというものが提供されている。簡単に運べる。これで戦車をやっつけてしまう。

織田信長の頃の戦争を、確か黒澤明の映画で描写していたが、戦いを始める前に儀式がある。鎧兜で身を固めた両軍の大将が遠く離れて対峙し、太鼓をドンドンとたたいて、それがしは何々、と名乗り合うのである。その後、わあっと攻めていく。鉄砲に着目した信長は一切そんなことはしない。鉄砲隊を3列に配備。じっとしている。相手が無礼なやつらだと、わあっと攻めてきたときに、第1陣発射。ドンとやる。当時は火縄銃なので、少し時間をおいて第2陣発射。また少し時間をおいて第3陣発射、それで相手方はほとんど壊滅した。

テクノロジーとともに戦争が変わっていく。昨今の技術革新にはすさまじいものがある。日本が5Gがどうこう言っているうちに、世界では、こんな空からのシステムが出来上がっている。山に行く場合ももうじき電波の心配がなくなる。そういう時代に我々は生きている。

ウクライナはNATOではないが、NATOはウクライナを支援、世界はグローバリズムの時代から一気に、NATO加盟国とロシア・中国との対立の時代へと転換してしまった。中東の産油国も安易に石油を増産するのではなく、貴重な資源のあるうちにいかに自分たちの国を作り変えるか、という考え方に変わってきている。

宇宙はまさに今のフロンティアである。戦争も陸の戦争から空の戦争、それも宇宙を活用した戦争に変わっている。宇宙からレーザーでピンポイントで特定の人間を倒すこともできる。原発で核廃棄物が問題になっているが、もし、安全にロケットを打ち上げる技術ができれば、宇宙に捨てれば良い。そんな発想も出てくる。しかし、地球の低軌道に乗せるだけでも1キログラムあたり約4000ドルの費用が発生、1基の原子炉に相当する高レベル放射性廃棄物を打ち上げるには年間1億ドルもの費用がかかる、という。人工衛星との衝突や廃棄物の地球への落下の可能性もあるため、実際にはまだ夢物語である。

## 6　人手不足か？　人は不要か？

日本では、少子高齢化の急速な進行を背景として、人手不足が深刻な問題になっている。第二次世界大戦後のベビーブームの世代が定年を迎え、さらに人口そのものが減少に転じている。建設業、医療・福祉、飲食、運送・流通、ＩＴ業界とあらゆる職域で人手不足である。その一方でＩＴによるデジタル化が徐々に進んでいる。特に日本の場合、企業のシステム化は進まず、属人化した技術、仕組みがなかなか更新されていかない。ＤＸ化しないとにっちもさっちも行かなくなってきているというのが現状のように思える。

だから、人手不足とはいってもなかなか額面どおりに受け取れない。60代、70代で働く意思を持っている人も、実際には、短時間のよほど単純な仕事くらいしかない。デジタルと縁遠いと、まず仕事にはありつけない。年金でギリギリの生活は維持できるかもしれないが、国の生産性は低いまま、バブルが弾ける前の蓄えで国全体が生きている状態である。予算は税収の倍、国債がどんどん積み重なる。今の日本は、国全体では、貿易収支は赤字。所得収支まで拡大してなんとか辻褄が合っている。しかし、個人、会社、国は基本的には財布は別である。何かおかしい。

日常を見てみよう。スーパーに行く。セルフレジが増えてきている。コンビニもセルフレジが少しずつ増えている。キャッシュレス化がなかなか進展せず、現金が強い国ではあるが、それでも少しずつキャッシュレスは進んでいる。

ファミレスにもロボットが登場し始めている。テーブルに座ってタブレットで注文、テーブルまで運ぶのは配膳ロボット。支払いもテーブルでできるようになり始めてきている。回転鮨も、居酒屋も猛烈な勢いで人減らしは進んでいる。

システム化がなかなか進まないところには人手がいる。それにしても、スーパーでレジのアルバイトをしていた人はどこにいくのであろうか。ファミレスの店員もどこにいくのであろうか。単純作業を繰り返している限りは、より機械化しにくいところにいかざるを得ない。

生産性の低さは国の力の弱さになる。かつてアメリカに次いでＧＤＰが多かった日本もどんどん低くなり、一人当たりのＧＤＰもどんどん下がっている。今や韓国にも抜かれそうである。ＩＣＴテクノロジーを駆使して、思い切って社会を変革する国はますます発展し、そうでない国はどんどん貧しくなる。前の章で見たように、移動に関するところだけを見てみても、アメリカはドラスチックに変わってきている。日本は、持てるものの間の調整がうまくできず、大きくは変わっていない。

最新のＩＣＴテクノロジーを使いこなす層とそうでない層と、同じ国内でも二極化が始まっている。そんな中でＡＩの進展は、ＩＣＴテクノロジーを使いこなす層に匕首を突きつけているのである。インターネットの登場以来の大きな変革期、私たちは今そこに立っている。

# 第4章
# DX&GXと未来社会

前章までは、コンピュータ技術、特に情報伝達技術ICT、さらにAI技術の発展すなわちデジタル・トランスフォーメーションDX（Digital Transformation）の歴史と現在を、移動に焦点を当てて振り返ってきた。1990年代以降、とりわけ2010年代以降の加速度的な技術発展は、人間の知能を超えた存在の出現を思わせる劇的変化を既にもたらしつつある。

DXはスウェーデンの情報学者エリック・ストルターマンが2004年に提唱した概念[15]で、「デジタル技術が人間生活のあらゆる局面に影響し、引き起こされる変化the changes that digital technology caused or influences in all aspects of human life」を意味する。デジタル・トランスフォーメーションは単なる変革ではなく、すなわち、ICTの単なる革新ではなく、生活のあらゆる局面に影響を及ぼす変革をいう。「進化し続けるテクノロジーが人々の生活を豊かにしていく」のがDXであり、DXに遅れるなというニュアンスで流布するのであるが、彼がいうのは、デジタル技術による破壊的な変革を意味する「デジタル・ディスラプションdigital disruption（混乱、混沌）」、すなわち、既存の価値観や枠組みを根底から覆すような変革ということである。エリック・ストルターマンは、2022年に、社会のDX、公共のDX、民間のDXに分けて三つの分野におけるデジタル・トランスフォーメーションを再定義する。

公共のDXは以下のようである。

「DXは、あらゆる組織や分野でスマートな行政サービスを展開し、革新的な価値創造を支援することができるものである。また、DXは住民をより安全・安心にし、快適で持続可能な社会へと導くことができるソリューションを生み出すことで、住民の幸せや豊かさ、情熱を実現し、地域やエリアの価値を向上させることを可能にする。DXは既存の仕組みや手続きへの挑戦、より住民本位の革新的な解決策を協働で考えることを促す。DXを推進するためには、組織のあり方や文化を革新的、アジャイル、協調的に変革することが必要である。DXは、トップマネジメントが主導して行うものでありながら、全てのステークホルダーが変革に参加することを求められる」

世界史的大転換のもうひとつのクリティカルな局面は、序で述べられたように地球環境問題である。これはDXを意識してGX（グリーン・トランスフォーメーション）と呼ばれる。GXとは、地球温暖化や環境破壊、気候変動などを引き起こす温室効果ガスの排出を削減し、環境改善と共に経済社会システムの改革を行う対策全体をいう。本章では、DX、GX時代の未来生活を展望しながら、都市コミューンの再構築についての様々な課題を考えたい。

## 1　未来からの発想

コンピュータシステムに不具合があるとき、我々は急ぎ修正する。昔はシステムの関係者だけの言葉だった「バグ」や「リセット」も、今や誰もが使う言葉となった。ちょっとしたミスならすぐ対応すれば済むが、修正を繰り返してもどうにもならないということがわかったときは、我々のやるべきことは一気に増える。

本来あるべきシステムを定義し直し、新しく作り始めなければならない。と同時に、今現在動いているシステムでバグ対応を繰り返しながら、どうすれば本来あるべきシステムに移行できるかを考える。移行のために必要なシステムを作り始めるのである。つまり作業は3倍に増える。

コンピュータ屋さんのやり方は、実は、この『希望のコミューン――新・都市の論理』で話題にしている未来についても当てはまる。視点を一気に未来に置くのである。世界はこうなっている。日本はこうなっている。街と地方はこうなっている。仕事はこうなっている…。

漫画家の描いた未来には、参考になるものも多い。例えば、手塚治虫の描いた『鉄腕アトム』の世界は、今から見ると案外実現可能なようにも思える。映画「ターミネーター」で描かれた未来も、今現在の国家間の戦いがドローンとロボットに置き換えられようとしていることを考えると、悪しき未来図のようにも思える。映画「マイノリティ・リポート」の中での、保存された水槽の中の脳が妙に印象に残っているが、ひょっとしてこういった未来が待ち構えているのか、と思うとゾッとするものがある。

砂漠に穴を掘って埋める、これが資本主義だ。ケインズのこの発言は、ケインズ主義の批判者によってしばしば引用される。ケインズの主張は、貨幣や金利などの現代的な経済の仕組みを考慮に入れると、不況のときには政府が公共事業を行うことで需要を刺激し、景気を回復させることができるということである。しかし、彼は公共事業の内容は重要ではなく、たとえ「穴を掘って埋める」ような無駄なことでも効果があると考えていた。

グローバルな時代がロシアのウクライナ侵攻で一気に終息したが、継続するウクライナ戦争で利を得ている人たちははっきりしている。一番は軍需産業に関わる人たちである。ロシアの非人道を責めるよりは、実はもう回らなくなった経済を回す方法がこれしかないのでは、という考え方もできる。

戦時経済で人はギリギリの生活を余儀なくされる。富は国家に吸い上げられるのである。壊された街は、大きな復興需要を呼ぶ。テクノロジーの発達は、街自体を作り変える。しかし、その間に多くの人の命が失われる。戦争の極限状態は、人間を悪魔にも変える。愛する家族を失った人たちには、恨みが残る。生涯消えない。

この間のＩＣＴの発展は、これまでの資本主義の流れを大きく変える。システム屋さんのやり方で、理想的な未来社会を描いてみよう。かつては、ＳＦ的なあまりにも非現実的な未来に見えたが、進化し続けているテクノロジーは、ほとんどのことを実現させうるような気がする。現実をよく見てみよう。移行のためにやるべきことを洗い出してみよう。

凄まじいコンピュータテクノロジーの進展は、かつてとは違った速度で世の中を変えていく。我々はもの凄いスピードで時代が変わっていく世界に生きているのである。スーパーパワーを持った、と思えば良い。ただし、この世界はぼんやりしているとあっという間に取り残されてしまう世界でもある。

## 人口問題の未来

世界の人口について、2020年に米ワシントン大が発表した予測によると、2064年の97億人をピークに減少するとされている。世界の総人口は約80億人を超えた段階であと2割は増えるが、その後減少に向かう。

世界の人口のうち12億人が先進国に、残りは発展途上国に住んでいる。豊かな国は北側に、貧しい国は南側に偏っており、経済格差や貧困などの問題がある。これを南北問題といったが、今日では、グローバル・ノース、グローバル・サウスなどという。先進国の人口については、2050年の予想でも12億人でほぼ横ばい、現在の先進国の人口は減っていくが、インドネシアなどが先進国入りすることで減った分を補うので、先進国の人口はほぼ同じとされている。

しかし本当にそうなのであろうか。お隣り、中国を見てみよう。一人っ子政策の影響もあるが、すでに少子化が進み、人口が減り始めている。中国の人口は2022年末に61年ぶりに減少し、

14億1175万人となった。出生数も2年連続で建国以来の最少を記録した。国連の「世界人口推計2022」では、2050年には13億1264万人になると予測されている。

中国では、ICT技術がどんどん進んでおり、例えば北京、上海といった大都市の街並みは様変わりしている。上海の街を歩くと東京よりも都会では、と思ったりもする。地方との格差は大きいにしても、ICT技術の進んでいる中国が先進国入りする可能性も否定できない。

中国を抜いて世界一の人口大国となったインドも14億人強の人口を有する。ここもまたICT化の勢いは凄まじい。砂漠に穴を掘って埋めるのが資本主義とすれば、先進国の投資の対象はどんどん発展途上国に移るはずである。ICT技術の進展を取り込むことにより、発展途上国の先進国入りはもっと早くなるのではないか。

発展途上国が先進国入りし、程なく人口が減少し始める。世界の人口増加は思ったよりも緩やかに進行していく。先進国が今抱えている問題、人口減少社会の到来は地球規模の話になってくると考えても良い。

発展途上国が先進国入りすることにより、消費文明が進むことになる。石油の埋蔵量は有限であり、エネルギー問題はより深刻になっていく。SDGsの17の目標も改めて地球規模で問い直されていく必要がある。

日本を見てみよう。生活水準が高くなった日本は、晩婚化が進み、婚姻率も下がり、子どもを産まなくなる。人口減少は当初想定したよりも大きくなる。総理府統計局の人口推計によると、2023年8月1日現在の総人口は、1億2454万人と概算されており、前年同月に比べて54

万人減少している。高齢化は続いているが、出生率は低下し続けている。日本の総人口は、2008年をピークに減少傾向にあり、2050年には約1億人にまで減少するとされている。

さらに、日本では、第二次世界大戦後のベビーブームで誕生した人たちが高齢になり、いわゆる後期高齢者になろうとしている。日本は先進国の中でも少子高齢化の勢いがダントツである。福島県郡山市の人口は、2022年末で32万3595人であったが、2022年の出生数は1978人である。高齢化で急には人口は減らないが、約2000人の新生児数は80倍しても16万人にしかならない。同じ福島県の白河市を見てみても、2022年末の人口は5万8076人、出生者数は300人である。ほぼ同じような傾向である。[16]

子供がどんどん少なくなり、年寄りがものすごい勢いで増えてくる。健康年寄りばかりなら良いが、病持ちも相当にいるだろう。この数字から見えてくるのは、いかなる未来か。この日本をどうしていくかを考えることは、世界の先進国のこれからを考えることにもつながる。

## ライフスタイルの未来

インターネット登場以来の二十数年ほど、人々の生活が大きく変わったことはかつてない。Amazonで欲しいものは自宅に配達される。朝、必要なものをネットで注文すれば、夕方帰るときにはもう自宅に届いている。

旅行の予約も自宅にいながらスマホでできる。そのままスマホを持って外出すれば、現金無しで公共交通にも乗れるし、飛行機にも乗れる。レンタカーを借りるとスマホが目的地までガイドしてくれる。タクシーもスマホから呼ぶことができる。Amazonの配達もタクシーの運転手も、専業の人もいれば、自宅に戻るときの小遣い銭稼ぎの人もいる。ギグワーカーの誕生である。必要に応じて働くことができるプラットフォームができているのである。

メディアも大きく変わった。若者は新聞やテレビを見ずに、Twitter（現・X）、Instagram、YouTubeといったSNSで情報を得る。誰もが投稿者になれる。火災の実況中継は、そばに住む人の投稿が一番早い。YouTubeには教育のコンテンツもある。いろいろなことを理解するのに、最適である。

コロナの時代は、リモートが当たり前になった。テレビ会議でコミュニケーションをとる。リゾートに住み、リモートでやりとりをする。ＣＡＦＥでコーヒーを飲みながら会議に参加したりもできるようになった。

医療も大きく変わり始めている。アメリカでは、リモートで診察、薬については処方箋が医師から直接ドラッグストアに送られるといった試みが既に始められている。内視鏡手術支援ロボットのダヴィンチは、従来の開腹手術に代わり普及し始めているが、これも5Gを活用してリモートで行うことが企画されている。

最初にサンフランシスコで自動運転のタクシーが認可されたことを記したが、既に旅客機はパイロットが搭乗してはいても自動運転である。ドローンも自動運転になってきている。レストランでは注文はタブレット、店内を配膳ロボットが動き回っている。

さらに仮想通貨が登場、金融も新たな次元にはいり、企業の意思決定すら新しい仕組みで実行されようとしている。ブロックチェーン技術で所有権や価値の交換がされ始めている。Ｗｅｂ３には、Braveブラウザが登場、デジタルアートやゲームアイテムなどを売買できるＮＦＴのマーケットプレイスのOpenSeaも利用者を増やしている。さらにピラミッドでなくＤＡＯで意思決定がされる組織も現れ始めている。

私たちの日常は、リアルな世界からバーチャルな世界に拡大し始めている。リアルな世界では、ＡＩの進展で人から仕事が奪われ始めている。休みは、週休２日から週休３日へと拡大し始め、既にヨーロッパでは、夏には一か月以上のヴァケーションを取ることが当たり前になり始めている。

## ２＋１拠点生活

新型コロナの緊急事態のとき、東京でのテレワークの普及率はＩＴ関連の企業では50％を超えた。会社によっては勤務ルールを大幅に改め、原則在宅、勤務地はどこでも良いとした会社もある。しかし、感染のピークをすぎると、徐々に見直しが始まっている。アメリカを見ると、AppleやGoogleは、２０２１年9月からは、週2リモート・週３出勤の勤務形態になっている。

フルリモートはさすがにコミュニケーションに問題がある、ということでの見直しが起こったのである。

新型コロナウイルスの感染拡大を防ぐために、安倍晋三首相は2020年2月27日に、全国の小中高校と特別支援学校に3月2日から春休みに入るまで臨時休校するよう要請した。コロナ禍では、日本でも2020年から一部の学校でオンライン授業が実施された。インターネット環境や端末の不足、教員や生徒のスキルやモチベーションの低下、学習効果や進度の確認などで問題があり、きちんと定着するには至っていない。しかし、もう少しのところまで来ているように思う。

原則在宅、勤務地はどこでも良い、というルールが適用されたとき、大きな問題は三つある。住宅ローンを抱えた世帯は、そう簡単に自宅を手放せるものではない。共働きの夫婦でも、どちらかがテレワーク不可なら、対象外である。さらに子どもがいる場合、転校するということは、友だちとの関係が一新される、ということも問題になる。

福井県知事の西川一誠氏の提案がきっかけで、2008年5月から始まったふるさと納税という制度は、そもそもは地方出身者が生まれ育ったふるさとに恩返しするという趣旨の、寄付金額が所得税や住民税から控除されるという制度である。その後、寄付した自治体から返礼品を受け取ることができるところのみが一人歩きし、自治体の特産品やサービスのバーゲンセールのような運用になってしまっている。しかし、そもそものふるさと納税は、新しい地方と都会との関係作りを模索したものである。

ヨーロッパでは、昔から夏のバカンスを長期間とる、というスタイルがある。テレワークをうまく活用しながら、バカンスと組み合わせれば、例えば夏の間は、一家あげて自分のふるさとに帰る、あるいは新しく決めた自分のセカンドの場所に行く、ということも可能になるのではないだろうか。もちろん学校の問題、共働きの問題は残る。それでもよく考えれば、いろいろなやり方ができるのではなかろうか。空き家をうまく活用できれば、空き家対策にもなる。東京と地方で家を一定期間交換する、ということもありである。

2＋1拠点の始めの2はそういった意味合いである。＋1は、アバターで参加するもう一つのバーチャルな空間のことである。既にオフ会というインターネット上で交流のある仲間と直接会うイベントが現れている。バーチャルな空間では、参加者は全く別な名前を名乗ることも多い。もともと趣味や共通の話題を楽しんでいたのが、リアルに会って親睦を深める。アバターファッションがＮＦＴで盛り上がってきている。年に1度、＋1拠点の集まりは、リアルな場所で開催されるのである。

何度も述べているようにＡＩの進展は驚くべきスピードである。仕事はどんどんなくなる。皆の仕事もなくなる。誰もがスタイルを大きく変えなければいけない。人はよりクリエイティブにならないといけない。より社交的な自分を作らなければいけない。歌や踊りもできた方が良い。ＩＣＴ機器は、誰もが使いこなす必要がある。自分に向いている仕事、社会的に意義のある仕事のプロフェッショナルになるのと合わせ、誰かがやらなければならない仕事は、分担して少しずつやれば良い。

人は自分の可能性を高めたい。自分の知識、運動能力が高まったとき、喜びを感じる。同時に、家族もまた大事である。拠って立つ基盤は家族である。子どもは親にとっては宝である。また、社会に対しても誰もが貢献したいと感じる。自分のいる地域はみな歴史を持ち、祭りで皆が力をあわせる。

ＩＣＴのスピードが異常に速い今、ひょっとしたら日本も、あるいは世界も、奈落の底に向かっているのかも知れない。今こそ、皆の総力を合わせて新しい時代への作り変えを急ぐべきときである。

## SDGs

ソビエト連邦の崩壊の後、世界はグローバリズムの時代に入った。地球は一つの共同体である。国境という物理的な垣根は消え、経済、政治、文化が地球規模で拡大する。大都市でのライフスタイルはますます豪奢に、24時間眠らない街が世界中あちこちに現れた。

しかし、果たしてそれで世界は持続できるのか。気候変動、地球温暖化の問題がもはや限界に達している、ということで、２０１５年9月の国連サミットでは、持続可能な開発目標、SDGsが採択される。国連加盟１９３か国が２０１６年から２０３０年の15年間で達成するために掲げた目標であり、17の大きな目標と、それらを達成するための具体的な１６９のターゲットで構成されている。
２０１８年には、スウェーデンの環境活動家、グレタ・トゥーンベリ（２００３〜）がたった一人で「気候のための学校ストライキ」を始め、若者の共感を呼ぶ。２０１９年、ニューヨーク国連本部で開催された国連気候行動サミットでは、各国のリーダーを前に、地球温暖化に真剣に取り組んでいない大人たちを叱責する「怒りのスピーチ」を行い、大きな反響を呼ぶ。その後、２０２０年には世界経済フォーラムの年次総会（ダボス会議）で演説し、地球温暖化対策が何も進んでいないとして各国首脳らを叱責した。

SDGsは、日本でも小学校の教科書で取り上げられるようになったが、理念は理念、経済は経済ということで、日常生活には大きな変化がなく２０１９年までは過ぎてきた。

そこを前述のように、コロナ禍が世界中を襲った。世界は一気に変わるかと思われた。しかし、２０２３年になって世界中でコロナ対策が変わる。経済を止めると社会が死んでしまう。コロナ前の日常に戻そう、という動きが始まる。日本も２０２３年5月以降は第5類移行となり、新型コロナウイルスに感染してもインフルエンザと同じ扱いとなった。東京の朝の電車も混み始める。夜の宴会も旅行も徐々に復活。国内の出張も増え、国をまたいだ移動も復活し始めてきている。

３年間の制限の反動であろうか、人は一気に動き始めた。２０２３年夏には国内旅行はコロナ前と同じ程度に復活する。円安もあり、インバウンドも増加。暑い夏、異常気象は一段と酷くなってきているが、SDGsは忘れられたかのように人は動き始めている。

しかし、ロシアのウクライナ侵攻は継続し、石油代金は高止まりしている。産油国も安易に石油を増産するよりは、高止まりさせたまま、できるだけ長期の収入源とし、その間に国を作り変えようと考え始めている。例えばサウジアラビア。大規模なスマートシティプロジェクト「NEOM」は2022年7月、未来都市〈THE LINE〉のデザインを発表した。〈THE LINE〉のデザインは、道路や車、排気ガスのない、将来の都市コミュニティのあり方を体現している。100%再生可能エネルギーにより稼働し、交通やインフラよりも人々の健康と幸福を優先するよう計画されている。また、開発よりも自然を優先し、NEOMの95%の土地の保全に貢献する。人間を第一に考え、周囲の自然を保護しながらこれまでにない都市生活を提供する都市構想である。[17]

2011年の東日本大震災の際の東京電力福島第一原子力発電所の事故は、石油から原子力へという世界の大きな流れに影響を与える。日本ではすべての原発をストップさせる。ドイツも国内にある17基すべての原発をストップさせる計画を立てる。

しかし、代替となる再生可能エネルギーの開発は思ったようには進まない。ロシアのウクライナ侵攻を機に、原発がストップしていた日本も、原油高、円安といった流れに、急遽、原発再稼働に舵を切った。ドイツでも2023年4月にすべての原発は停止したが、ロシアからの天然ガス輸入がストップ、原発を使い続けるべきという声が上がり始めている。

石油といえば、アメリカには、地中深くにある硬い頁岩（けつがん、シェール）の微細な隙間に閉じ込められた原油が豊富にある。採掘する技術が確立され、2010年代に採掘が急増する。2018年、アメリカはサウジアラビアを抜き、世界最大の産油国となる。しかし、採掘コストが高く、中東、ロシアが市況を見ながら価格をコントロールし始め、今は採掘が伸びていない。

核融合を利用した発電も注目され始めている。日本でも２０２４年の実験プラントでの実証を目指し、京都大学発のベンチャーが動き始めている。[18] 核融合発電は、原子力発電とは異なる仕組みでエネルギーを生み出す。原子力発電に懸念されているような、爆発・暴走・連鎖反応・再臨界・メルトダウンのリスクがない。また、エネルギー源である重水素と三重水素は、水から半永久的に取得できるため、資源枯渇のリスクも大幅に下がる。

石油に代わる代替エネルギーの拡大に世界中が躍起になっている。シェールオイルに対する価格コントロールをする余裕が中東にあるとしても、石油の埋蔵量には限りがある。石油なしではどうにもならない。今は世界中が、SDGsの理念を忘れたように3年ぶりの狂躁に酔っているが、異常気象は相変わらず継続している。早晩、皆が冷静になり、どうあれエネルギー多消費型社会を何とかしなければならないと動き出すはずである。

## 2　迷走する街づくり

こういった未来が見える中で、日本の未来をどう考えていけば良いのだろうか。福島県白河市の出生者数が年間で３００人だった、という例を記したが（本書２４９頁）、その隣りの西郷村では、子ども・子育て支援事業計画を策定し、妊娠・出産・子育てに関するさまざまな支援を実施、出産祝金や保育料の減免、子育て世帯への住宅支援などを始めた。その結果、白河市で働きながら西郷村に住む、という若者が増え、地元では問題になり始めている。支援はそれなりに有効なのだろうが、今現在は隣接する市町村の中での人の移動の問題であり、それがどのくらい大きな流れに変わっていくかは見えにくい。

日本には美しい自然、歴史的な建造物が多く、四季があり、食は美味しい。治安も良い。高品質で人気のある製品も多い。移動に関しては、十分に発達した交通インフラを有する。全国に新幹線網、高速道路網が張り巡らされ、また空港の数も多い。大都市には、稠密な電車、バスのネットワークがある。かつてから見ると勢いがなくなってはいるが、国民の教育水準は高く、また住環境もそこそこのものではある。

大都市の移動のインフラは出来上がっているが、維持管理メンテナンスコストは馬鹿にならないほど大きい。そもそも鉄道事業者はディベロッパーでもある。郊外の土地を大量に購入、住居を開発販売してきた。商業施設も娯楽施設も開発する。都心に通勤するための足が鉄道である。人口が減っていく未来は、鉄道事業者の収益にも大きく影響を与える。バスやタクシーも一般の事業者だけでなく、鉄道事業者も運営している。東京都を例にとると、東西に何本も鉄道が走っているため南北の移動は不便である。ギグワーカーを活用したUberやLyftで、アメリカでは移動が一気に便利になったが、日本ではこれまでの公共交通網まで含めて都市計画の中で考えていかなければならない。

地方は車社会と化している。地方都市ではかつては、駅前に商店街があり賑わっていた。病院もスーパーも駅からそう遠くないところにあった。しかし職を求め、また日常の楽しさを求め、地方から都会に若者は出ていった。人口は大きく減り、空き家も多い。駅前から自宅への移動はかつてはバスや市電が利用されていた。しかし、モータリゼーションが進んだ結果、今は一人一台、車を所有している。利用者の減ったバスや市電はどんどん廃止されていく。

駅から離れたところに広大な駐車場を有する商業施設が現れる。駅前の商店街はシャッター通りと化してくる。高齢者には運転免許証返納が呼びかけられている。しかし、車がないと移動がどうにもならない。地方はさらに魅力を失う。競争がないタクシーの料金は高く、加えて高齢化はタクシーのドライバーにも及んでいる。タクシーがいない街も増えてきている。すべて無計画な都市計画の結果であろう。

最近話題になるスマートシティ構想は、エネルギー効率も、移動も全て理想的に見える。しかし、人は効率のみを求めるのであろうか。そもそも地方には、歴史、文化がある。最新のテクノロジーを駆使したスマートシティからは、歴史、文化が消えている。なぜ東北の夏祭りに人が集まるのだろう。夏祭りのとき、関わる地元の人は、皆で街の歴史を振り返っている。子どもの頃を思い出し、人と人との絆を確かめる。夏祭りに訪れる人もその絆が見えるゆえ、楽しいのである。

新幹線がコンパクトシティを結ぶ。いにしえからの神々、歴史上の事件、独特な自然、一つのコンパクトシティにはその街の歴史がある。広大な駐車場を有する商業施設では、確かに何でも揃う。しかしネットにはもっと何でもある。最近の若者は、買い物はメルカリでする。匿名の売主とのチャットが楽しいとも言う。大規模商業施設すら廃墟になっていくのではないか。

車社会になった地方では、若者は皆で酒を飲む機会がほとんどなくなっている。酔った勢いで顔見知りだった相手の知らなかった一面が見えてくる。そんな経験は誰もが持っているだろう。地方に住んでいても移動が便利なら、むしろ駅の周りに集まり、ワイワイやれた方がよほど日常は楽しいのではなかろうか。

コンピュータ屋さんのことを本章の初めに話したが、稼働しているシステムを作りかえるには、新しいシステムの開発、稼働中のシステムのメンテナンス、さらに新旧のシステムをつなぐシステムを作らなければいけない。もう一つ、新しいシステムを作るときのやり方がある。システム屋さんは、きちんと要件を定義し、整合性を見極め、関係者の了解をとってからシステム開発に入りたがり、出来上がってからの修正を嫌がる。しかし、実際には、出来上がったものに対して修正を加えた方が圧倒的に楽である。今は、「アジャイル」という開発手法として知られている。

まったく新しくスマートシティをつくる、本当にそれで良いのだろうか。そもそも歴史や人のつながりが定義できていない状態での街づくりは、砂漠に穴を掘って埋める、ケインズの罠そのものではないのか。今ある街を変えていくことから始めるべきではないだろうか。

２０２３年9月1日は関東大震災１００周年ということでテレビでは特番が組まれた。改めて防災の必要性を皆が感じた。そもそも東京は過密すぎる。コロナウイルスが蔓延したときも誰もがそれを切に感じたのではないか。確かに速やかにワクチンが開発され、今は一旦の小康状態にある。しかしいつまた次のウイルスがやってくるかわからない。そのときもまた、速やかにワクチンが開発されるかどうか、保証の限りではない。街を変えなければならないのである。人と人との関わり方から変えなければならないのである。街に住む神々との関わり方を念頭におきながら、見つめ直さなければならないのである。

ロシアのウクライナ侵攻、中国による台湾併合への不安、世界が再びきな臭くなっていることの背景には、コロナでの経済の落ち込みに対する国の支援、膨大に溢れ出したキャッシュがあるように思えてならない。ばら撒いたキャッシュを回収しなければいけない。そのためには、人々の生活は極力切り詰め、大きなお金を動かし、次の復興需要を起こさなければいけないという資本の論理があるのではないか。

東京は大きすぎる。地方はいきなりモータリゼーションの進んだアメリカが接続されてしまった。電車、バスの稠密な公共交通網がある日本、コンパクトシティ間を結ぶ新幹線が拡大している一歩先がけた「衣食住交」の「交」ができていた日本が、無秩序に進められた街づくりの結果、少子高齢化でどうにもならなくなっている。砂漠に街を作る類いのスマートシティに走るのではなく、今ある街をどう変えていくか、そこを考え直すべきなのが今である。アメリカの公共交通を変えたライドシェアのモデルも「白タク」で切り捨てるのではなく、どう取り込んで日本の公共交通をどうしていくか、改めて考えるべきときである。

新型コロナウイルスの中の3年間は、未来を構想する上で大きなヒントを与えてくれた。少子高齢化に凄まじい勢いで入ろうとしている日本で、進化し続けるＩＣＴ技術を活用しての未来図を描くべきときである。

## 3　隠岐の島プロジェクト——日本再生プロジェクト

デジタルを活用したスマートアイランド推進のための実証実験が、島根県隠岐の島で進められている。小学生、中学生、高校生をも含む全島民を巻き込み、島のフェリーでの入り口西郷港周辺のエリア整備まで含む大規模なものである。本書の著者の一人、大学時代の同級生の布野が、このプロジェクトに関わった縁で、私も現地に行き、関係者と話す機会を得、その後も関係者とのミーティングを続けている。そうした中で、この隠岐の島こそ、未来の地方都市の実証に相応しいのではないか、と思い始めた。数年かけてほぼボランティアベースで、コンサルを交え、島全体で将来の構想を話しこんでいる。布野によれば、隠岐の島プロジェクトの経緯と現況は以下のようである。

隠岐の島町と島根県が、隠岐の島町の玄関口である西郷港周辺地区のまちづくり計画策定のために、桑子敏雄東京工業大学名誉教授を総合コーディネーターとする「まちづくり談義」と呼ぶ住民との意見交換を開始したのは2018年8月である。翌年、「西郷　玄関口のまちづくり構想」がまとめられ、それをもとにさらに談義が重ねられた。計9回の談義、小学校、中学校での

4回の談義をもとに、また、島根県隠岐支庁の庁内の「まちづくり計画策定委員会」の議論を踏まえて「西郷港玄関口まちづくり計画」が策定されたのは2020年6月である。

基本理念として「海とまちをつなぎ、世代をつなぐまちづくり〜にぎわいと安心・安全の実現〜」を掲げ、「「ターミナルエリアの整備」を核として、「みち」「かわ」「台地」がつながることで、西郷港玄関口地域の活性化を実現します」と謳う。

桑子敏雄さんは『環境の哲学――日本の思想を現代に活かす』（講談社学術文庫、1999年）で知られる、日本各地の公共事業の合意形成にかかわる実践的哲学者である。近著に『風土のなかの神々――神話から歴史の時空を行く』（筑摩書房、2023年）がある。布野が関わることになったのは、2021年からで、「西郷港周辺地区デザインコンペ」の審査委員に招聘されたことによる。布野は、松江市出身で、桑子さんとは、松江市の「大橋川周辺まちづくり検討委員会」（2005〜10年）で一緒だったという。

デザインコンペは2段階で行われ、全国からの42組の応募案からSUGAWARADAISUKE–上條・福島設計共同企業体に決定したのが2022年3月である。以降、立地適正化計画、都市再生整備計画、スマートアイランド事業、デジタル田園都市構想など内閣府、国交省施策と連携しながら大きく動き出している。

そのひとつに「地域公共交通の「リ・デザイン」」という施策展開がある。

私なりにざっと検討項目の洗い出しを行ったのが以下である。

全島民を巻き込んでの新しい街づくりで、交通網をどうするかは、一番の基本である。個人の

移動のデータはスマートフォンからとれる。車の移動もデバイスを装着すれば、より正確にとることができる。プライバシーの問題をどうするかはよく考えなくてはいけないが、どうあれ移動の履歴のビッグデータから理想的なバス路線を設計することができると思える。

大都市、過疎地の双方で交通網の設計を急ぐべきである。隠岐の島で自動運転の区間を設定し、バス路線の一部を自動運転の区画とする。中国、アメリカでは自動運転のタクシーも走っている。日本も急がなければならない。

さらには、電動キックボードまでをも含む全交通網乗り放題のサブスクリプションモデルまで考えると面白い。島の住民が車を手放すことができるかということも調べる必要がある。

物流についても中国では既に積載量1トンのドローンが大手スーパーの拠点間輸送として運行を始めている。島内、島外の拠点間ドローン輸送の実験をすぐにでも始めるべきであろう。島内では、ドローンによる小口配送の実験も始めれば良い。

高齢化が進む中、タクシーの運転手も少なくなる。自家用有償輸送の実証実験も急ぐべきである。対価をポイントで受け取り、地域での助け合いを促進するとか、あるいは地域通貨的なものの一部にしていくとかも島民の感情と合わせ、反応を見るべきであろう。

キャッシュレスも急ぐべきである。単にQRコードのみでなく、顔認証を利用した試み、島内を顔パスでも動けるようにすることまで拡大するのもありである。観光客もフェリーに乗る際、顔認証を登録し、島内を顔パスで動くという体験をさせることができれば、離島観光のモデルともなり得る。

給料の振り込みも電子マネーでも可という制度ができたが、島民に対しては、例えば10％割増の島内のみ有効の期限つきポイント（電子マネー）の供与にトライしてはどうか。観光客には、時期に応じた割増観光ポイントを付与するのもありである。離島である故、店側の協力も得やすく、日本で一番キャッシュレスが進んだ街が誕生する。

医療についてもいろいろなことができる。何かあったときのことを考えると松江市との連携をとるのが一番良い。リモート診療から始まり、５Ｇ（ミリ波）を応用した遠隔手術、手術中は島内の医師も待機といったことまでができる。薬の配送も自家用有償輸送を利用することもできる。

こういった一連のトライアルから、隠岐の島はＩＣＴ開発の拠点と化していく。産業構造が大きく変化することに備え、全島民に対するＩＣＴ教育も進める。最新のＩＣＴ環境のテレワーク施設を整備すると同時に空き家を活用しながら、長期滞在者を誘致する。

海があり牛がいる隠岐の島は、子育てにも良い。教育は、学校が進学塾と連携したリモート授業も活用しながら、質の高い授業を進める。夏の間の長期間滞在者を誘致しながら、日本全国どこからでも仕事、教育の２＋１拠点生活が成り立つような試みを始めていく。そんなことができれば、日本復興の狼煙となっていくであろう。

## 注 notes

1 米国では独立業務請負人（独立請負業者、インディペンデントコントラクターindependent contractor：IC）、オンラインプラットフォーム労働者 online platform worker、契約事務所労働者 contract firm worker、オンコール労働者 on-call worker、および臨時労働者 temporary worker などと呼ばれる。

2 ウーバー・テクノロジーズは、2023年第2四半期の四半期決算発表で初めて黒字となり、営業利益3億2600万ドル（約460億6000万円）をあげた。コロナ禍でのフードデリバリーの成功が寄与したとされる。フードデリバリーによって、僥倖に恵まれた。

3 初年度に1万台が製造された。1913年には史上初のコンベヤラインが完成し、一日に1000台が生産されることになる。生産が終了した1927年までに、総生産台数は1500万7033台に達した。

4 快進社は自動車製造株式会社に引き継がれ、白楊社の主要メンバーは豊田自動織機製作所自動車部に入社している。

5 日本坂トンネルの工事は継続された。

6 国土交通省「国土交通省の MaaS 推進に関する取組について」（2019年12月6日） https://www.mlit.go.jp/maritime/content/001320589.pdf

7 Nescafé 香港「RE/Imagine」ＴＶＣＭ 日本語ｖｅｒ． Https://youtu.be/vYoLQ7ybS9c

8 松原仁「チューリングテストとは何か」『人工知能学会誌』ｖｏｌ．26、ｎｏ．１（２０１１）

9 MIT Technology Review ２０１７年10月18日 Will Knight “AlphaGo Zero Shows Machines Can Become Superhuman Without Any Help”

10 https://www.mlit.go.jp/report/press/content/001371533.pdf

11 自動運転機能は特定条件下に限定され、使えるのは高速道路のみ、しかも渋滞しているか渋滞に近い状態、速度は50キロ以下の場合と定められている。さらに、ドライバーも万が一システムに問題が起こった際にすぐに対応できるように備えておくことも求められている。

12 日本トレンドリサーチ　２０２１・05・28号

13 １９６２年にアメリカ・スタンフォード大学の社会学者エベレット・M・ロジャース教授（Everett M. Rogers）によって提唱された。

14 アメリカのマーケティングコンサルタントである、ジェフリー・ムーア（Geoffrey Moore）が提唱。１９９１年出版の書籍『クロッシング・ザ・キャズム』がきっかけで世間に広がった。

15 Stolterman, Erik & Fors, Anna Croon（2004）,'Information Technology and the Good Life,' Information Systems Reseach

16 郡山市公式ホームページ（city.koriyama.lg.jp）、白河市公式ホームページ（city.shirakawa.fukushima.jp）より。

17 www.neom.com/ja-jp

18 「核融合で日本連合」日本経済新聞　２０２３年5月17日。

提案 proposal

# 創意工夫の地方自治

森民夫
MORI TAMIO

私は、全国市長会会長として大多数の市長の期待を背負って地方分権改革を推進した。この経験に基づき、ここでは、都市コミューン（基礎自治体）が自治・自立・自律することにより、市民生活の現状に即した活きた政策の推進が可能となり、そのことが日本の未来を切り開く原動力になることについて議論したい。

第1章では、全国市長会時代の実体験を中心に地方分権改革の歴史と現状、そして、都市コミューン（基礎自治体）に備わる四つのパワー、①市民ニーズの理解力　②市民の知恵と行動力を活かす市民協働力　③縦割り間の隙間を埋める総合力　④他地域との連携力、を活かして創意工夫することにより先進的な施策が誕生することを述べる。

第2章では、長岡市長として立案・実行した具体的な施策を解説することにより、その四つのパワーを活用して具体的にどのように創意工夫したか、また、そうした施策がいかに有効かということを立証する。これにより、都市コミューン（基礎自治体）の特色ある優れた施策が分散自立型のネットワークの形成にいかに必要かについて立証する。

profile

1949年、長岡市（新潟県）生まれ。1972年、東京大学工学部建築学科卒業。1975年建設省入省。1987年茨城県土木部住宅課長、1990年建設省住宅局建設指導課建設専門官。1995年、中国建設部派遣。1997年建設省を退官。1999年長岡市長当選。市長2期目は中越地震復興に奔走。2008年「地域・生活者起点で日本を洗濯（選択）する国民連合」に参加。2009年、全国市長会長（第28代）就任。2011年4選。2015年5選。2022年旭日中綬章。著書に『地方に住んで東京に通う――コロナ時代の新しい暮らし』。

# 第1章 地方分権改革と都市コミューン

私は、建設省（現・国土交通省）に入省以来国家行政に携わり、一時茨城県庁に出向したこともある。さらに故郷の長岡市長に当選し、全国市長会会長も務めた。また、国家公務員となる前には、行政とかかわりの深い都市計画コンサルタントに身を置いた民間経験もある。それ故、国、都道府県、市町村それぞれの特質を十分に理解しているつもりである。そうした経験から確信するのは、地方分権の確立、すなわち地方自治の成長こそが日本を救う道であるということである。地方公共団体、特に市区町村（以下、基礎自治体又は都市コミューンという）が創意工夫により、地域に密着した多様性のある政策を実行し、そして、相互に連携することこそ最大のパワーが生まれると考える。本稿は、私の実体験に基づく見解である。

1997年、48歳の時に建設省を退官し、故郷長岡に帰り、市長を目指して活動を始めたのであるが、いきなりショックを受けたのは、田中角栄元首相の国家老といわれ選挙区を取り仕切っていた本間幸一さんの一言である。

「森さんは霞が関出身のエリートだから自分が何でも知っていると思っているでしょう。他人の意見を聴くことが苦手のはずです。政治の要諦は選挙民の声を聴くことです。角さんはとにかく聴きましたよ」

翌日から朝5時に起きて農家等を一軒一軒回るといういわゆる草の根型活動を1年半行った。生活や生産の現場には、私が知らない知恵がいっぱいあったし、故郷への愛着と行政への苦情や陳情や政策への提言もあった。そして1999年秋に、共産党を除く全政党とほとんどの市議の応援を受けた有力候補をわずか699票差で破り初当選した。

生活や生産の現場には、様々な思い、意見、提案が詰まっている。これに聴き耳を立ててニーズを把握し、市民と一緒に行政を運営する。これが私の長岡市長としての原点になった。

明治維新以降続いてきた中央集権システム、いわば「上から目線型行政機構」の限界ははっきりしている。現代は、行政の役割と力が一貫して低下してきた一方、市民、市民団体、民間企業等の〝民《みん》〟の力が増大してきた時代である。

むしろ、市民協働どころか、民の知恵と実行力が主体となるべき時代になったと認識すべきではなかろうか。例えば、介護保険制度とは高齢者介護のノウハウが民間に移ったということであり、公共施設運営の指定管理者の増加は市民（消費者）との接点が民間に移るということである。ＰＦＩ事業は資金面だけでなく事業の企画も民間にゆだねるということであり、公共施設等運営事業（コンセッション事業）の増加も同様である。そしてその結果、明らかに行政職員の能力が次第に低下しているという問題が生じている。しかし、むしろこの傾向を前向きにとらえ、行政職員が誇りをもってその責任を果たす新たな仕組みづくり、言い換えれば市民と協働して業務を行うことにより、現場力の向上を図る仕組みづくりが重要である。

行政に携わる者は、自らが強い権力を有しており、油断すると知らず知らずのうちに楽をする方向に流される傾向があることを自覚すべきである。税収を握るのは行政である以上、その力は絶大である。何しろ、経営努力を怠っても税金が入るという仕組みなのである。これは民間では考えられないことなのだ。債務が問題になっているが、行政は仕事をしなければ必然的に財政状況が改善される。民間では考えられない不思議な構造である。債務だけで行政を論じることは誤りである。財源がある以上仕事はできる、いや、財源があるからこそ市民の役に立つ仕事をしなければならないのだ。

地域の多様なニーズに即した活きた政策を立案し実行するためには、現場についての理解力が不可欠である。政策は、その享受者である住民の苦情、要望、評価を的確に把握してこそ活きたものとなる。中央集権システムの限界は、市民の真のニーズを十分には把握しえないところにある。

活きた政策を立案し実行するためには、「虫の目」と「鳥の目」の両方が必要だと思う。「虫の目」とは地域の状況、市民のニーズを正確に読み取る力であり、「鳥の目」とは各現場を俯瞰的に見て、相互比較し、分析する力である。「虫の目」が基礎自治体の役割で、「鳥の目」が霞が関（中央政府）の役割であるともいえる。両者がかみ合ってこそ良い政策展開が行われるはずである。しかしながら、中央政府において、基礎自治体の自治の重要性は概念として理解されてはいるが、長年の「上から目線型行政機構」がすぐに解消されることは期待しがたい。なぜならば、財源を握っているのは依然として国であること、さらに地方を知らない議員、官僚がますます増加している傾向があるからである。

原点は「虫の目」である。政策の源泉はすなわちニーズなのである。ニーズなくして政策はあり得ない。霞が関の机上からは活きた政策は生まれない。現場を重視することを知る官僚に期待しつつも、やはり、私は、都市コミューンが地域の枠組みを超えて水平連携していくことが重要だと考える。市民、市民団体、民間企業も含めた都市コミューンが、課題や政策ごとに相互に連携して切磋琢磨していくことが、日本の未来を切り開く原動力になると確信している。

## 1　自治・自立・自律した基礎自治体（都市コミューン）への期待と現状

我が国の本格的な地方分権改革は1993年6月の衆参両院による「地方分権の推進に関する決議」に始まる。以来30年、様々な改革、特に国から地方公共団体への権限移譲についてはある程度進んだが、国の力は依然として強く、「地方公共団体の自立」は遅々として進まないというのが実感である。

その大きな理由は、財源配分の不均衡である。後に詳述するが、歳入の国対地方の比率は64％対36％なのに対し、歳出の国対地方の比率は44％対56％なのである。つまり、税収の2割近くは、地方交付税や補助金等の名目で、国から地方へ移されているということになる。

以前は、国の補助金や交付金に様々な細かい条件いわゆる「義務付け・枠づけ」が付され、地方自治体の本来の事務（自治事務）を国が縛ることが行われていた。現に、私自身、恥ずかしながら、官僚時代には「義務付け・枠づけ」により地方自治体を「善導する」という気持ちが強かった。いわゆる「上から目線」である。

衆参両院による「地方分権の推進に関する決議」以降、確かに「義務付け・枠づけ」は減少した。例えば、国土交通省の「まちづくり交付金」はまちづくりに関する様々な項目に関して包括的に交付する制度であったし、地方創生のスローガンのもとに制定された地域再生法（平成17年法律第24号）に基づく「地方創生推進交付金」は、地方公共団体が策定する地方創生計画に基づけば自由に使える交付金である。しかし、地域再生計画は、その内容が内閣総理大臣の認定を受ける必要がある。依然として地方公共団体を「善導する」という意識に変わりはないのである。

そして最近憂慮される状況がある。地方公共団体によっては、地域再生計画の策定をコンサルタントに丸投げするという事態が少なくない。石破茂・初代地方創生担当大臣は、就任した２０１４年当時、繰り返し「コンサルタントへの丸投げをしないように」と発言していた。

もちろん、丸投げする地方公共団体に問題があることは否定できないが、組織力がなく不慣れな地方公共団体にしてみれば救いの船なのである。その結果、コンサルタントへの依存は続いている、というより、益々横行しているように思える。コンサルタントにしてみれば魅力的な市場が出現したわけであるし、地方公共団体にしてみれば内閣総理大臣の認定を受けやすい計画にしたいという意識である。両者の目的がマッチした結果、霞が関による全国画一化が減少した分、民間コンサルタントによる全国画一化が進むことになった。まことに、皮肉な経過であるといわねばならない。この傾向は、果たして過渡期に通らねばならないやむを得ない道なのであろうか。

すべての地方公共団体には、他から与えられるマニュアルや指針に盲目的に従うのではなく、自らの自治能力を鍛えながら、自治を実現することを期待したい。すべての地方公共団体の自覚と能力が高まり、自治を楽しむ国になることを願う。

## 2　地方分権改革への遅々とした歩み

### 衆参両院による「地方分権の推進に関する決議」

明治維新以来続いてきた中央集権体制に対して、本格的に地方分権改革の必要が公的に宣言されたのは、既に述べたように、1993年6月の衆参両院による「地方分権の推進に関する決議」である。

その決議は、次の通り、東京への一極集中の排除による国土の均衡ある発展という課題を強調している。また、国から地方への権限移譲と地方税財源の充実強化の2点を課題として挙げている。それにより、多様性のある地方公共団体が互いに切磋琢磨し、あるいは、協働しつつ地方の活力を生みだし、東京への一極集中から国土の均衡ある発展を促そうと考えたのではないかと思いたい。

> 今日、さまざまな問題を発生させている東京への一極集中を排除して、国土の均衡ある発展を図るとともに、国民が待望するゆとりと豊かさを実感できる社会をつくり上げていくために、地方公共団体の果たすべき役割に国民の強い期待が寄せられており、中央集権的行政のあり方を問い直し、地方分権のより一層の推進を望む声は大きな流れとなっている。
> このような国民の期待に応え、国と地方との役割を見直し、国から地方への権限移譲、地方税財源の充実強化等地方公共団体の自主性、自律性の強化を図り、二十一世紀に向けた時代にふさわしい地方自治を確立することが現下の急務である。
> したがって、地方分権を積極的に推進するための法制定をはじめ、抜本的な施策を総力をあげて断行していくべきである。
> 右決議する。

この決議を受けて、翌1994年には、地方6団体により、「地方分権の推進に関する意見書」

が提出された。そして、翌々年の1995年に、地方分権推進法が成立するとともに、1999年に、地方分権一括法が成立し、機関委任事務の廃止という改革が行われた。また、2004年からの三位一体改革により、国税である所得税から地方税である住民税への約3兆円の移譲が行われた。

ここまでは、地方分権改革が一歩一歩ではあるが進んでいたという印象がある。しかし、その後の歩みは、国から地方への権限移譲が中心であり、地方税財源の充実強化は遅々として進まなかった。財源はなく権限のみの移譲では当然のことながら真の改革にはつながらない。地方公共団体、特に市町村は財源が伴わない業務のみが増えたと言わざるを得ない。

## 税財源移譲と三位一体改革

三位一体改革とは、2004年から2006年にかけて実施された「国庫補助負担金の廃止・縮減」「税財源の地方への移譲」「地方交付税の一体的な見直し」を三点セットにした改革のことである。

背景は、小泉内閣による「地方に出来る事は地方に民間に出来る事は民間に」というスローガンの下に、いわゆる小さな政府を目指す動きであった。すなわち、国の財政改革に主眼が置かれていた。そのため、評価は分かれるが、国庫補助事業を削減して地方の創意工夫を促すとともに国から地方への所得税から住民税へのシフトが実施されたことは、我が国においては画期的な出来事であったと思う。具体的には、国税の所得税から地方税の住民税へ約３兆円が移譲された。

その後の地方分権改革は、国から地方自治体への事務・権限の移譲を中心に実施された。２０１１年から２０２３年まで13回にわたる「地方分権一括法」が制定され、国から地方公共団体または都道府県から基礎自治体への事務・権限の移譲や、地方公共団体への「義務付け・枠づけ」の緩和等が行われた。その中で特筆できることとして、例えば、農地・農振制度における権限の一部の地方公共団体への移譲などを挙げることができる。

## 解消されない三割自治

２０２１年度の国と地方の税財源配分の状況を表した図１によると、一見してわかるように、国民の租税の比率は、国対地方で64：36であり、歳出額の比率は、国対地方が44・１：55・９と逆転している。また、地方歳入決算の内訳は、地方税は全歳入の36・１％にとどまっている。いわゆる三割自治の実態は大きくは変わっていない。

## 図1　国と地方の税財源配分状況

### （1）国・地方間の税財源配分（令和 4 年度）

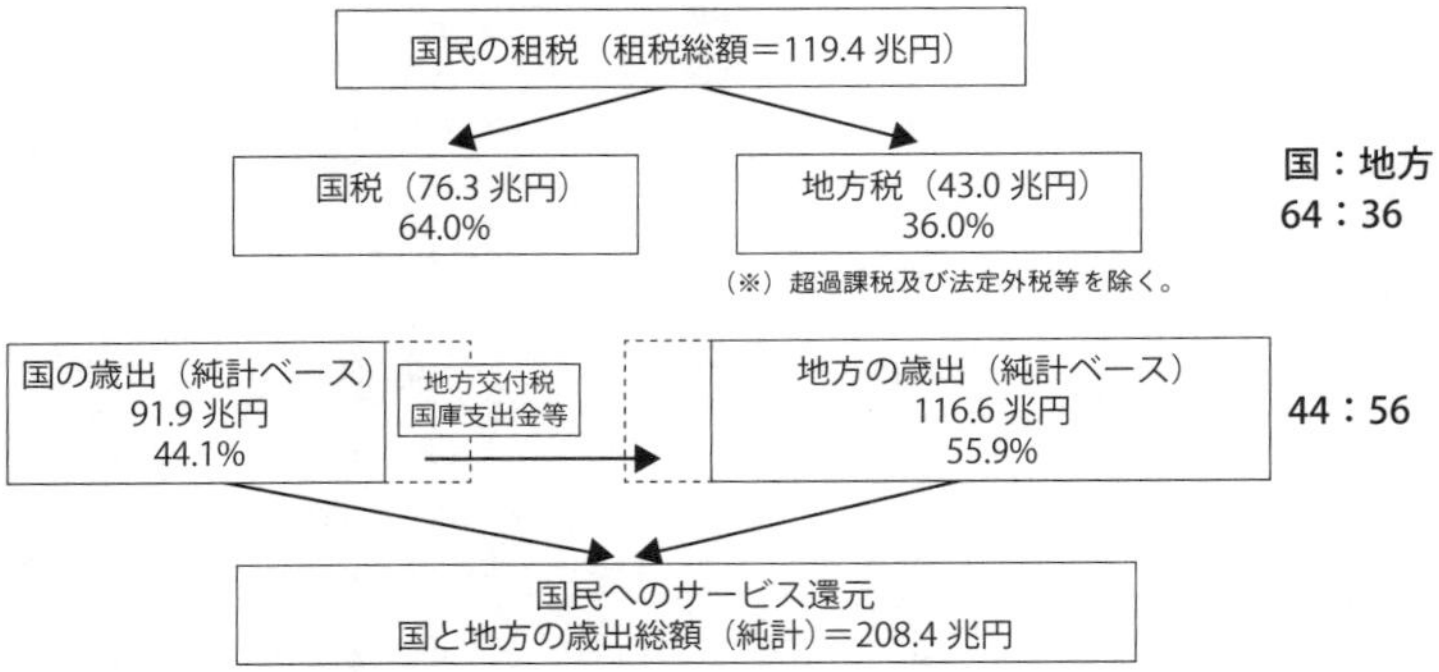


### （2）地方歳入決算の内訳（令和 4 年度）

| 地方税 | 地方譲与税<br>地方特例交付金等<br>地方交付税 | 国庫支出金 | 地方債 | その他 |
|---|---|---|---|---|
| 440,522 億円<br>（36.1%） | 216,158 億円<br>（17.7%） | 266,657 億円<br>（21.9%） | 87,812<br>億円<br>（7.2%） | 208,303 億円<br>（17.1%） |

←　**地方歳入 121 兆 9,452 億円**　→

（注）国庫支出金には、国有提供施設等所在市町村助成交付金を含み、交通安全対策特別交付金は除く。
（出典）総務省令和４年度地方財政関係資料より

## 中央集権の衰退

中央集権の強力な武器は、情報の集中と拡散であったと考える。私が所属していた当時の建設省をはじめ霞が関の中央官庁は、都道府県を通じ基礎自治体の情報を集中管理し、その情報を加工整理して再度都道府県を通じて基礎自治体に拡散することで中央の権威を保っていたのではないかと思う。

マスコミに目を転じても、新聞は3大紙のシェアが大きく、地方紙は宮城、新潟、愛知、広島、福岡等を除き弱体である。地方ならではの報道が少ないことには問題がある。また、地方テレビ局は基本的に東京や大阪のキーステーションの系列下にあり、一部地方向けのニュース等が放送されたとしてもほとんどが全国画一的な番組が主流を占めている。マスコミは、ある意味、日本の中央集権の一画を占めているのではなかろうか？　選挙の洗礼がない権力である。場合によって世論を左右する可能性のある番組が創られ、全国に流されるが、内容の検証が曖昧であることが多々ある。例えば、ジャニーズの創業者に関する報道がほとんどなされなかったことが批判を浴びているが、当時はほとんど見過ごされていたのである。

近年、その情報の集中と拡散が大きく変貌しつつある。インターネットの普及は、地域による情報格差の壁を取り払った。私が若いころは地方同士の電話だけでも大変だった。通話料金を気にしながらのコミュニケーションであった。

現在は、全国どこにいても、様々な情報に接することができるし、また発信することができる。ある基礎自治体でユニークな政策が成功すれば、その情報は霞が関や東京のマスコミを通さずともインターネットで水平に拡散する。

東日本大震災において、基礎自治体同士の水平支援が話題になった。学識経験者は、国が関与して水平支援の枠組みを作るべきだと主張したが、国の動きは鈍く、基礎自治体の動きは素早かった。名古屋市は陸前高田市を支援することをいち早く表明したし、目黒区は気仙沼市を支援することを表明した。なんと「さんま」つながりとのことであった。

全国市長会は、水平支援のマッチングサイトを開設した。被災市が必要とする物資の品名と量をサイトにアップし、支援側の市がそのニーズに応えることとしたのである。中央官庁や市長会を経ずに自然に水平マッチングが行われた。

中央集権の権力の源泉であった「義務付け・枠づけ」による補助制度は減少しつつある。一括交付金や各種モデル事業を通じて基礎自治体の政策立案能力を刺激している。国が主導する各種モデル事業に至っては、基礎自治体のアイディアを情報として収集し、その情報を整理して拡散するという手法にならざるを得なくなっている。既に述べたように、民間のコンサルタントが、霞が関のこれまでの業務を肩代わりしているという傾向も出てきた。基礎自治体にとって、自らの力を発揮し、現場に即した活きた政策を生み出す正念場に立っているのが現在である。

## 地方自治の要「地方単独事業」を認めさせた消費税の地方分をめぐる攻防

「地方単独事業」というなじみのない言葉がある。わかりやすく言えば、国の補助金等の支援を受けることなく地方が独自に実施している政策のことである。まさに地方自治の本来の姿であり、その要というべき事業である。

この「地方単独事業」をめぐって国と激しくやり取りをした記憶がある。２０１１年「国と地方の協議の場」において、消費税の増収分5％のうち国と地方との配分をめぐって丁々発止のやり取りがあった。「国と地方の協議の場」は、２０１１年4月に当時の民主党政権において法制化された画期的な制度である。法制化されて間もなく、消費税の増税5％分の国と地方との割合をどのように調整するかが国と地方の協議の場での重要議題となった。当時の小宮山洋子厚生労働大臣は、法律に基づく社会保障費のみを積算の対象とするという態度で地方6団体と激しく衝突した。この年、正式会合3回、臨時会合5回、分科会4回、合計12回の協議を実施して徹底的に議論した結果、「地方単独事業」2・6兆円分を評価し、結局、消費税引き上げ分の5％のうち1・54％が地方分となった。

私は、今でも、野田佳彦総理大臣や小宮山洋子厚生労働大臣との激しい言葉の応酬を思い出す。国と地方との財源配分において、議論を重ねて合意を得たことは、地方分権改革の歴史上大きな出来事であった。

## 東京都の地方税独り勝ちの是正とふるさと納税

法人２税は東京都の圧倒的な独り勝ちという状況にある。図２は、総務省令和４年版地方財政白書の人口一人当たりの税収額指数である。地方消費税以外の４税目において、東京都の独り勝

産税の人口一人当たり税収額の指数

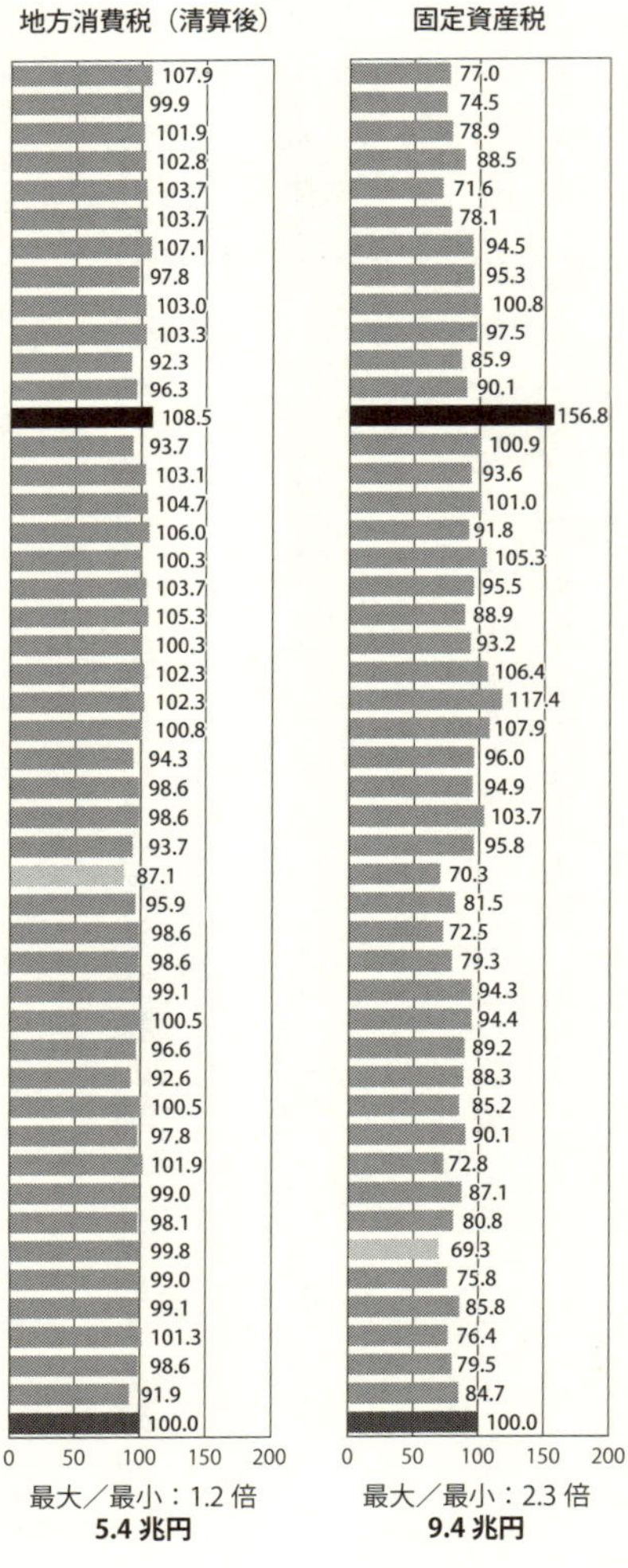


出典：総務省令和４年版地方財政白書

図2　地方税計、個人住民税、法人関係二税、地方消費税及び固定資

（全国平均を 100 とした場合、令和 2 年度決算）

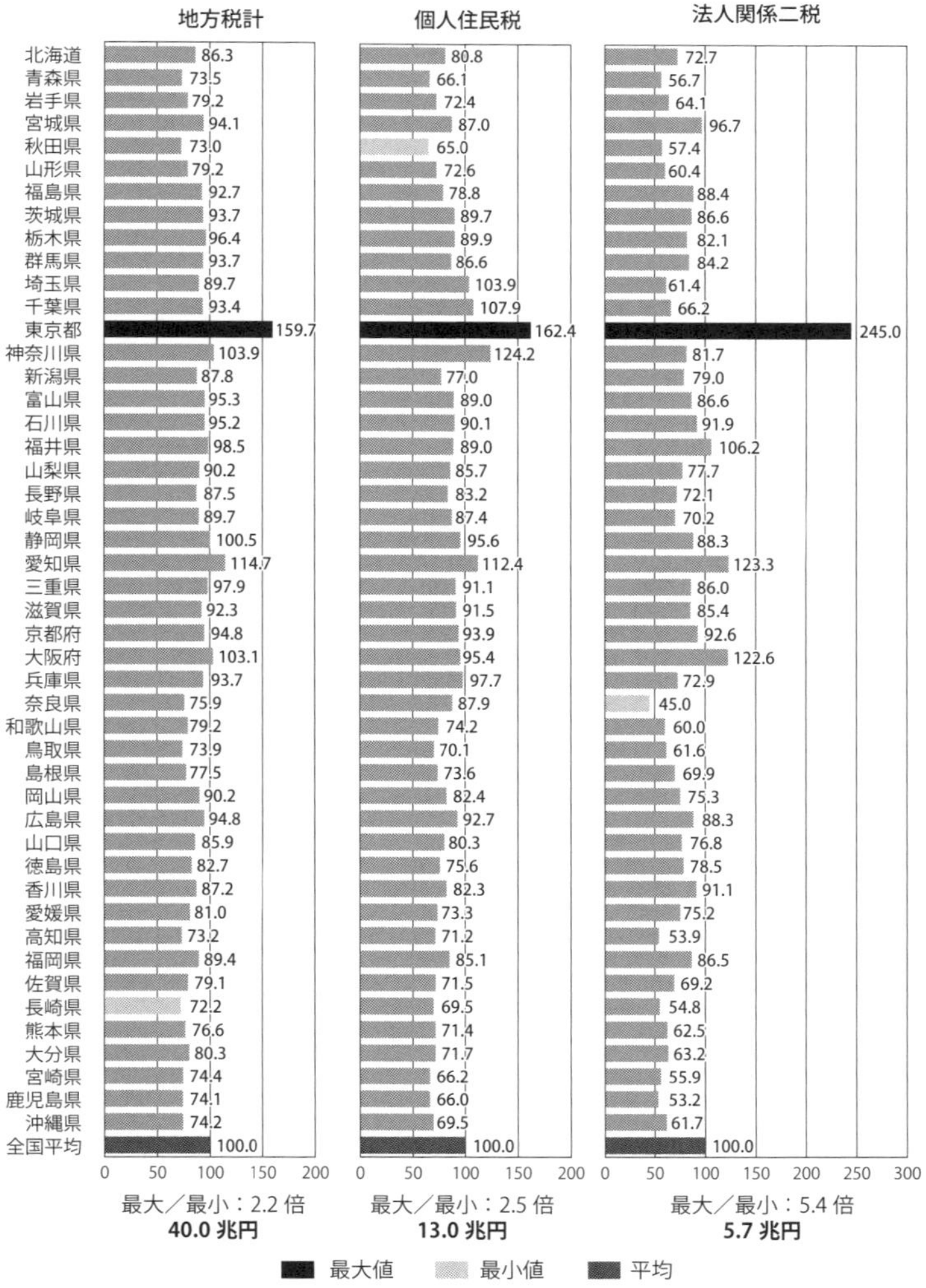

ち（最も小さい県に対して2・2倍から5・4倍）であることがわかる。

ふるさと納税の創設は、東京都の独り勝ちに対する対策の一つでもあった。総務省による「ふるさと納税に関する現況調査結果（令和5年度実施）」によれば、この制度の令和4年度の実績は、約9654億円（2019年度4875億円の約2倍）、約5184万件（2019年度2334万件の2・22倍）ということであり、大幅に増加している。

内容も、地方自治体の創意工夫により、独自の発展をしている。名産品を返礼品とする通常のカタログ型ふるさと納税から、特定の政策に対して納税する政策目的型ふるさと納税に進化した例が増えつつある。具体的には、後述する岐阜県飛驒市の「ペットの殺処分ゼロ政策」への納税や佐賀県の21項目の政策課題に対する寄付「指定寄附」制度等をあげることができる。

# 3　自治なき基礎自治体（都市コミューン）からの脱皮

## 市民協働の意味の変遷

衆参両院の決議は、東京への一極集中を排除し国土の均衡ある発展を主たる目的としている。これはもちろん大切なことであるが、果たしてそれだけであろうか。

市長経験者の実感として、市民と直接触れ合うことができ、市民とコラボレーションできるということは、国や都道府県にない基礎自治体ならではのありがたい価値だと確信することができた。生活や生産の現場のニーズに即した生きた政策は、市民と密接な関係を持つことが可能な基礎自治体の特権である。

以前は、市民や民間企業の活動を行政の下請けとして使うケースがみられたが、これは誤りである。行政は財政力や強制力を持つ反面、公平性に配慮する必要がある。それに対し、市民や企業は、財政力や強制力はないが自由な発想で活動することができる。それぞれ異なる特徴を有するからこそ「共同」ではなく協力して働く「協働」が可能なのである。しかも、最近では、行政の持つ能力よりも市民サイドの問題解決能力の方が勝っているケースが出てきた。だからこそ、市民サイドと協働できる市町村の価値が高まっているのである。「基礎自治体こそ教育、福祉、環境等の市民生活に密着した政策の立案・実行の要となるべき」存在なのである。

市民と協働した基礎自治体によって地域性に応じた多様な政策が創造され、AI時代に特色ある基礎自治体同士が水平につながることにより、さらに新たな政策が生まれ発展していく。だからこそ基礎自治体の役割が益々重要になるのである。

## 地方の知恵を活かさざるを得なくなった国

建設省時代に、私は、地域住宅計画（HOPE（Housing with Proper Environment）計画）という事業に携わった。地域の特性を生かしたまちづくりや住まいづくりを推進する住宅計画である。1983年に創設された。その特徴は、地域の特性に根ざしたまちづくり計画であること、また、都道府県を通さずに直接基礎自治体の首長や地域住民とコミュニケーションをとること、さらに補助は計画に基づいたいわゆるメニュー方式であること等々、当時としては画期的な制度であった。

1988年から1989年にかけて、竹下登首相の発案で、各市区町村に対し一律1億円を交付した「ふるさと創生一億円事業」は、やはり画期的な政策であったと思う。成果については様々な意見があるが、すべて地方の自主性に任せるという決断は評価できるのではないか。地方は、使い道を考えるのにかなりのプレッシャーになったと思うし、この事業をきっかけに地方の自主性に任せることと結果責任も自らが負うという考え方が市民権を得たのではないかと思う。

国庫補助金の多くは、国が推進する特定の施策の奨励のための制度という色彩が強く、地方公共団体は、国庫補助金を得るために国の政策に沿った施策を実行するという傾向があった。補助金のために必要性の薄い事業を実施するというジレンマがあり、補助制度による義務付けや枠づけは、地方分権改革の方向に反するものであった。

既に述べたように、２０１１年から13回にわたる「地方分権一括法」の制定により、国から地方への義務付け・枠づけは相当数解消された。この流れの中で、国庫補助金の多くも、国の政策を細かく義務付け・枠づけする制度からの大幅な改良がなされた。細かく分類されていた補助制度をひとまとめにし、補助内容を地方が選べるようにする流れが起こった。例えば、２００４年度に創設された国土交通省の「まちづくり交付金」（２０１０年度からは、「社会資本整備総合交付金」に統合。同交付金の基幹事業である都市再生整備計画事業として位置付けられている）は、地域の歴史・文化・自然環境等の特性を活かした個性あふれるまちづくりを実施することを目的としている。補助の内容も、計画に位置付けられたまちづくりに必要な幅広い施設等を対象として、道路、公園、下水道、河川、多目的広場、修景施設、地域交流センター、公営住宅、住宅地区改良事業等のほか、市町村の提案に基づく事業や各種調査や社会実験等のソフト事業をも対象としている。地方公共団体の自由度が大幅に拡大した事業である。

この流れは、国が地方を「善導」するのではなく、地方の知恵を積極的に活かす方向への転換であったと考えられる。

## 地方創生事業の果たした役割

そして、地方創生推進事業では、この傾向が益々強くなった。2014年に安倍晋三首相が「地方創生の推進」を重要政策とすることを発表する。そして、地方の人口減少抑制をめざす基本理念を定めた「まち・ひと・しごと創生法」と、地域支援策の申請窓口を内閣府に一元化する「改正地域再生法」が成立した。「まち・ひと・しごと創生法」は、「人口減少に歯止めをかけ、東京圏への人口の過度な集中を是正する」と明記して、2015年度から5年間で取り組む人口減少対策の具体策や、2020年時点の達成目標を盛り込んだ「地方版総合戦略」をつくると規定し、地方公共団体にも総合戦略作成の努力義務を課した。「地方版総合戦略」に基づき、国が「まち・ひと・しごと」に関し財政支援、情報や人材の提供を行う。この国と地方の連携により、あくまで地方公共団体が主体的に自らの地域の活性化を図ることを基本としている。また、地域間の連携を促進することも重視している。

具体的な支援手段としては、新型交付金、政府関係機関の地方移転、特区の活用等を挙げている。また、内閣総理大臣を本部長とする「まち・ひと・しごと創生本部」が設置されるとともに、内閣府に地方創生推進事務局も設置された。
新型交付金は、地方創生推進交付金（まち・ひと・しごと創生交付金）を中心として、地方創生先行型交付金、地方創生加速化交付金、新型コロナウイルス感染症対応地方創生臨時交付金等多様な交付金が創設された。基本的には、これらの交付金は、地方公共団体の発想が活かされやすい制度である。ただし、まったくの自由というわけではもちろんない。地方創生推進事務局から地方自治体宛に次のように通知されている。

地方創生推進交付金の交付対象事業の決定（平成28年度第1回）について

平成28年8月2日　内閣府地方創生推進事務局

（前略）
対象事業
（イ）のいずれかのタイプで申請された先導的な事業を対象として、原則、以下の（ロ）に掲げる事業分野のいずれかに該当し、（ハ）に掲げる事業の仕組みを全て備え、先駆性を有する事業を対象事業とする。
（イ）事業タイプ
（1）先駆タイプ…①官民協働、②地域間連携、③政策間連携のいずれの先駆的要素も含ま

れている事業

（2）横展開タイプ…先駆的・優良事例の横展開を図る事業（上記①から③のうち、二つ以上含まれている事業）

（3）隘路打開タイプ…既存事業の隘路を発見し、打開する事業

（ロ）事業分野

各地方自治体において、それぞれの総合戦略に位置づけられた（ないしは位置づけられる予定である）事業全般を対象とする。

具体例は、以下のとおりである。

（1）しごと創生…ローカルイノベーション、ローカルブランディング（日本版DMO、地域商社）、ローカルサービス生産性向上 等

（2）地方への人の流れ…移住促進、生涯活躍のまち、地方創生人材の確保・育成等

（3）働き方改革…若者雇用対策、ワークライフバランスの実現等

（4）まちづくり…コンパクトシティ、小さな拠点、まちの賑わいの創出、連携中枢都市等

（ハ）事業の仕組み

（1）地域経済分析システム（RESAS）の活用などにより客観的なデータやこれまでの類似事業の実績評価に基づき事業設計がなされていること。

（2）事業の企画や実施に当たり、地域における関係者との連携体制が整備されていること。
（3）ＫＰＩが、原則として成果目標（アウトカム）で設定され、基本目標と整合的であり、その検証と事業の見直しのための仕組み（ＰＤＣＡ）が、外部有識者や議会の関与等がある形で整備されていること。
（4）効果の検証と事業の見直しの結果について、公表するとともに、国に報告すること。また、複数年度にわたる地域再生計画の場合において、次年度の交付金申請を行うに当たっては、ＫＰＩの達成状況等の検証結果を踏まえるものとすること。

一見して、従来の政策を義務付けし枠づけする補助事業と異なり、地方自治体の創意工夫が期待される制度となっている。特に、（イ）事業タイプのうち、「（1）先駆タイプ　①官民協働、②地域間連携、③政策間連携のいずれの先駆的要素も含まれている事業」は、基礎自治体の役割を的確に反映した内容であると評価できる。

ところで、2022年度第2次補正予算において、デジタル田園都市国家構想交付金が創設された。これは、地方創生推進交付金の看板を架け替えたといえばわかりやすい。地方創生推進交付金は、デジタル田園都市国家構想交付金に組み込まれた形になったが、大変わかりにくい改正で混乱が生じた。国が岸田政権の都合で実態はあまり変わらないにもかかわらず名称を変えることは好ましいことではない。

体制も、地方創生の企画・立案、総合調整の組織として、「内閣官房デジタル田園都市国家構想実現会議事務局」が創設され、地方創生に関する法律・予算・制度の運用を担当する「内閣府地方創生推進事務局」とわかりにくい組織構成となった。

いずれにしても、地方創生の掛け声は、地方公共団体の意欲と能力を増進させたことは間違いない。数多くの独自の施策が生み出され、かつ、横につながっていく傾向がみられた。新型コロナウイルス感染症対応地方創生臨時交付金のように自由度が極めて高い場合に制度本来の趣旨と異なる「ばら撒き」的な施策も見られたと指摘されているが、地方公共団体、特に基礎自治体が成長する生みの苦しみと考えたい。

## 国に代わる大手民間企業の役割――基礎自治体との連携

国庫補助事業において、国の関与が相対的に基本的な事項にとどまり、基礎自治体の現場に即した自由な発想が活かされるようになるにつれ、従来の国の役割の代替として大手民間企業や全国的なコンサルタントの参入が目立つようになってきた。基礎自治体は都道府県と異なり最新技術に長けた職員が数多く存在するわけではない。そのため、全国的なコンサルタントや大手民間企業の活躍の場が広がっている。「「都市コミューンのための七つの指針」に対応した優れた施策」の事例紹介で詳述するが、基礎自治体と全国的な企業とのコラボレーションによる新しい施策がみられるようになった。長野県伊那市では、トヨタやソフトバンク等の大手企業とのコラボレーションによるモバイルクリニックが稼働しているが、地方の一自治体と大手企業との連携は、以前はあまり見られなかったのではないかと思う。基礎自治体という「現場」での事業に大手民間企業のノウハウが入ることで、従来考えられなかった施策が実現し始めている。現場の具体的課題に対応することで、基礎自治体も企業も双方が刺激を受けて文字通りイノベーションが実現しているといえる。

一方、弊害も見られる。全国的な企業やコンサルタントが、現場を重視せず中央の価値観を押し付けた場合は、以前の国による義務付け・枠づけの役割を企業が担うことになりはしないかという懸念がある。いずれにしても、現場を把握している基礎自治体が主導権を担えるかどうかが鍵である。

## 4　基礎自治体（都市コミューン）のパワーを活かした創意工夫と連携

### 上意下達の三層構造の問題の克服

国の役割は、何と言っても各地域を俯瞰的に見ることができるという立場にある。一方、基礎自治体は、現場の実態を正確に理解し市民のニーズを肌で感じることができる立場にある。国と基礎自治体の役割分担が極めて明瞭であることに対して、都道府県は、基礎自治体の調整などの広域行政という役割は重要であるが、それ以外の役割、特に国と基礎自治体間をつなぐ役割は、基礎自治体の実力が向上するにつれて相対的に薄れつつある。さらに、ある基礎自治体の政策の突出を抑え基礎自治体間のバランスを取ろうとする傾向があることも否定できない。

日本の行政機構の大きな課題は、国、都道府県、市区町村という順の上意下達型三層構造である。国と基礎自治体との情報の流れが阻害される弊害は解消しなければならない。

我が国で、世界的な企業として発展している企業、例えば、パナソニック、ソニー、ホンダなどの企業は、社長が現場の技術者や営業マンと直接つながる関係にあった。現場のニーズの正確な把握が即会社の経営方針の決定につながっていたという特徴があったのではないか。行政においても、国と基礎自治体とが直結し、市民ニーズが直接政策に反映されれば活きた行政につながるという点では、例示した民間企業と同じではないかと思う。

道州制の議論もその観点が明確であった。ただし、形にこだわりすぎているきらいがあり、本来の目的を再度確認する必要がある。全国を俯瞰的に眺めた見識と現場の目で見た現実とを調和させるためには何が必要かという議論こそ重要である。大切なことは、基礎自治体の持つ現場力と多様性とを重視することであり、しかる後に、広域的な視野で政策を組み立てる権限を持つ国（あるいは道州政府）とのコミュニケーションを充実・強化することである。

## 基礎自治体（都市コミューン）の四つのパワーによる創意工夫

基礎自治体の強みは、次の４点にある。一つ目は、市民ニーズを正確に把握することができる「市民ニーズの理解力」である。二つ目は、「市民の知恵と行動力を活かす市民協働力」である。三つ目は、「縦割り間の隙間を埋める総合力」である。四つ目は、「他地域との連携力」である。

第一の「市民ニーズの理解力」については、解説の必要はないのではないかと思う。血の通った施策は現場のニーズに的確に対応することから生まれる。

第二の「市民の知恵と行動力を活かす市民協働力」は、日本が成熟した民主主義社会を迎えつつあり、市民の能力や自己実現に対する意欲が急速に伸びていることが背景にある。現代は、誰でもネット等を通じて意見を表明したり、培ってきた知恵を活用したりする機会が増大している。その活力は、「生涯学習」などという既存の概念をはるかに超えた絶大なパワーがあるように私は感じている。これを活かさない手はないが、この場合大切なことは市民協働を「行政の下請け」として捉えるのではなく、役割分担と捉えるべきということである。市民活動は、自由で自発的なものでなければならない。行政が持つ「公平性の維持」という一種の限界に対して、市民活動は自由であることが命である。それぞれの特徴を活かしあうことが、協力して働く「協働」である。「協働」により誕生した施策は、当然のことながら、市民の知恵によって培養され活きた施策に昇華している。そして、この市民協働の推進という政策課題は、国や都道府県よりも、市民に一番近い基礎自治体の役割がはるかに大きいのである。

第三の「縦割り間の隙間を埋める総合力」とは以下のごとくである。霞が関（中央政府）は、大変残念なことに各省庁の縦割りを調整する機能が極端に弱い。各省庁が競争することで活力が高揚するメリットがあるという面はあるが、総合的な政策の実現が阻害されるというデメリットは極めて大きい。この霞が関発の縦割り施策、環境、教育、産業、農水産業、交通、建設、労働等に幾本にも分かれた施策は、当然のこと複数の川のように別々の流れになる。この複数本に分かれた流れは、都道府県においても総合化されず、そのまま基礎自治体に流れ着く。そして、まさに市民ニーズと直接向き合う基礎自治体の現場において、縦割りが総合化され、より現場に即した成熟した施策に昇華されるのである。ここ十数年間、このような縦割りを総合化した施策が地方独特の施策として全国で数多く誕生している。

第四の「他地域との連携力」は、国による義務付け・枠づけによる規制が減少し、基礎自治体の創意工夫による独自性が育ちつつある中で、意欲のある基礎自治体同士の横の連携の力が増大しているという事実である。また、インターネットの普及が水平連携の可能性を拡大している。

地域づくりでは住民が自分たちでできるところは行い、できないところは行政が担う。住民と行政が各々の特長を活かし合いながら対等の関係で地域づくりを進めていくことが日本の活力を維持する要だと思う。そのために地方分権を目指すというのが私の信念である。かつての首長は、都道府県を通じて中央政府という上ばかりを見ていた。今は、多様性のある基礎自治体同士が連携するという水平方向を見る時代になった。

全国の市区町村は１７４１ある。私は１７４１市区町村には１７４１のシビックプライドがあると考える。それぞれのプライドが、互いに競い合い、かつ連携することにより、日本が活性化するというのが私の確信である。

# 第2章 四つのパワーにより創意工夫した長岡市の施策の実例

本章では、新しく独創的な施策を生み出す原動力である基礎自治体（都市コミューン）が持つ四つのパワーにより生み出した長岡市の新しい施策について紹介する。

都市コミューンの持つパワーとは、既に述べたように、①市民ニーズの理解力　②市民の知恵と行動力を活かす市民協働力　③縦割り間の隙間を埋める総合力　④他地域との連携力、の四つである。

このうち、①市民ニーズの理解力は、すべての施策を立案する際の基本中の基本である。したがって新施策の立案の際に必ず活かさなければならないパワーである。他の三つのパワーは私が市長として実感し、かつ、大切にしていたパワーである。

以下、私が、市長として自ら体験した、最も熟知している施策展開を中心に詳述したい。

## 1 災害時に機能する都市コミューン

災害対応は都市コミューンを中心にした総力戦である。都市コミューンの持つ四つのパワーが総動員となる。特に、自助、共助、公助の連携が大切であり、②市民の知恵と行動力を活かす市民協働力が最も重要なパワーとなる。また、行政の縦割りなどとは言っていられない状況で、総合的に対応しなければならない。もちろん、国、都道府県の持つ財政力は極めて大きく役割は大きいが、「災害現場」での中心は、現場を知り尽くした都市コミューンである。

災害はいうまでもなく緊急事態である。平常時の常識は通用しない。即断即決を要する緊急事態を乗り切るためには、情報と指揮系統を一元化することが絶対に必要である。情報と指揮系統の交錯による混乱は避けなければならない。その場合、災害現場に密着している市町村長を中心とした市民総参加のパワー、都市コミューンがパワーを発揮することが最も合理的なのである。

具体的な例を示そう。道路は国、都道府県、市町村に管轄が分かれている。道路下に設置された水道と下水道は市町村の管轄である。電気は電力会社、ガスは多くは民間のガス事業者である。これらの復旧工事は相互に密接に関係している。指揮系統の一元化が重要となる。さらに、道路の復旧の優先度は必ずしも国道、都道府県道、市町村道の順ではない。避難所への物資輸送の経路、避難路の確保等により優先順位は異なる。また、水道の復旧は下水道の復旧と密接に関係している。風呂や水洗便所の利用は水道だけでなく下水道の復旧と不可分なのである。２００４年の新潟県中越地震では、比較的早期に復旧した水道に対して、下水道の復旧が間に合わず、緊急にバキュームカーの派遣を他の市町村にお願いした。

こうしたことから、災害予防、発災後の応急対応、及び、復旧・復興の各ステージを網羅的にカバーしている災害対策基本法は、市町村長に広範な権限を付与している。これに対し、一定規模以上の災害に適用される災害救助法は、災害直後に実施すべき応急救助と財源について規定しており、救助は都道府県知事の責務と規定している。ただし、災害救助法第13条第1項により、その責務を市町村長に委任することが多く、避難に関する事務や仮設住宅の建設等は、市町村に委任されることが一般的である。

県と市との関係については、忘れられない思い出がある。新潟県中越地震の際、小千谷市との境界付近の土砂崩れ現場で、親子3人が車ごと生き埋めになり、東京消防庁のハイパーレスキュー隊が出動し、4日後に男の子が奇跡的に救出された。現場は余震により更なるがけ崩れが発生する危険が大きい。残った母子の生体反応はなく、生存の確率はゼロと判断された。二次災害を防ぐためにも救出作業を中止する必要性が高まった。この時、国から連絡があり中止の判断責任者は長岡市長たる私だという。災害救助法が適用されていたので救助中止の責任者は新潟県知事なのであるが権限が委任されていたため責任者は長岡市長だというのだ。現場は、東京消防庁のハイパーレスキュー隊にお任せしてあり、県からは副知事が派遣され現場に張り付いていたため、私にはその能力が不足している事態であった。国の消防庁と色々相談した結果、とにかくご家族の了解が大切というアドバイスに従って、ご家族の同意をいただいたうえ、捜索中止の決定をした。途端に、テレビ中継で救出劇を見ていた全国の現場を知らない方々から抗議の電話が殺到した。災害現場とお茶の間との乖離とはこのようなものなのである。

## 新潟県中越地震

以下、2004年10月23日に発生した新潟県中越地震を経験した市長として、都市コミューンの四つのパワーに留意しながら詳述する。

### (イ) 山間部の強固なコミュニティの役割

中越地震の復旧・復興における最大の特徴は、山間部の強固なコミュニティが大きな役割を果たしたことである。長引く避難所の運営は行政のみでは不可能である。山古志村民の避難所では、食事の配布、清掃、高齢者等の災害弱者の見守り等々の担当者を町内会長(自治会長)が割り振り、スムーズな運営が行われていた。

また、長岡市に建設した仮設住宅は、集落単位の入居としたが、本格的な形としては全国初のケースとなった。このコミュニティ単位の入居については、阪神淡路大震災時の仮設住宅入居を災害弱者優先としたことにより、コミュニティ形成が不十分となったことへの反省があった。災害後間もなく、当時神戸芸工大学学長で私の恩師の鈴木成文先生からファックスが入った。仮設住宅は広場を中心に配置し、計画的にコミュニティが保たれる団地にせよ、とおっしゃるのである。恩師だけに大変なプレッシャーだった。仮設住宅を迅速に建設する必要があったことと土地面積の制約から、結果的に平行配置しかできなかったが、集落ごとに入居する玄関を向かい合わせにする、集会所を集落のコミュニティごとに配置する等の配慮をした。

また、旧山古志村の床屋さんから仮設住宅で営業をしたいという申し出があった。当時の厚生労働省に問い合わせるとあくまで住宅であるから店舗併用はまかりならんという返事。しかし、床屋さんはコミュニティの維持に大きな役割を果たすという観点から厚生労働省の指示を無視して認めることとした。さらに、仮設住宅を利用して高齢者のためのデイサービス等を行うこととした。厚生労働省は、これについてはゴーサインを出した。これらの仮設住宅に関するノウハウは、東日本大震災に引き継がれた。

こうしたコミュニティ尊重の姿勢が、3年間という長期の仮設暮らしにもかかわらず、互いに励ましあうことで孤独死の防止に役立つとともに集団移転の話し合いの成功等に結びついた。結果的に約7割近い住民が帰村することとなったが、高齢者が多かったことと、冬には4メートルに達する積雪があること等を考慮すれば高い帰村率だったと思う。

そのコミュニティパワーは、帰村後の本格的な復興にも大きな役割を果たした。例えばバス路線の廃止に対する対策としてクローバーバスという住民が運営するデマンドバスが今でも走っているが、復興基金等の公的資金の活用だけではなく住民の会費により運営されている。空き家の雪下ろしも集落単位で実施されている。さらに、災害のアーカイブと復興の拠点施設である「やまこし復興交流館おらたる」（「おらたる」は「私たちの場所」という意味）の運営は住民組織により行われている。山の生活は相互に助け合うコミュニティがしっかりしていることにより成立しているのである。

## (ロ) 中央集権的マスコミとの戦い

常時でも災害時でもマスコミを通じた市民への情報提供が大切であることは言うまでもない。平常時は、地元の新聞社やテレビ局をはじめ全国紙の長岡駐在記者と緊密なコミュニケーションを保っていた。しかし、中越地震が発生した直後から東京本社から大勢の記者が長岡に入ってきた。土地勘がなく気心の知れない多くの記者との対応が、やむを得ないこととはいえ、大変煩雑であった。記者会見の際、地名や土地の歴史等の解説に多くの時間を取られる。以前から長岡に駐在する記者さんは、中央の記者に遠慮があるようで良好なコミュニケーションがとりにくい。あるメディアは一週間おきに派遣記者を入れ替える。あるテレビ局にいたっては、マスコミに不慣れな職員にいきなりカメラとマイクを向け、アタフタする場面を切り取る。あるいは職員が口籠ると、何か隠していると勘違いした記者のしつこい追及でトラブルになる。まさに中央集権の弊害である。

そこで、思い切って災害対策本部会議をすべてオープンにし、かつ、地元ケーブルテレビによる実況中継を行った。これにより少しは弊害がなくなったが、それにしても様々なトラブルがあった。ある避難所で、被災者に配布する食料が賞味期限の切れたおにぎりしかないため、試食したうえで問題ないことを確かめて配布した。ある全国紙がこれを問題にして、全国版に「長岡市で賞味期限の切れたおにぎりを配布した」という記事を掲載した。その後、食料が十分に行き渡った時期に、ある避難所で賞味期限の切れたおにぎりを廃棄した。別の全国紙が、「おにぎりを廃棄。もったいない」という記事を掲載した。中央からの記者は記事になれば何でもよいと考えているのではないかとさえ思った。

### (ハ) 復興後の市民による防災活動の活発化

一方、山間部ではなくまち場の旧長岡市においても市民による防災活動が活発になった。災害後、町内会単位の自主防災会が急激に成長し、発災後7年で結成率は90%を超えた。この自主防災会の活動は、非常食の備蓄や避難訓練等に活かされている。

また、(公益社団法人) 中越防災安全推進機構が組織され、アーカイブ施設の運営等を行っている。例えば、中越市民防災安全大学を開校して防災士を養成しているが、発災の翌年2005年から2023年までの18年間で、年間50人前後合計949人が受講している。受講料が1万5000円 (現在1万円) にもかかわらず18年間も続いているということは高く評価できる。また、修了生有志が中越市民防災安全士会 (任意団体) を組織し現在180名が入会し、他の被災地の支援や避難訓練等におけるボランティア活動を行っている。

さらに、NPO法人ふるさと未来創造堂が小中学校を核とした地域防災の普及に大きな役割を果たしている。2017年、長岡市の「長岡市地域防災教育事業」を委託された同法人が、各学校に「防災玉手箱」と名付けて防災情報を随時提供するとともに「御用聞き」による学校訪問を実施。防災に不慣れな先生に対する防災教育のアドバイスをしている。この活動は、2022年度防災まちづくり大賞総務大臣賞を受賞した。「新潟県長岡市における持続可能な防災教育体制の構築～「御用聞き」がつなぐ、学校・地域・家庭の防災教育」というテーマである。

このように市民協働による防災活動がしっかりと根付いていることは実に嬉しいことである。

## (二) 他の被災地への支援

中越地震が発生した直後、対応の参考になる他の災害の資料を探しまくった。しかし、記録集は存在したが、首長の心得の参考になる類の資料は見つからなかった。災害への対応はすべて自ら考え判断するしかなかった。

復旧・復興が一段落した後、記憶が新しいうちに、問題の発生と対応した結果について順を追って記述した図書を出版することとした。ひとえに、生の体験を記述することで今後の災害で苦労する首長や職員の苦痛を少しでも軽減することが私の義務だと考えたからである。したがって、できるだけ実務の参考になるように私だけでなく職員や関係者を含め執筆を依頼した。地震発生の翌2005年7月に『中越大震災――自治体の危機管理は機能したか』と題し、(株)ぎょうせいから発行された。

以来、中越沖地震、東日本大震災、熊本地震等の災害が発生するたびに、被災地の全首長に配布した。わざわざ感謝の電話をくださった首長も多く、中でも熊本市の大西一史市長は、記者会

### 表1　国・県及び他市町村支援活動

| 区分 | 支援団体数・支援人数・台数等 |
|---|---|
| 消防 | 緊急消防援助隊　延べ179隊　700人<br>新潟県広域消防応援隊　延べ80隊　266人 |
| 水道 | 復旧活動: 24団体　延べ2,600人　1,231台<br>給水活動 : 54団体　延べ953人　347台 |
| 環境 | 9団体　延べ1,046人<br>ごみ収集、し尿くみ取り等車両　延べ494台 |
| 都市整備 | 105団体　1,650人 |
| 土木 | 37団体　延べ2,214人 |
| 農林 | 新潟県ほか自治体5団体　延べ225人 |
| 家屋被害調査 | 23団体　延べ1,430人 |
| 避難所・物資等 | 自治体　59団体　延べ5,195人ほか<br>日本赤十字社、行政機関、企業、団体等多数 |
| 医療・保健 | 44団体　延べ1,925人 |

見でわざわざ言及してくださったほどである。

この著書の効果というつもりはないが、本書で強く批判した制度の欠陥や新たに提案した制度の多くが、東日本大震災の被災地に受け継がれたことは確かである。

第一に、コミュニティを重視した仮設住宅の配置は確実に受け継がれた。第二に、山古志地域等における集団移転のノウハウも参考にされた。東日本各地から山古志地域の集団移転の団地の見学に多数の関係者が訪れた。第三に、仮設住宅のための集会所を活用した高齢者向けのデイサービスセンターの開設については、厚生労働省から、「長岡方式」として被災地に通知された。第四に、仮設住宅における理髪店の開業については厚生労働省と揉めた案件だったのだが、東日本大震災以降、中小企業基盤整備機構の「仮設施設整備事業」により正式に建設できることとなった。そのほか、複雑怪奇だったため、相談に手間取った被災者生活再建支援法は、大幅に簡略化された。仮設住宅の面積制限や建設費制限も大幅に改善された。

災害の際は、多くの市町村から応援職員が派遣される。中越地震の際、長岡市も実に多くの自治体から様々な職種の職員の派遣をいただいた。（表1）

したがって、東日本大震災や熊本地震等の際、応援職員を派遣することは当然のことであった。特に熊本地震では、長岡市職員と（公社）中越防災安全推進機構の職員をワンセットにした「チーム中越」として派遣した。大変好評を得た派遣方法だったが、ジャーナリストの江川紹子氏からも評価をいただいた。

**【災害支援】長岡市の官民協働型支援に学ぶ　江川紹子**

Yahooニュース　2016年6月10日17時0分配信

今回の熊本地震では、全国の自治体が様々な支援を行っている。（中略）そんな中で、ひときわ目を引く存在が、新潟県長岡市が派遣したチームだった。市職員だけでなく、地元のNPOなど民間組織がつながる「チーム中越」のメンバーをセットで派遣する官民協働型支援を行っていた。

（中略）

「避難所準備の現場で」

私が直接彼らの活動を見たのは、熊本市が避難所を集約する際、熊本市総合体育館を拠点避難所として準備する作業をしていた現場だった。ここでは、熊本市が全国災害ボランティア支援団体ネットワーク（ＪＶＯＡＤ）に依頼があり、民間組織が避難所の設営準備で重要な役割を果たした。そこで中心的な役割を担っていたのが、長岡市職員とチーム中越のメンバーだった。

（中略）

「官民協働型支援の強み」

チーム中越のメンバーが、被災者から聞いた話を小林伸治さん（総務部市民窓口サービス課課長補佐）ら市職員に伝え、それを対応に生かしてもらうこともあった。

一緒に活動したチーム中越の河内毅さん（中越防災安全推進機構・地域防災センターマネージャー）は、東日本大震災や茨城県常総市で鬼怒川が決壊した水害などの現場も経験している、被災地支援のベテラン。その河内さんはこう言う。

「やはり行政対行政の方が信頼感があるせいか、（熊本市の）行政の人には、僕たち民間より、長岡市の職員が話した方がスムーズに物事が伝わる」

一方、初めて民間と一緒に活動した感想を、小林さんは次のように語る。

「民間の力は大きいと思った。避難者の声は、むしろ民間の人たちが対応した方が本音を拾える。現地では行政職員が疲弊していた。避難所運営が最終目的ではなく、復興のためにやらなければいけないことを集中的にやれるようにした方がいい。避難所の運営も、NPOと行政が役割分担をした方が効率的」

（中略）

「長岡市長に聞く：「官民協働は地方自治の基本」」

最後に、この官民協働型支援の仕掛け人、森民夫市長の話をご紹介する。

――いつ、このような形で支援をすると決めたのか。

「2度目の震度7があった日に、支援を決めました。まず先遣隊が行って、避難所運営がうまくいっていない状況が分かったので、それに関して長岡の経験をしっかりお伝えしよう、と。だからといって上から目線でアドバイザーみたいになるのではなく、避難所運営の一つのモデルを提供しよう、と。自治体の被災地支援というと、被災地の行政のお手伝いをする人を出すことが多いわけですが、うちは明確な意図を持って、避難所運営の経験があって主体的な判断ができる課長クラスをリーダーに、チームで派遣することにしました」

（中略）

――市の職員だけでなく、民間のチームもセットで派遣したのはどういう考えからですか。

「行政だけでは限界がある。市民だけでも、また限界がある。両者が連携することで、初めていろんなことができる、というのが基本です。行政と民間が役割を分担しながら動くことで、ボランティアや市民の力を最大限に発揮してもらいたい」

――たとえば、どんな点で？

「特に大事なのは、被災者の心のケアですよね。特に弱い立場の人には、寄り添ってじっくり話を聞く。ただ、行政はそういうところまでなかなか手が回らない。それに、災害時には、被災した人は不安や不満があるので、行政に対してどうしても要求・追及スタイルになり、対立の構図ができてしまうことがある。これはやむを得ないことなんです。そういう時に、被災者と向き合って、ちゃんとコミュニケーションをとって、一緒に解決の道を探っていく。こういうことは行政は苦手。避難所の運営は、行政だけでは絶対にできない。これは経験ですよ（笑）」

――自治体の長の中には、民間の活動を行政の下請けのように考えておられる方も……

「それが一番ダメです。ただ、市民が勝手に動くと喜ばない首長がいるのは、マスコミも一因。行政と住民が一緒になって努力してうまく行った時にも、メディアは住民ばかりに光を当てるから。特にＮＨＫ（笑）。

それはともかく、市民のアイデアやエネルギーは無限です。本来、行政の仕事はまず、そうしたアイデアやエネルギーをくみ上げること。ただし、くみ上げただけではダメで、公平性も考えながら、それをきちんと政策に昇華させるのが、我々プロフェッショナルの仕事。市民のアイデアやエネルギーだけでは政策にならないが、それがないと動かない。市民と行政は、いわば入り口と出口というか、動機と結果というか、最初からつながっているんですよ」

（後略）

## 2 シティホールプラザ アオーレ長岡——市民協働の拠点

「シティホールプラザ アオーレ長岡」は、JR長岡駅前に立地する全国初の複合施設である。市役所本庁舎、市議会議場、多目的アリーナ、市民協働センター、市民交流ホール等で構成されている。それらの建物群の真ん中に「ナカドマ」と呼ぶ大屋根が架かった市民広場がある。

ナカドマ、多目的アリーナ（ナカドマと一体化されている）、中小の市民交流ホールでは、市民が主催する様々なイベントが開催され、多くの来場者でにぎわっている。また、ナカドマや3階を周遊できるウッドデッキやテラスは、保育園児による遠足やランチコンサートなどに活用され、ナカドマのパラソル付きのテーブルでは、ワンストップサービスの市役所総合窓口に用事がある市民が休憩したり、時間のあるお年寄りがおしゃべりしていたり、塾通いの中高生が勉強していたりする。

これがアオーレ長岡の今日も見られる姿である。「アオーレ」は、長岡弁で「会おうよ」という意味であるが、その名前どおり、市民の交流拠点として成長している。

## なぜ、郊外に移転した市役所を中心市街地に回帰させようと思ったか？

長岡市庁舎は、1906（明治39）年の初代は長岡駅前にあったが、以来3回建て替えられ、次第に郊外へ移転していった。私が市長に就任した際の幸町庁舎は、1977年に建設された4代目であった。駐車場完備の郊外型庁舎であったが、既に業務量の増大に伴う面積不足のため、水道局、環境部、教育委員会の一部と中央公民館は、旧庁舎やごみ焼却場等の現業部門がある位置に分散配置されていた。

また、2005年と2006年の2度にわたり、それぞれ4町村、5市町村との市町村合併があり、職員数が増加したため、庁舎の面積不足に陥った。そのため、商工部と都市整備部は、中心市街地の空きビルに移転させざるを得ない状況であった。

さらに、2004年に中越地震が発生。市庁舎に大きな被害はなかったものの水道等の設備系が破損したため、発災当初は本庁舎が機能停止となった。そのため、耐震診断を実施したところ耐震不足が明らかとなった。

現庁舎の耐震改修と増築を行うか、新しい位置に庁舎を新築移転するかという重い決断を迫られることとなった。

この時私の脳裏をよぎった映像は、姉妹都市トリアー（ドイツ西部）の中央広場であった。広場では、様々なイベントが行われており、花屋さんなどの出店もあり、市民の憩いの広場となっていた。広場に隣接して古い市庁舎があり、常に市民の目に触れる存在であった。市民が日常訪れて親しみを持つまちの中心に市庁舎が存在することにより、市役所は市民に親しまれる存在になっていた。

既に述べたように、私は最初の選挙活動で、市民は市役所や市長を遠い存在と認識していることが肌身にしみてわかったが、私の政治理念である市民協働を進めるためには、市と市民との垣根を取り払いたいとずっと考えていた。

同時に、この時につぎのような市民の言葉や行動が思い出された。

●長岡市は市民の力で発展してきました。互尊文庫も悠久山公園も長岡花火も民間の力で実現してきました。市長は民の力を活用してください。

●長岡駅前（中心市街地）が寂れているのがつらいです。長岡市を訪れたお客さんに長岡市が寂れて活気のない町だと思われたくありません。（必ずしも商店街の活性化ではなく賑わいの創出に軸足がある）

●私は目が不自由なので車の運転ができません。幸町の市庁舎に行くためにはバスを乗り換えなくてはなりません。市役所は誰でも行きやすい場所にあって欲しいです。（車優先による交通弱者の切り捨てに対する批判）

●合併で新しく長岡市民になりました。市役所がどこにあるかわかりません。（市民の象徴として

の市役所のあり方）

●市長に当選してから、高齢者の集いなど多くの地域イベントに招待されたが、どの地域へ行っても、カラオケ、ロックバンド、民謡、ハワイアン等のグループが多数あり、活動の場、特にハレの場を欲していることがわかった。

このような市民の言葉や行動が私の頭を駆け巡った結果、思い切って市役所をまちなかに回帰させるとともに市役所を市民活動の拠点として位置づけたらどうかという構想が次第に固まっていった。ただし、構想にとどまっていては実施に結びつかない。市民や議会に納得してもらうためには様々な角度からの検討が必要であった。

この構想段階で、市役所本庁舎のまちなか回帰の具体的な政策課題は次の６項目であると考えていた。

①中心市街地の活性化を図るとともにコンパクトシティを目指す象徴とすること
②旧庁舎の耐震改修と増築の必要があったこと
③合併により庁舎のスペースが不足していたこと
④高齢者や障がい者等の交通弱者のため公共交通機関の結節点に市役所を配置すべきだと考えたこと
⑤合併した直後の新しい市の市役所はすべての市民が中心と認識する位置にあるべきだと考え

たこと

⑥市役所と一体的に市民が様々なイベントを行うハレの場を整備することにより市民協働の拠点を創出すること

これらの6課題のうち、最も大切にしたいと考えた政策課題が、⑥市民協働の拠点の創出であった。

## 実現までの生みの苦しみ

公共サービスのまちなか回帰の考え方は、初当選2年後の2001年に、中心市街地から撤退するデパートの空きビルを安価に借り受け「市民センター」と名付けて、地球広場（国際交流センター）、長岡市男女平等推進センター、ちびっこ広場（後述する「子育ての駅」の前身）等の公共サービスの場として整備したことに始まる。特に地球広場は、各国の留学生によるイベントの開催等による市民との交流の場として賑わった。

この成功を受けて、市民と学識経験者からなる「長岡市中心市街地構造改革会議」を2003年に設置し検討を重ねてもらった結果、翌2004年に「まちなか型公共サービス」の推進という方向付けがなされた。広く公共サービスとしたのみで、市役所本庁舎という言及はしていないが、その方向の第一歩であった。

その後、2004年の中越地震、2005、2006年の2度にわたる市町村合併を経て、2006年に、市役所のまちなか回帰の方向を確かなものにするため「行政機能再配置検討市民委員会」を設置、検討の結果、市役所本庁舎を中心市街地の厚生年金会館跡地に立地することが望ましいという結論を得た。これにより、市役所のまちなか回帰の方向は一気に進み2007年2月には、「長岡市役所の位置を定める条例」の一部を改正する条例が議決され、市役所本庁舎の位置は厚生年金会館跡地にすることが正式に決定された。

実は、厚生年金会館跡地とは、明治維新までは長岡城の二の丸であった歴史的な地である。戊辰戦争で焼失した後、一時石油会社の用地に使われ、その後、市に寄付されて厚生年金会館となった土地である。

当時の政治の中心だった長岡城に代わり現代の市政の中心である長岡市役所本庁舎が建設されることは、歴史的な意味があるのではないか。しかも、長岡藩は、殿様の牧野公と領民との垣根が低かった藩であるということを第17代当主の牧野忠昌氏から伺い、歴史的な必然性を痛感することとなった。

## 市役所機能の計画的分散配置とワンストップサービス

しかし、ここからの道のりが大変であった。条例改正が行われ、市役所本庁舎のまちなかへの回帰が決定されたが、市役所のほぼ全機能を厚生年金会館跡地に一括して配置するか、中心市街地に計画的に分散配置するかで議論が巻き起こった。分散配置の不便を避ける意味で市役所の郊外への移転が行われてきた一般的な流れに逆行することになるわけだから、議論となることは当然であった。市議会でも侃々諤々の議論が行われた。

この問題については、中心市街地構造改革会議において、市役所機能という狭い視点ではなく〝まちづくり〟という広い視野でみるべきだという意見から分散配置という方向で固まった。ただし、侃々諤々の議論から生み出される成果があるものだ。当然のことながら、市民に「たらい回し」による迷惑をかけないように「ワンストップサービス」の確立が分散配置の前提であることが課題になったのである。長岡市の職員は、「ワンストップサービス」という課題に対して約5年をかけて検討し、受付を訪れた市民が移動することなく申請等の事務が完結するようにした。また、後述する隈研吾氏の設計は職員が受付を訪れた市民のところに直ちに移動してサービスを提供できるようにセクションが配置されている。教育委員会等のどうしても職員が移動することが困難な場合はその部局の権限の一部を窓口セクションに移譲することも行った。また、まちなかに分散配置される部局は、土木部や農林部等の一般市民との交流が少ない部局として、たらい回しを回避することとした。このような努力により、計画的分散配置が実現した。

そして、同年6月には、「まちづくり情報交流大賞」（まち交大賞）の最高賞である国土交通大臣賞をいただくこととなった。これにより、まちづくり交付金の獲得が確実となり、計画の実現に大きな一歩となった。

## 建築設計コンペティションの実施

このような努力の結果、2007年5月に槇文彦氏を委員長とする「長岡市厚生年金会館地区設計コンペティション審査委員会」が始動した。このコンペの実施要領の冒頭は、私自身が次のように書いた。

> 「21世紀の市民協働型シティホール」は、多目的ホールである「公会堂」、全国初となる「まちなか市役所」、そして「屋根付き広場」が融合した〝市民との協働の場〟であります。「行政と市民との垣根をなくし、市民と協働する時代」にあっては、市役所は人が大勢集まるところに立地することが最も望まれると考えております。まちなかにあれば市民の目にも留まり、「行政は市民を、市民は行政を」といったようにお互いの姿が見える市役所になりま

す。そして、屋根付き広場や公会堂では、各種表彰式・激励会などの「ハレの行事」はもちろんのこと、市内各地域のお祭りや特産品展、さらには大規模なスポーツ大会など様々なイベントを開催することにより、新市の一体感をより醸成することができます。市民が集まるところに市長や議員がいて日常的にまちづくりの議論が交わされる、これこそが「21世紀の市民協働型シティホール」であると考えております。

（中略）

いよいよ計画から実践です。中心市街地活性化の起爆剤として、シティホールから長岡発のまちづくりが全国に発信できるよう、多くの皆さんの斬新なアイディアを期待しております。

同年9月の締め切りには67者からの応募があった。そして5者に絞り込んだ上で11月の委員会で公開ヒアリングを行い、隈研吾建築都市設計事務所の案が選ばれた。選定された理由は、大野秀敏副委員長のコメントがわかりやすいので掲載する。

●長岡市が非常にユニークな敷地を選定されたことが印象的であり、公共建築が象徴性を求める志向が続いていたが、街区の中の奥まったところに「場所」を作りたいという市民および市長の思いが非常にはっきり表れたコンペであったと思う。

●当選案はその考え方に対して非常に的確に答えており、今後は、行政がしてやっているサービスから市民と一緒に行うサービスへと変遷していくと思われるが、そのような形に一歩近づく案が得られたと思っている。
●今後建築をつくっていく過程も非常に大切であるので、建築家にお任せでなく、市民、行政の方々が一緒になってつくっていき、運営ができれば、本当の意味で日本発のモデルになるだろうとも思っているので、ぜひ市長にがんばってもらいたい。
●そういう意味で、報道陣の方々にも協力をいただき、公共建築をつくると税金の無駄遣いと言われることがあるが、いいお金の使い方をしたという結果になれば、我々審査をした人間も審査をしてよかったと思える。

## 市長選挙による市民への計画の浸透

ところで、隈研吾氏の案が選ばれる少し前に、3期目の市長選挙が行われた。対立候補の最大の主張が市役所の移転反対であったことで、市役所の移転の是非が市長選挙の争点に浮上した。あるベテラン議員からは、「単純明快な争点がある一騎打ちの選挙ほど危険なものはない。ここは、市役所移転を先送りして争点をぼかすのが得策だ」とのアドバイスをいただいた。しかし、私は、争点をぼかすのではなく、油断せず徹底的に市民に説明する方法を選択した。対立候補は、「ハコモノ反対　ストップ・ザ市役所」のワンイシュー。当時のハコモノ反対の風潮の中で、無視できない相手であった。

結果的に、選挙期間中、屋根付き広場（ナカドマ）を中心とした計画の意味を何度も繰り返し説明することができたことは、幸いであったというべきである。危機感を持って選挙戦に臨むことができたため、関心が高まり多くの市民が私の説明に真剣に耳を傾けてくれた。おかげで、私の強い思いや新しい市役所の概念が徹底的に浸透した。

選挙の結果、3選を果たすことができ、天下晴れて市民に支持された計画が、これまで以上に力強く動き出したことはいうまでもない。

## 市議会議場の1階への配置に対する反対

ところが、最後の難問があった。隈氏の設計では市議会議場をガラス張りにして1階に配置する計画となっているのに対し、市議会が猛反対したのである。市民協働という理念がまだまだ理解されていないのだと改めて思った。徹底的な議論も決着を見ずに、とうとう隈研吾氏に市議会に出席していただき直接説明していただくこととなった。さらに、議長を先頭に数名の議員が、青山の隈研吾建築都市設計事務所まで押しかける事態となった。結果的に隈氏の丁寧な説明により納得してもらったという一幕があった。

## 福祉のカフェ「りらん」

ナカドマに面して福祉のカフェ「りらん」がある。市内の障がい者施設5施設の共同運営で、様々な障がいを持つ子供たちが運営している。スタッフの工夫により、わかりやすい運営上の工夫がなされている。例えば、ドリンクの絵と色で分けられた注文カードを用意し、レジで受けた注文を間違いなくドリンク担当者に伝える。会計は、レジをバーコード対応にすることにより、扱いやすくした。また、長岡市立総合支援学校も作業カリキュラムの一環の接客実習として、月1回参加している。

## 市民組織による運営と市民活動団体のサポート

市民協働の拠点であるアオーレ長岡の運営を行うに当たっては、市民にとって自由度が高く、ニーズに合った運営を行うことが不可欠である。アオーレの運営全般を担当する市民組織として、様々な市民による「市民交流ネットワークアオーレ（後に「ながおか未来創造ネットワーク」に改名）」を構築した。日常的な器具の貸し出し業務から、イベントの企画や実施、広報などの業務を行っている。単なる施設レンタル業ではなく、市民の意欲をどのように実現するかを一緒に考え、手助けする組織である。もちろん、ハードの維持管理、警備、清掃は市が責任を持つ。市の直営でも委託でもなく、また指定管理者でもない、まさに市民と行政の協働による運営体制が実現した。

市民協働センターは、前述した市民センターの発展型である。市民協働拠点のアオーレ長岡として、当初から計画に組み込んでいた。正面のエスカレーターを上がってすぐ左側のわかりやすい場所にあり、老若男女の市民でにぎわっている。ガラス張りの交流ホールや会議室を有し、さまざまな団体・市民の自由な活動拠点となっている。

そして、市民協働センターの中心に「NPO法人市民協働ネットワーク長岡」がある。その役割は、市民団体からの相談業務。市民活動団体が自由な発想で自発的活動を行えるように、きめ細かくサポートすることにある。市民協働センターに寄せられる相談は、実に多岐にわたっている。

①相談コーディネート事業
NPO法人やボランティア団体等の立ち上げ及び運営に関する相談など
②活動支援・事務局支援事業
活動資金獲得の支援や各種助成金情報の提供、イベント企画のサポート
講座や交流会の開催等
③市民活動情報の受発信事業

協働センターホームページ「コライト」、機関誌「らこって」の発行等

## いよいよオープン

これ以外にも様々な問題が噴出したが、とても紹介しきれない。ともかくにも2009年12月に本体工事に着工。東日本大震災による鉄骨納入の遅れなどもあったが、2012年2月に竣工、同年4月にオープンすることができた。

名称は公募により決定した。既に述べたように長岡弁で「会おうよ」という意味であるが、小学生の提案であった。アオーレ長岡の意味が小学生にまで浸透していたことを知り嬉しかった。

下記は、「アオーレ宣言」である。オープンにあたって私が読み上げ、かつ、建築本体にも文書を埋め込んだ。建築物とは自由に使われることにより成長するものであるということをどうしても訴えたかったのである。

> アオーレ長岡は本日、待望のオープンの日を迎えました。
> いつの時代も市民が集い、長岡の「顔」であったこの地に、長岡の伝統である市民協働・市民交流の拠点が、装いも新たに誕生しました。
> 屋根付き広場「ナカドマ」を中心に、アリーナ、市民交流スペース、市役所、議会などの

機能が渾然一体に溶け合う、全く新しいコンセプトを形にした公共建築・アオーレ長岡は、市民の創造性を刺激する、かつてないコミュニケーション空間です。

　限りない可能性を秘めたこの空間を、市民が楽しみながら自由な発想で使いこなしていくことによって、アオーレ長岡は限りなく成長していくことでしょう。

　さまざまな人々が立場を超えて交流し、絆を強めていくことで、合併した長岡市の一体感はよりいっそう深まります。アオーレ長岡が心のよりどころとしていつまでも愛され、市民の誇りであり続けることを確信しております。

　みなさん、アオーレ長岡は未来に向かって、今日から歩み始めます。みなさんの知恵と行動力とで、大きく育てていきましょう。


オープンと同時に、様々な市民イベントの開催や予期しなかった使われ方もされるようになった。

　例えば、ある日、執務中の市長室から3階の木製テラスを眺めると、50人ほどの保育園児の一団がお弁当を広げくつろいでいるではないか。合併した中之島地域の保育園が雨の心配がないアオーレ長岡に遠足に来たとのこと。また、合併した寺泊町の小学生が自分たちの地域を自慢した創作劇をナカドマで演じたこともあった。他にも学校田で実ったコシヒカリを販売に来た小学校もあった。こんなほほえましい光景を見ることができる市長室はここだけである。

　加山雄三さんや平原綾香さん等の長岡ゆかりの歌手が一緒に行うアオーレ音楽祭やアイスス

ケートショー等の、日常では見ることができない特別なイベントもあるが、行政では決して思いつかない市民発のユニークなイベントが行われるようになったことが嬉しい。代表的なイベントとして「高校生長岡ラーメン選手権」がある。商工会議所青年部が企画し、高校生が新しいラーメンを企画し、収支計算から調理・提供まで一貫して行い、訪れた市民に販売して優劣を競うコンテストである。他都市からも参加がある人気ぶりだ。他にも、珍しいビールが飲める「アオーレ！ドイツフェスト」、フラダンスチームが集結する「アロハフェスティバル」、長岡の酒蔵が参加する「美味しい酒にアオーレ」、アオーレの原点「ながおか市民活動フェスタ」、「世界えだまめ早食い選手権」など実に多彩である。

そして、嬉しいことに、オープンして2年が経過した2014年に、日本建築学会賞、日本都市計画学会賞、日本建設業連合会のBCS賞の三つの賞をいただくことになった。特に、日本建築学会賞は業績賞で、隈研吾氏、アートディレクターの森本千絵氏と並び事業を企画した建築主として私も含めた3名でいただけることとなった。建築学を学んだ後に政治の世界に足を踏み入れた私が、何か古巣に帰ったような気がして大変嬉しかった。

## 市民協働条例

アオーレ長岡の工事の進捗に合わせて、「市民協働条例検討委員会」を設置し、議論を行った。

そして、オープンの約3か月後の2012年6月に、長岡市市民協働条例として結実した。

以上、「シティホールプラザ アオーレ長岡」について述べてきたが、今思い返せば、反対を含めた様々な意見が戦わされることにより、計画が固まっていったことは間違いない。次々と提出されるアンチテーゼによってアウフヘーベンしていったのがアオーレ長岡であったとつくづく思う。都市コミューンとは、多様な意見が尊重され、身近な課題だけにマスメディアによる誘導やフェイクニュースの影響が最小限に抑えられ、自由な議論が可能になる場であると思う。全国の都市コミューンからユニークな政策が生まれることは必然なのである。

## 3　子育ての駅——保育士のいる公園

「子育ての駅」とは、雪国の冬でも遊べる屋内施設にベテラン保育士が常駐、保護者が顔見知りになった保育士に何でも気軽に相談できる場である。

また、子育て世代だけでなく、おじいさんやおばあさんもお孫さんを連れて一緒にお弁当を食べていたりする。若いお母さんと高齢の方との交流も見られる。また、こわれたおもちゃを修繕する高齢者、子育て講座を開催するＮＰＯの方々、絵本の読み聞かせを担当する高校生など様々な人たちが「子育ての駅」を訪れており、多世代交流の場となっている。また、十分な駐車場が整備されているため、市外からも多くの親子連れが訪れている。

施設名は「子育ての駅　千秋　てくてく」。公園施設として国庫補助も導入。全国初の子育て相談ができる公園施設として都市公園（千秋が原南公園）の一角に、2009年5月にオープンした。ここがかつて全国的な注目を浴びた田中金脈の土地であることは、今はほとんど知られていない。そして、大変多くの市民からの要望が寄せられたため、現在、旧長岡市に3か所、合併した旧市町村ごとに10か所、合計13か所の子育ての駅が運営されている。

次に、「子育ての駅」を企画した経緯を都市コミューンの持つ四つのパワーごとに解説する。

## 市民ニーズの理解力

●ある時、郊外の公園に多数の自家用車が駐車していることに気が付いた。インタビューしてみると、結構遠くから来ているようだ。最近の若い母親は、子どもを公園デビューさせる場所に近所の小規模な公園ではなく設備が整っている公園を選んでいることがわかった。

●ある母親が市長である私に「自分の子どもの発達が遅れているのではないかと心配している」とおっしゃったので、私は「市役所に相談窓口があるので気楽に来てください」と返答した。

ところが、「市役所みたいな怖いところに聞きにいけません」と返された。ショックだった。子育ての悩みを抱える多くの母親が気軽に相談できる場所を求めていることが身にしみてわかった。

●別の母親の相談に、今度は、「保育所に設置された子育て支援センターに行かれたらどうですか」とお答えしたら、「他の母親に漏れはしないかと心配です」と返ってきた。匿名性が重視されていることに気が付かされた。

●また、「冬に子どもを遊ばせるところがないので困っている」という意見が出された。その時、雪国の都市公園になぜ冬でも遊べる体育館のような施設がないのかと疑問に思った。

このような経験が重なり、かねてから冬でも思い切り遊べて、かつ、子育て相談ができる場所が必要ではないかと考えるようになった。

そして、転機が訪れた。中心市街地のデパートが丸ごと撤退することになり、長岡市が空きビルを借りることとなったのである。色々な市の施設を配置する検討をする中で、4階のワンフロアーのすべてを幼児の遊び場として開放、同時にベテランの保育士を配置して子育て相談ができる施設とした。2001年に「ちびっこ広場」と名付けてオープンしたところ、駐車場がないという弱点にもかかわらず大盛況であった。現場に置かれた自由記入ノートを見ると、記入された様々な相談事に対し保育士が赤ペンで答えを記入している。大変な数であった。中には、姑との関係相談まであった。

駐車場を完備した施設への要望が高まったが、新築となるとハードルが高い。利用者の意見や子育て支援団体、保育園等の要望を聴き、建築計画を固めていった。

## 市民の知恵と行動力を生かす市民協働力

建築計画の立案にあたってNPO団体をはじめ市民からのヒアリングを行い、どのような機能やスペースが必要かを固めていった。

例えば、市内には子育て中の母親からなる子育てサークルが多数存在していた。ほとんどが数人の小規模サークルであったが、横の連携はほとんどなかった。子育てサークルの連携を図ることが課題となった。また、その方々に運営に参画していただくことにした。

「ちびっこ広場」の利用者の意見から赤ちゃんコーナー、絵本コーナー、おままごとコーナーなど子どもの年齢に応じたスペースの確保、親子で持ち込みの飲食ができる休憩コーナー、子ども一時預かり所も設置することとした。

また、市内の専門学校の学生さんの協力も得られる見通しとなったほか、おもちゃ修理の同好会等の市民団体にもイベントへの協力を打診した。

このように建築計画が固まるとともに、完成後の協力も得られる見通しが立ったのである。

## 縦割り間の隙間を埋める総合力

都市公園は国土交通省都市局公園緑地課（現・公園緑地・景観課）の所管であり子育て支援施設は厚生労働省の所管である。

当時、私は公園緑地課を訪問し、子育ての駅を国庫補助事業として認めていただくように要請した。当時の都市公園法には、公園内の施設には用途制限があり、かつ、建蔽率２％という厳しい制限があったが、長岡市の現状を説明した結果、公園の役割には子育て支援もあることを理解していただいた。子育ての駅を「運動施設」として解釈することとなり、国庫補助の対象としていただいた。また、厚生労働省には、必要性と有効性を理解していただき後押ししていただいた。

その後、２０１２年に都市計画法の改正があり、条例により建蔽率を10％まで緩和することができることとなった。また、２０１７年には、国家戦略特区特例の一般措置化として都市公園で保育所等の設置が可能になった。

「子育ての駅　千秋　てくてく」のオープンは、２００９年である。この長岡市の取り組みが法改正の一つの契機となったと自負している。

## 他地域との連携力

その後、近傍の見附市をはじめ、多くの市町村に類似の施設が広がっていると承知している。特筆すべきは、山形市の「シェルターインクルーシブプレイス コパル（山形市南部児童遊戯施設）」である。「子育ての駅　千秋　てくてく」の延べ床面積1282㎡の3倍近い3175・90㎡という規模で、大型遊戯場、図書コーナー、図工コーナー、視聴覚コーナー、多目的室、体育館、休憩・飲食コーナー、子育て相談コーナー、授乳室、ボランティアルーム、売店等を備えた総合施設である。大人向けのイベントも企画しているなど、大変充実している。担当者のお話では、「てくてく」にも視察に来ていただいたということで、参考にして発展させていただいたことは、大変嬉しいことである。

# 4　熱中！　感動！　夢づくり教育——教員サポート錬成塾

## 中央集権的な教育界の体質

教育政策は、教育の機会均等というスローガンのもとに中央集権的な体質が抜け切れていない政策分野である。小中学校の教員の給与は都道府県が負担、国がその3分の1を負担している。また、公立の小、中学校の先生の人数の基準は、法律によって決められている。

文部科学省、都道府県教育委員会、市町村教育委員会（政令指定市を除く）の三段構成のヒエラルキーは堅固である。人事権、新規採用権は、都道府県教育委員会が握っている。不祥事が発生すると文部科学省、都道府県を通じて市町村教育委員会に対し指導がある。現場を預かっているのは市町村教委で校舎の建設・維持等の教育予算は市町村長の責任であるが、政治的関与を排除するという名目で市町村長の教育政策に対する関与は禁止されている。

２０１５年4月1日から施行された「地方教育行政の組織及び運営に関する法律の一部を改正する法律」は、教育委員会、教育長、首長の権限をめぐり中央教育審議会において徹底的な議論が行われた成果である。私は、委員の一人であった。実は、全国市長会においては、以前から市長には、教育に関する権限が、教育長の任命と予算を除いて認められていないことに不満がくすぶっていた。実際、選挙に際し教育政策を公約に掲げる市長候補者が一般的であったし、市民も首長のリーダーシップに期待しているという私なりの実感があった。したがって、教育委員会、教育長、首長の権限をめぐる議論は全国市長会としても関心が高い課題であった。

当初、文部科学省は教育委員会の教育委員長（多くは民間の方）を廃止し、教育長が委員長を兼ねるという案を提示した。首長が任命するとはいえ一行政職員の教育長がすべての権限を握ることは民主主義の原則に反するのではないかという懸念があった。また、政治的中立を保つためとはいえ、市民により選挙で選ばれ、かつ、予算提案権とその執行権を持つ首長が教育方針等に関する権限が全くないことは疑問である。さらに教育とは「教育界」という狭い世界だけで完結するものではなく、福祉政策や産業政策、環境政策等の様々な政策とのコラボレーションが必要で、その役割を担うことは首長がふさわしいのではないかという点を主張した。

審議会で全国教育長会議の代表が意見を述べたが、教育に関する知識や経験は十分でも他の政策分野とのコラボレーションについてはあまり関心がなく、文部科学省の官僚と同じ目線であるということが明らかであった。教育に関する知見は申し分なくとも選挙の洗礼を受けない「教育専門家」のみによる文部科学省を中心としたヒエラルキーが一層強固になるのではないかという懸念があった。

侃々諤々の議論の結果、まず、「総合教育会議」を市町村に義務設置し、その議論の結果に基づき、当該市町村の教育に関する「大綱」を首長が決定し、具体的施策は、その範囲内で教育長が裁量するということとなった。教育政策を他分野も含めた俯瞰的な視野で、かつ、基本方向を定めた「大綱」を十分な議論の上で首長が決め、現実の教育施策は現場を知る教育長が行うという役割分担による良き関係が構築されたと思う。

## 施策立案の切っ掛けとなったひとりの母親の言葉

市長に就任して間もなく、市民との懇談会で、翌年小学校に入学するお子さんを持つ一人の女性が、「自分の子どもだから成績には期待していませんが、そのために先生に差別されないかとても心配です」とおっしゃった。そして、自分は授業についていけずとてもつらかったこと、先生が優等生をえこひいきしていたという話が続いた。ショックだった。元教員だった教育長に、こんな話があったことを伝えると、うなずきながら長岡市教育委員会で実施したアンケートを見せてくれた。長岡市教育委員会が実施した「子どもに身につけさせたい能力」と題したアンケート調査で、市内の小、中学校の保護者4651人、教員1502人が回答（五つ以内の複数回答可）したその結果であった。

第1位は、保護者、教員ともに「読み、書き、計算などの基礎学力」で、それぞれ、81・4％、92・0％、第2位は、「友だちをつくることや他人とのコミュニケーション能力」で、それぞれ80・4％、84・1％、第3位は、「あいさつや礼儀など、社会生活を送る上で必要な態度や習慣」

で、それぞれ68・5%、54・15%であった。

２００７年、文部科学省の中央教育審議会委員に就任した際、ちょうど政府による「教育再生会議」がはじまった時期で、学力の低下がマスコミを中心に声高に叫ばれていた。その雰囲気の中で、このアンケート結果を中央教育審議会委員に説明したところ、少なくない委員が賛意を示してくれた。ある文部科学省幹部は、「毎日学力だけの議論で閉口していました。これが多くの皆さんの本音なんですね」と、感激してくれた。

## 長岡市での検討

教育長と十分議論を重ね、２００４年に教育委員会に検討会議を設置し「これからの長岡の教育のあり方」について議論してもらい、翌２００５年から、「熱中！ 感動！ 夢づくり教育」としてスタートした。

「子どもたち一人一人に夢と自信を育みたい、夢をもっていきいきと生きる子ども、自信をもって堂々と生きていける子どもを育てたい」、またそれに向けて最も必要なことは「子どものやる気や学ぶ意欲を引き出すこと」であるということが基本理念であった。

目標は、「豊かな体験と確かな学びで夢を描き志を立てる力と生き抜く力を育む」こととし、２０１５年には、「社会性とコミュニケーション能力」、「ふるさと長岡への愛着や誇りを土台に社会に貢献できる資質・能力」を追加した。

これらの目標に向けて、子どものやる気や学ぶ力を引き出すために、次の三つの方策を柱とした。

方策1：どの子にもわかる授業の実現
方策2：地域の力、市民の力を生かした教育の推進
方策3：熱中・感動体験の充実

方策1には、①教員の資質・指導力を向上させるための事業と、②人的・財政的支援で教育環境を充実させる事業の二つがある。

なお、これらの柱は、2019年に見直しが行われたが、「熱中・感動体験の充実」等の骨格は変わっていない。

「方策1：どの子にもわかる授業の実現」としては、

**・教員サポート錬成塾——教員の資質・指導力を向上させるための事業**

2003年度から全国初の事業として実施した教員サポート錬成塾は、教科の指導技術の向上だけでなく、教師としての在り方や人間性を磨くことを狙った教員養成研修である。

教員は新潟県の権限で（市に相談なく）、数年で市外に転出する。そのため、本事業の予算化にあ

たって、長岡市の単独予算で実施すべきではないのではないかという意見もあり、徹底的に議論した。その結果、長岡の子どもたちのためには「どの子にもわかる授業の実現」と「信頼され感動を与えることができる教師の育成」が必要という大局的判断のもとで事業化を決定した。事業内容は次のとおりである。

●長岡市が独自に雇用した指導力と人間性に優れた教員ＯＢが、１年間15回のマンツーマンで教員を指導。
●経験の浅い教員を対象としたベーシックコースと、中堅からベテランを対象としたクリエーティブコースの2コースを設定。
●当初は年間22名の受講者でスタートしたが、最近では年間約１００名に達している。２００３年から２０２３年の20年間で受講者数は１４８２名となっている。
●ベテラン教員ＯＢは、当初2名から出発したが現在は9名に増員されている。

長岡市教育委員会によれば、「マンツーマン指導であるため、伸ばしたいと思っている力や課題に応じたきめ細かな指導を行うことができ、授業の技能に加え、児童生徒に接する姿勢を含め、人間性の成長につながること」や、「多忙化に伴い学校現場において若手教員の相談に乗ったり指導をしたりする時間が十分に取れにくくなっているため、錬成塾がその役割の一部を担っており、受講生の人間的な成長と教師として自信を持つことにつながる」などの効果があるとしている。

**・教育環境を充実させるための人的な支援**

アシスタントティーチャーを約50人配置している。また、英語教育、国際理解教育の一層の充実に向けた、外国語指導助手（ALT）と日本人英語指導員（JTL）を、小・中学校のほか、幼稚園、保育園に派遣している。

教育環境の充実につながる学校への財政支援として、「学校・子どもかがやき塾」と銘打ち、1校平均40万円を使い道の限定がない学校の裁量で使える予算として各校に配布。特に夢のある企画に対しては、夢企画として追加配当を実施（現在は廃止）。例えば、総合的な学習の時間に地域のボランティアの方などから長岡の歴史を学ぶ平和学習を実施し、その成果を劇としてまとめて発表したりしている。

「方策2：地域の力、市民の力を生かした教育の推進」としては、

**・「ようこそ『まちの先生』」事業**

地域の人材を学校に招聘し、教科の学習や総合的な学習の時間などで、学習活動を支援してもらっている。米の収穫や栃尾地区の伝統工芸品である〝てまり〟づくりの指導など、様々な場面で地域のみなさんに先生として活躍してもらっている。

他に、「就学時家庭教育講座」や「思春期向け次代の親育成事業」を実施している。

「方策3：熱中・感動体験の充実」としては、以下のような多彩な事業を実施している。

●「ロボホン出前授業」とは、シャープの小型ロボットロボホンを活用したプログラミング教育推進事業で、外部講師を派遣する出前授業である。子どもたちはロボホンのプログラミングに夢中になって取り組んでいる。

●「小・中学生ロボコン教室」は、NPO法人と長岡技術科学大学の協力で、小学校のクラブ活動の時間にロボット製作を行う。また、中学生を対象にしたロボコン教室も実施している。

●「ジョイフル里山木工塾」は、雪国植物園内の木工体験施設で、4年生以上の小学生が豊富な材料から自由に作りたいものをイメージし、ボランティア指導者の指導のもと、充実した機材を利用し、木工作品製作を行う。

●「夢づくり工房in長岡造形大学」は、大学教授の講師と学生のアシスタントによる普段の授業ではなかなか経験できない作品づくりや体験授業を夏休みに実施する。

●「縄文体験教室」は、縄文遺跡での活動や道具づくりなどのさまざまな体験を通して、縄文時代の暮らしや文化を学ぶ。

●「親子わくわく魚ランド」は、水族博物館の魚を飼育する裏側の仕組み、飼育員の仕事の体験を通し、水中生物の生態などを学ぶ。

### 他都市への波及

「熱中！　感動！　夢づくり教育」については、当初他都市の教育委員会からの視察が相次いだ。特に、教員サポート錬成塾は、全国的な把握は困難であるが、新潟県内では、上越市、三条市、十日町市、見附市、津南町等に類似の制度として波及している。いずれも長岡市の制度が原型である。

## 5　長岡市立総合支援学校のカリキュラム改革

１９９４年、長岡市は小学部と中学部からなる長岡市立養護学校を開校し、１９９９年に高等部も設置した。２０１２年に長岡市立総合支援学校に名称変更、２０１５年に高等部が分離独立して長岡市立高等総合支援学校としてオープンした。

以下に詳述するように、両学校のカリキュラム改革は、①市民ニーズの理解力　②市民の知恵と行動力を活かす市民協働力　③縦割り間の隙間を埋める総合力の三つのパワーがかみ合った事業である。

市長2期目の2006年のことである。長岡市立養護学校高等部の卒業式に出席した際、保護者のひとりの「子どもが卒業することは嬉しいが、明日から行く場所がなく一日中家にいることになります。どうしたらいいのか困っています」というつぶやきが耳に入り、大きなショックを受けた。

校長先生に伺ったところ、先生方は必ずしも特別支援教育専門の先生ではないこと、また、学校と市内の福祉関係事業所や就職を受け入れてくれる企業との交流も少ないとのことであった。先生方は、新潟県教育委員会の人事で異動する。養護学校は文部科学省所管の「学校」なのであった。

さっそく長岡市教育委員会と相談して、卒業後の就職に役立つカリキュラム改革に乗り出した。教育長、校長先生をはじめ関係する方々は積極的に取り組んでくれたと記憶している。結果として、就職に結びつく作業学習を大幅に取り入れることとなった。

2012年度、業務用の食品加工設備やクリーニング設備を始めとする、就労した際に使用する設備等の予算を計上して導入、新しい教育課程を本格的に実施することとなった。

作業学習は、「①委託、②食品加工、③接客・介護、④農工、⑤清掃・クリーニング、⑥事務、⑦リサイクル、⑧自主製品製作」の8分野とし、作業学習班を編成して実習を実施。また、作業学習支援員を9名雇用し、学習を支援することとした。

また、次のような行政、企業、個人の応援も得ることとなり、閉鎖的だった学校が地域に開放された。これにより就職先になりうる企業等と生徒との接点ができ、スムーズな就職に結びつく効果も得られたのである。

①委託
・石塚化学産業新潟工場（ペットボトルキャップ分別後の受取）
②食品加工
・PATISSERIE　CAFE　VIGO（マフィンの製造指導）
・長部商店（材料納品、クッキー製造指導）
・野いちご工房（菓子製造指導）
・県環境衛生中央研究所（検便）
・長岡地域振興局（食品衛生責任者資格取得）
・長岡保健所（材料表示、賞味期限表示の指導）
③接客・介護
・長岡看護福祉専門学校（ベッドメイキング指導）
・ビジネスマナー講師　1名
・長岡市社会福祉協議会（「福祉のカフェ　りらん」実習の場提供）
④農工
・JA越後ながおか営農センター（畑作業の実地指導）

⑤清掃・クリーニング
・太平ビルサービス（清掃技術指導）
・平野クリーニング工場（クリーニング技術指導）
⑥事務
・長岡公務員・情報ビジネス専門学校（パソコン操作指導）
・県立歴史博物館（作業用チラシの作成業務提供）
・ビジネスマナー講師　1名
⑦リサイクル
・花園サービス（缶、ペットボトル分別後の受取）
⑧自主製品製作
・トーカイ（縫製指導）
・技術講師：栃尾紬研究会（縫製指導）、他2名

《その他1：校内作業実習》
・三喜商事（作業用の紙、箱の提供）
・グロー（作業用の段ボール提供）
・北海紙管長岡営業所（作業用ロール紙の提供）
・ワークセンターざおう（作業用チラシ、箱の作成業務提供）

・県立歴史博物館（作業用チラシの作成業務提供）
《その他2：製品販売》
・アオーレ長岡「福祉のカフェ　りらん」（実習場所提供）
・イオン長岡店「福祉のパレット」（実習場所提供）

事例 case

# 「都市コミューンのための七つの指針」に対応した優れた施策

森民夫

MORI TAMIO

ここでは、布野修司による「都市コミューンの論理」第3章において解説された「都市コミューンのための七つの指針」各々に対応した特色ある優れた施策の具体的事例を詳述する。

各事例は、国の施策を先取りしたもの、その地域の特性やプライドを活かしたもの、国と連携して全国のモデルになるもの等様々であるが、いずれも、それぞれの首長の良きリーダーシップのもとに、創意工夫した施策である。驚きを禁じ得ないほど数多くの先進的な施策が出現していることを詳述する。地方分権が着実に定着していることの証として、これらの優れた施策が分散自立型のネットワークを形成し、世界的な社会変革を起こす原動力となることを議論したい。

なお、事例の選定にあたっては、元内閣官房まち・ひと・しごと創生本部事務局地方創生総括官で現在全国市長会事務総長の稲山博司氏をはじめ多くの方々のご意見を参考にさせていただいたことに感謝したい。

profile

1949年、長岡市(新潟県)生まれ。1972年、東京大学工学部建築学科卒業。1975年建設省入省。1987年茨城県土木部住宅課長、1990年建設省住宅局建設指導課建設専門官。1995年、中国建設部派遣。1997年建設省を退官。1999年長岡市長当選。市長2期目は中越地震復興に奔走。2008年「地域・生活者起点で日本を洗濯(選択)する国民連合」に参加。2009年、全国市長会長(第28代)就任。2011年4選。2015年5選。2022年旭日中綬章。著書に『地方に住んで東京に通う――コロナ時代の新しい暮らし』。

## 1 オートノミーAutonomy（自治・自立・自律）の原則

杉並区の岸本聡子区長の『地域主権という希望――欧州から杉並へ、恐れぬ自治体の挑戦』（岸本２０２３）によれば、ヨーロッパでは、国家やＥＵという強い権力に対し、難民問題、地球環境問題等の諸課題に対し、地域から敢然と物申す「ミュニシパリズム（地域主権主義、自治体主義）」が成長しつつあるという。しかも、バルセロナ、ボローニャ、ナポリ、グルノーブル等の都市が相互に交流し、グローバルなネットワークを形成している。まさに、本書の主張の先駆け的な事例である。

顧みて、我が国では、中央政府に敢然と物申すという事例は少ない。これは、自主財源が少ないことが主な原因であるが、近年ふるさと納税の成長とともに、自立を目指す基礎自治体が出現していることもあり、自治・自立・自律への気概を持つ首長は少なくない。全国市長会会長時代には、自治・自立・自律を目指す実に多くの市長と知り合った。都市自治体が自立し、多様な政策を立案し実行することこそ日本を救うという気概で取り組んでいた市長のみなさんの顔が思い浮かぶ。しかし、政治のみならずメディアや経済を含めた中央集権体質がしみ込み、かつ、いわゆる3割自治の我が国で、完全に自治・自立・自律することは極めて難しい。ここでは、オートノミーの原則を貫く気概がある都市コミューンの事例についていくつか挙げてみたい。

## 北海道上士幌町――人口減少等の課題を克服し自立へ

最初に紹介したいのは、北海道上士幌町の人口減少等の課題を克服した自立への取り組みである。上士幌町は、帯広市の北約35㎞の位置にあり、面積６９６㎢、人口４８０５人（２０２３年8月31日住民基本台帳人口）の町である。

人口は、１９５５年の１万３６０８人をピークに一貫して減少、５０００人を切るに至ったが、２０１６年には、人口４９１７人、社会増72人、自然減41人、人口増31人と増加に転じた。２０１７年は、社会増99人、自然減28人、人口増71人、２０１８年は、社会増62人、自然減50人、人口増12人である。若い世代の転入が多いのが特徴である。近年、人口増が鈍化しているとはいえ、増田寛也氏の『地方消滅――東京一極集中が招く人口急減』（２０１４）によれば、上士幌町は８９６の消滅可能性都市に含まれており、２０４０年の推計人口は２７９５人であった。

一体、なぜこのような人口増が起きているのか[1]？

竹中貢町長は、ふるさとの持つ資源を最大限に活用して町を自立させるという強い意志、先を見通す力、単一施策ではなく複数の施策を総合する能力、職員をやる気にさせるリーダーシップの四つのパワーを持つリーダーである。

上士幌町が掲げた「スギ花粉リトリートツアー」には感心させられる。上士幌町にはスギ花粉が一切飛来しないという土地の特性を活かし、都会で花粉症に悩む人々を対象に、花粉症に悩まされる期間に、ぬかびら源泉郷に長期滞在してもらい、大学の協力を得て免疫力等を測定するというプログラムで、健康と観光を結び付けた総合力の企画である。

そして、２００8年に制度化されたふるさと納税への的確かつ素早い対応が、飛躍への大きなきっかけとなった。以前から、ＳＮＳの活用による情報発信、及び、農業の6次産業化を旗印にした特産物の開発を行ってきたという基礎があり、ふるさと納税制度にいち早く取り組んだ結果、２０１3年に北海道1位の2億４３５０万円の納税額を得る。翌２０１４年には9億７４７5万円、２０１6年には、何と21億２４８2万円に達するのである。上士幌町のふるさと納税が成功した原動力はいくつかあるが、特筆すべきは、寄付者をリピーターとし、さらに町のファンにする仕組みづくりと寄付金を町の活性化につなげる工夫の二つである。

上士幌町は、２０１5年に、都内で「ふるさと納税大感謝祭」を開催する。納税をしてくださった方々を招待して感謝する全国初のイベントであった。その後、２０１7年には「上士幌まるごと見本市」と名称を変え、飲食だけでなく地元の産業の紹介、起業の相談、住まいの紹介、子育ての相談など、上士幌町への移住の総合相談会へと進化する。ふるさと納税を財源だけの効果に限定せず、寄付をきっかけに上士幌町を知ってもらい、移住や交流人口の増加に結びつける総合的な施策としているのである。

ふるさと納税の拡大以前から、上士幌町は、移住体験ツアーの実施、お試し体験住宅の設置など移住希望者の立場に立った事業の実施、また、空き店舗の活用による起業者の募集など、移住政策を推進してきた。そして、ふるさと納税の返礼品の製造拡大による従業員の増加、企業誘致による働く場の確保、また、定住促進賃貸住宅建設助成事業や住宅新築助成等の住宅施策等、諸々の施策を総合的に展開するのである。２０１４年には、「ふるさと納税・子育て少子化対策夢基金」を創設し、子育て支援、少子化対策に資する福祉、教育、医療等の幅広い分野に適用している。特に、「保育料無料化」は、人口増に大きな役割を果たしたと考えられる。２０１０年には、移住・定住のワンストップ窓口として「ＮＰＯ法人上士幌コンシェルジュ」が設立され、生活体験モニター事業の運営、移住体験者に対するケア等を行っている。

このような総合的な移住促進政策が移住者の増加に結びついたのである。移住・生活体験利用者は、２０２０年までの約15年間で、５３２組１２８５人に達している。そして移住者は、同じく１０８組２１４人という驚くべき数字である。

２０２０年には、「かみしほろシェアＯＦＦＩＣＥ」を２０２２年には企業滞在型交流施設「にっぽうの家」を建設し、さらなる企業誘致を図っている。また、２０１７年に国交省の実証調査事業として採択され、自動運転バスの公道での実証実験を開始し、２０１９年に日本初の公道における貨客混載、２０２１年に雪道運行の実績を積み重ね、２０２２年12月１日から、自動運転バス定期運行を開始した。さらに、買い物弱者に対するドローン配送や牛の受精卵の農家へのドローン配達等の実証実験も行っている。そして、後述するように、家畜排泄物を利用したバイオガスプラントを整備し、糞尿の発酵過程で発生するバイオガスで発電した電力を域内供給することで、再生可能エネルギーの地産地消を進めている。

このように、次々と打ち出される将来を見据えた政策には目を見張るものがある。まさに自立を実現しつつある町である。

## 福島県相馬市――東日本大震災における市長のリーダーシップ

大規模な災害からの復旧・復興は、行政だけではなく被災者を含む都市コミューン独自のマネジメントが重要である。もちろん、国道や大規模な構造物の復旧事業は国や都道府県の力が必要であるが、現場を熟知し被災者に寄り添ったマネジメントができるのは、行政と被災者の協力関係を総合的に構築できる基礎自治体である。

東日本大震災が発生して間もなく、長岡市と友好関係のあった相馬市の立谷秀清市長（後に全国市長会会長就任）への激励のために同市を訪れた。長岡から車で出発したが、郡山、福島を経て、飯舘村を通るころ、携帯した放射線測定器がガリガリ鳴りっぱなしで、さすがに緊張したことを思い出す。

相馬市は南相馬市のすぐ北に隣接しているが、立谷市長のリーダーシップにより、無秩序な市外への避難は抑えられていた。市の災害対策本部会議に出席して驚いた。市の幹部（消防長を含む）のほか福島県警の警察官と自衛隊の幹部が出席していたが、立谷市長は、警察や自衛隊の動きの報告を受け、指示も下していたのである。警察は県、自衛隊は国の管轄であるから、市長の権限は法的にはない。非常時の実態に即した対応であった。緊急時には警察も自衛隊も連携しなければならないことは当然であるが、このような事例は、全国的にも珍しいのではないか。

もちろん、災害時には、市当局、消防、警察、自衛隊の連携は必要不可欠であり、連絡を取り合うことが当然であるが、市町村側には県や国に対する遠慮がどうしてもある。緊急時の納得事項であるにせよ、災害対策本部に出席して、市長の指示（法的には依頼ということだろうが）で動くという例はないのではないか。立谷市長の強力なリーダーシップと警察及び自衛隊の現場を重視した大人の態度に感心させられるとともに、相馬市の復旧が秩序だっていた理由の一つがこうした連携にあったことは間違いないと思う。

## 兵庫県明石市――国に先駆けて必要なことを実施する気概

### 嫡出子か否かのチェックを廃止した出生届

明石市前市長の泉房穂氏は、弁護士、社会福祉士、元衆議院議員であり、マスコミOBという経歴である。2011年4月24日執行の明石市長選挙に無所属で立候補し、5万406

2票を獲得、2位とわずか69票差であった。

泉房穂前市長期業績としては、子育てしやすいまちづくり関係の施策が評価されているが、ここでは国の制度と真っ向渡り合った施策について詳述することとしたい。

2013年10月1日、明石市は、「嫡出子」か「非嫡出子」かをチェックする欄のない出生届を導入したと発表した。泉前市長は、「チェックを入れる際の心理的な負担を受ける市民をできるかぎりなくし、同時に多様性に寛容な社会にする意義を考え、最高裁判決などを受けて市としての対応を決めた」と当時を思い出しながら話してくれた。

最高裁判決とは、同年9月26日の最高裁第1小法廷の判断を指し、出生届に「嫡出子」区別記載を義務付けた戸籍法の規定は違憲とは言えないが、「戸籍に関する事務処理の助けになるが、不可欠とは言えない」との判断を初めて示した。しかし、その後、法務省が、戸籍法の規則に反するとして使用中止を文書で指示したため、明石市は新しい出生届の使用の一時停止を決定することとなった。

戸籍に関する事務は、法的には「自治事務」ではなく、「法定受託事務」である。国が本来果たすべき役割に係る事務であって、国においてその適正な処理を特に確保する必要があるものとして法律又はこれに基づく政令に特に定めるものである。国は、助言・勧告、資料の提出の要求、協議・同意、許可・認可・承認、指示、代執行を行うことができる。

この事例は、明石市の勇み足のように見えるが、問題の焦点は、戸籍の記述そのものではなく、「戸籍を記述する市区町村が出生届を見ればただちに判断できるように事務上の便宜を図るためのチェック欄」であるということである。最高裁の判断のように「戸籍に関する事務処理の助けになるが、不可欠とは言えない」という性質のものである。とすれば出生届を受け付ける市区町村が、届け出る市民の心理を優先して考慮することを禁ずる理由はないのではないか。

国際的にみても「嫡出子」か「非嫡出子（婚外子）」かをチェックすることは世界の標準とは言えない。海外では、「婚外子」が圧倒的に多く、国によっては多数派だからである。2013年版厚生労働白書によれば、2008年の各国の婚外子の割合は、スウェーデン54・7％、フランス52・6％、デンマーク46・2％、イギリス43・7％、オランダ41・2％、アメリカ40・6％で、この割合は年々増加する傾向にある。これに対し、日本は2・1％と極端に低く、まだまだ特別という意識があるのではないか？

ちなみに、出生届の「嫡出子」か「非嫡出子」かをチェックする欄は、いまだに廃止されていない。

## 成年後見制度の欠格条項の廃止

2013年に、成年後見制度における被後見人が選挙で投票できるように公職選挙法が改正された。しかし、地方公務員法第16条には、自治体が条例を定めない限り、成年後見制度の被後見人と被保佐人は、公務員になれない。あるいは現職公務員が被後見人や被保佐人になった場合には失職するという欠格条項が残っていた。

これに対し、明石市は成年後見制度を利用する障がい者にも採用の道を開くため、2016年に「明石市職員の平等な任用機会を確保し障害者の自立と社会参加を促進する条例」を制定し、被後見人や被保佐人であっても明石市の全職種の市職員採用試験の受験を可能とし、現職職員が被後見人や被保佐人になった場合でも失職しないと規定した。

これに対して国は、某国会議員の質問主意書に対し次のように後ろ向きの答弁をしていた。

「地方公務員は、全体の奉仕者として公共の利益のために勤務するものであり、一定の状況にある者については、職員たる資格を認めないことが地方公共団体の行政の民主的かつ能率的な運営の観点から合理的であると考えられることから、地方公務員法第16条の規定により成年被後見人及び被保佐人を含む一定の者について欠格条項が定められ、また、同法第28条第4項の規定により職員が欠格条項に該当するに至った場合の失職が定められている。

各地方公共団体において、同法第16条又は第28条第4項の規定に基づく条例を定めるに当たっては、欠格条項の趣旨等を踏まえて検討すべきものと考えているが、政府として、個々の地方公共団体の条例に対する評価について見解を述べることは差し控えたい」

当時、認知症や知的障がい、精神障がいがある人たちが成年後見制度を利用して後見人や保佐人を付けた場合には失職するとした欠格条項は、多くの法律に存在した。人権侵害との批判が強まり、国は2019年に地方公務員法を含む187本の法律から、欠格条項を一括削除した。

明石市の条例は、法律の範囲内で条例を定め、国に3年先がけて欠格条項削除の道を開いた行為であり、現場を預かる市長の見識として特筆に値する。

## 埼玉県本庄市——国の言いなりにならずに児童生徒に対して配慮した責任感

２０２０年2月27日、安倍首相は、すべての小・中学校、高校、特別支援学校について、全国一律の休校を要請した。子どもたちの健康、安全を第一に考え、感染リスクにあらかじめ備える観点からの要請とのことであった。その２日前の25日、文部科学省が、学校で児童や生徒、教職員などに感染者が出た場合、周辺地域の学校も積極的に臨時休校を検討するように教育委員会に通知したばかりだった。

また、厚生労働省は同日、保育園と学童保育は、原則開所とすることを地方自治体に伝えた。文部科学省も幼稚園は休園の対象外とした。保育園や幼稚園が休園すると多くの保護者の仕事に支障が出て社会が混乱するからである。

また、医療従事者、介護従事者、保育園や幼稚園の関係者にとって、休校により子どもたちの世話のため出勤が困難になる状況が考えられたからである。同じ意味で、特に小学校低学年の子どもを持つ働く保護者にとって困惑を与えることとなった。

なお、学校の臨時休校は、法令上、設置者が決めることとなっており、全国の多くの公立小・中学校の設置者である市町村長に責任がある。このことをFacebookにより全国の市町村長に改めて知らせたのは滋賀県湖南市の谷畑英吾市長（当時）である。

まさしく、これは、合法的な憲法第8章違反であり、内閣総理大臣による地方自治への不当な介入であり、土足による蹂躙でもある。（中略）しかも、言うに事を欠いて、特別支援学校まで閉鎖しろという。現場を知って発言しているのだろうか。知らないのであればそれもひどいが、それよりも知っていて、小中高校のついでに加えたのであれば、国民一人ひとりに寄り添う気持ちが全くないと言える。鯛は頭から腐るという罵詈雑言を浴びせられて怒っていたようだが、怒ることもできない国民生活と国民経済は末端から腐っていくことだろう。

【全国の首長に告ぐ】学校の臨時休業の権限者は設置者である。教員でもなければ学校長でもなく、いわんや教委でもない。市区町村長にあっては都道府県教委が容喙すれば自治法と地教行法違反だと知れ。総理は責任を負わぬ。大切な事なのでもう一度言う。総理は責任を負わぬ。

決断を迫られた多くの市町村長は要請をそのまま受けたことは周知のとおりである。しかし、そうした情勢の中で、いくつかの市町村では、混乱を最小限に抑えるための対策を講じた。それらの市町村の中で埼玉県本庄市の対応を紹介しよう。住民の安全・安心を預かる最前線の市長として、国の一律の要請に対して、子どもや保護者にとってきめ細かい対策を工夫したからである。

本庄市は、まず、地域の感染状況として感染者が出ていないこと、また、学校は卒業と年度末のまとめの時期で次年度への橋渡しの時期であることを考慮して、次の4点を課題として捉えた。

①1か月以上の長期間の家での過ごし方
②家庭環境による差（学習面、生活面）
③留守家庭の低学年児童等の居場所（「明日から休校。今度会うのは4月8日です。お元気で。あとは各ご家庭でお願いします」と言うわけにはいかないだろう）
④新学期の円滑なスタートへの懸念（生活習慣・学習習慣の乱れ）

コロナ対策は必要だが、児童・生徒や保護者への影響を最小限にとどめることとしたのである。

まず、週2回（月曜日と木曜日の8：20～11：50）に登校日を設けることとした。留意点は、以下の4項目である。

①児童・生徒の状況の把握と家庭学習の指導等を行う。

②健康観察の記録を持参する。
③授業日ではないので休んでも「欠席」扱いとしない。
④体調を充分考えて登校させることを保護者に依頼する。

また、小学校低学年の児童と小中学校特別支援学級の児童・生徒を対象に、どうしても仕事を休めないなどの事情がある場合は、学校で8：30から14：30まで預かることとした。

現場の状況を深く考慮した苦渋の決断であったとのことであるが、安倍首相の全国一斉臨時休業の要請があったのは27日夕刻、翌28日の午前中にはこれだけのことを決定したのである。

もちろん、「登校日を設定して大丈夫か。危険ではないか」との声も一部あったが、多くの保護者からは「本庄市は登校日の対応をしてくれてありがたい」との反応が多かったとのことである。

また、マスコミに取り上げられたこともあり、結果として、全国の自治体にも波及した。多くの自治体が要請通りの対応をした中で、本庄市をはじめとする少なくない地方自治体で、市民生活の安心を守るという現場のニーズに直結した施策を実施したことは、特筆すべきことではないか。

## 2　経済の地域内循環

経済の地域内循環のツールとして電子地域通貨が各地で実施されている。例えば、せたがやPay（東京都世田谷区）、Byacco／白虎（福島県会津若松市）、くまモンのＩＣカード（熊本県）、エヌタスＴカード（長崎県）などが知られているが、ここでは、さるぼぼコイン（岐阜県高山市）を取り上げる。何といっても民間のアイディアで成功している上、行政とも連携し決済機能に限らず地域防災情報伝達ツールとしても活用されている、地域で愛されている仕組みなのである。

### 岐阜県高山市——飛騨信用組合の「さるぼぼコイン」

岐阜県高山市は、人口が８万３５３７人、世帯数が３万５８０５世帯、65歳以上人口率33・6％（２０２３年４月１日現在）の都市である。また、面積は２１７７・61㎢と東京都とほぼ同じで、日本一広大な市である。うち92・１％が森林である。

その高山市で、飛騨信用組合が発行する飛騨地域（高山市、飛騨市、白川村）限定の電子地域通貨「さるぼぼコイン」が全国的な話題を呼んでいる。「さるぼぼ」とはサルの赤ちゃんのことで目鼻がない赤い人形は飛騨地域の名物となっている。ユーザーはアプリをダウンロードし加盟店にあるQRコードを読み取り決済をするという単純な方法である。

発行時期は2017年12月、飛騨信用組合の職員を中心に地域内の資金循環を目指して事業を立ち上げた。2023年3月末現在で飛騨地域の約1900店舗が加盟し、多くの市民が活用している。発行額は非公開であるが、2022年3月末の累計流通額は約80億円となっている。PayPay等の全国的キャッシュレス決済システムより1年早いことが成功の大きな要因であった。

飛騨信用組合は、「さるぼぼコインタウン」というサイトを運営、様々な工夫を凝らしている。例えば、「裏メニュー」と称し、さるぼぼコインでしか購入できない商品、「市場に出回らないお酒や飛騨牛」、「イタリア料理屋のカツ丼」、中には「山」、「夫婦の歌」、「マタギに聞く熊トリビア」等の不思議な商品もある。「山」は文字通りの飛騨の山。「夫婦の歌」は山下ご夫妻が、旦那様のギターに合わせ、奥様がノラ・ジョーンズの「Don't know why」を歌うというもの。「マタギに聞く熊トリビア」は、「マタギ」の荒木さんより「熊の意外な一面」「熊かわいい話」など、熊トリビアを一つ教えてもらえるというもの。民間ならではの傑作だと思う。2023年2月には、発行5周年を記念してポイントアップや抽選で最大3万ポイントが当たるというキャンペーンも実施している。

電子マネーを開始する際には、行政が主導することが一般的であるが、民間が独自に立ち上げたサービスがこのように発展しているというケースは珍しい。というか、民間だからユーモアあふれる思い切った商品やキャンペーンができるのである。

もちろん、高山市は公費支払に活用する等支援を行い、2019年7月12日、飛騨信用組合と高山市の間で「電子地域通貨さるぼぼコインを活用した連携に関する覚書」を締結している。

さるぼぼコインを利用した公的決済は、市・県民税、固定資産税、軽自動車税、上下水道料金まで導入されている。また、住民票、印鑑証明、戸籍、税証明等の手数料にも導入された。

2022年度は、下記の実績となっている。

①市県民税、固定資産税・都市計画税、軽自動車税、国民健康保険料、上下水道使用料の合計は、9356件、1億9594万500円
②各種証明書等手数料の合計は、2167件、88万5300円

そのほか、左記のような応援をしている。

①市内周遊バスでの利用
②コロナ禍における商店街を支援（産業団体等活性化策支援事業補助金により商店街の買い物で20％還元キャンペーン）
③グリーンライフ・ポイントなどに使用することでエコな取り組みに対し、さるぼぼコイ

ンを付与

グリーンライフ・ポイントとは、環境省が実施する「食とくらしの「グリーンライフ・ポイント」推進事業」の一環で、飛騨信用組合が代表事業者、飛騨市、高山市、白川村が共同事業者として「グリーンライフin飛騨」として実施している。

参加店で店舗が提供する環境に配慮したサービスに協力した場合、その店舗がお客にポイントを付与するもので、環境配慮行動の例としては次のようなものがある。

廃棄物、食品ロス、プラごみの削減
●容器持参の上、食べ残し持ち帰り
●宴会時3010運動
●ばら売り、量り売り商品の購入
●包装資材の辞退
●リターナブル容器での購入
●マイ箸の持参
●無償おしぼりや箸の辞退

また、さるぼぼコインのような電子地域通貨の最大のメリットは、決済機能だけではなく、様々な地域情報発信ツールとしての有効性があるということである。

現に、高山市と飛騨市には、さるぼぼコインのアプリを使って情報発信する権限が付与され、位置情報を使った災害情報等の発信が可能となっている。災害情報のピンポイントの発信等は、まさに個人とつながるＳＮＳの価値が最大限に発揮できるということである。都市自治体における総合的な生活の場としての活用が期待できるのである。

## 岡山県総社市——特産品のデニムによるマスクの全国発信

経済の地域循環というテーマにぴったり当てはまるとは言えないが、地場産業の活性化と福祉政策との新結合を具体化した事例の総社市のデニムマスクを紹介しよう。

岡山県総社市（人口約7万人）の広報誌（２０２０年5月号）の表紙を「総社デニムマスク販売開始」という文字とデニムマスクの写真が飾った。片岡聡一市長は、橋本龍太郎元首相の秘書を務め内閣総理大臣公設第一秘書も経験、国政をよく知る人物であるが、マスク不足を解消すること、総社市が障がい者の雇用目標を１０００人とした条例を制定し、障がい者雇用を推進していたこと、総社市のデニム産業を振興すること、以上三つの異なる目標を総合化して、障がい者施設でデニムのマスクを製造することを決断、全国に向けて広報したのである。「障がい者優先調達法」に基づいて、総社市が大量に買い取って市民に無料で配布するのではない。

有料で全国に販売するというアピールを兼ねた決断である。

このプロジェクトは市民の支持を受けたことはもちろん、全国的な話題となり、総社市以外の地方自治体や民間からの協力の申し出が相次いだ。注文から発送まで数か月かかるという嬉しい悲鳴が続き、同年10月末には25万枚を販売した。２０２３年現在、累計販売数は31万枚に達したとのことである。

以下、片岡市長から私宛に届いたメールを引用する。このプロジェクトは片岡市長の強いリーダーシップから実現したことがよくわかる。

（２０２０年6月30日付　片岡市長から森宛のメール全文）

森会長へ

総社市は人口7万人。７年前１０００人の障がい者が働く街を作ろうと「障がい者千人雇用条例」を作り6年かかって１０００人を達成した。

今回のコロナ感染症。（マスクは）２月に市中から姿を消した。

「無いのなら作ってしまおう」と、総社市から障がい者施設の協議会に投げかけたところ、迷い悩むこと1か月。障がい者が立ち上がり、「私たちが立ち上がって世の中を助けよう」と「総社デニムマスク」の製作を決心した。

13の作業所が連携して総社デニムマスクを製作することにした。岡山県総社市はデニムの産地でもあるからだ。

総社市は、大きな選択をせまられる。

このマスクを障がい者優先調達法により、市役所が大量買取をし、市民に無料で配布する従来型の「福祉」にするか？　それとも、有料にし、全国に販売するか？

迷わず、総社市は全国に有料販売する道を選んだ。

準備の末、3月16日に販売したところ、圧倒的に全国から注文が殺到しウェブのサーバーがダウンした。

1枚1000円。2枚以上は1枚800円で売ったところ。

瞬く間に20万枚が売れた。おそらくギネスもの。

マスクが届くまでの待ち時間が4か月半。

現場は沸き上がった。1日でも早く届けるため全精力をかけ、最近では1日3000枚の発送が可能になった。

障がい者B型作業所の平均月給は1万円。内職仕事しかないからだ。

総社市の夢は彼らの給与を上げ生活の質を上げること。

マスクを製造販売したことにより、彼らの給与が10倍になった。

給与が上がったこともさることながら彼らは圧倒的な生きがいを手に入れた。

まさしく、彼らはコロナにより新しい領域に進出していった。

総社市の障がい者だけで利益を得るのでなく、お隣の倉敷市、岡山市、また遠く仙台市、沖縄県の障がい者施設もこのデニムマスク作りに参画し、障がい者の生きがいが広がっている。

総社市のデニムマスクの事例は、都市コミューンの典型的な役割を表している。第一に、市民生活の防衛、地場産業の振興、障がい者福祉の推進という三つの異なる政策課題を総合化したこと、第二に、障がい者施設だけでなく多くの市民が政策目的を理解し協働したこと、第三に都市コミューン同士の水平連携が形成されたことである。

## 3 再生エネルギーによる自給自足

### 北海道上士幌町――家畜排泄物利用のバイオガスプラントの整備

再び、上士幌町の施策であるが、家畜糞尿を利用したバイオガスプラントの整備について紹介する。

上士幌町によれば、2014年から、上士幌町役場、上士幌町農協等の関係機関で組織する「上士幌町農業再生協議会」において、農業全般の課題を網羅的に検討してきた。その協議会の中に、「家畜糞尿処理対策関係者等会議」を設置し議論を開始した。家畜の増頭・増産により増える家畜糞尿の適切な管理という課題に対応して、バイオガスプラントの導入の検討を行った。

2014年に、町内酪農・畜産農家全84戸のヒアリングを実施したところ、38戸からバイオガスプラントを整備してほしいという要望があった。

その後、農業者と農業関係機関で議論を進め、事業スキームの検討を行い、バイオガスプラント整備計画を策定した。そして、酪農・畜産農家53戸と上士幌町農協等が出資し、㈱上士幌町資源循環センターを設立した。センターは、2019年度以降、自己で資金を調達し、集中型プラント4基を整備する。また、酪農法人が個別型プラント1基を整備した。さらに、2021年度には、町が集中型バイオガスプラント1基を整備した。

この6基の他、町内の酪農家がバイオガスプラント整備計画外の1基を整備しているので、現在、上士幌町には7基が稼働している。総発電容量は2270kWに及び、バイオガスプラント発電によるエネルギー自給率（発電量ベース）は、100%（一般家庭、町内主要施設の消費電力想定）と推定される。

## 鹿児島県大崎町——ごみのリサイクル率80％超え

大崎町は、鹿児島県の東南部に位置し、人口約1万3000人、面積100㎢の町である。東靖弘町長は、大崎町職員から同町助役を経て、2001年12月大崎町町長に初当選し、2021年12月に6期目の当選を果たしたベテランである。大変温厚な方で、「小さい町なので成功した。私は方針を示しただけ、基本は市職員に任せた。職員は任されれば力を発揮する」とおっしゃるが、まさに良きリーダーの極意であろう。

ごみのリサイクル率83・1％は驚異的である。革命的といってよい。何しろ、全国平均が約20％なのである。また、リサイクル率日本一に14回輝いた。この成果は、行政と住民とが一体とならなければ実現不可能である。

きっかけは、1990年に建設された旧志布志町、旧有明町（現在はともに志布志市）と共同で建設された埋立処分場が当初の予定の2004年まで持たないことが判明したことであった。

住民代表の組織「衛生自治会」の協力で、3か月間で延べ450回以上の説明会を開催し、三つの選択肢、すなわち①焼却炉の建設、②新たな埋立処分場の建設、③既存の埋立処分場の延命化の三つから議論を始めた。焼却場の維持管理費なども含めすべての情報を共有した。その結果、費用等の面から、必然的に「既存の埋立処分場の延命化」が選ばれ、住民総出のリサイクルで、ごみを大幅に減量することと決定したのである。

1998年、カン、ビン、ペットボトルの資源ごみ3品目から分別回収をスタートしたが、10年経過し、埋め立てごみの80％以上の減量化に成功した。結果、埋立処分場の寿命も40年以上延ばすことができた。

現在は、ごみを27品目に分別し、「一般ごみ」「資源ごみ」として回収している。資源ごみは、民間事業者「有限会社そおリサイクルセンター」に委託し、さらに細かく55種類に分別されて再資源化される。また、生ごみ・草木は、同センターにより完熟堆肥になり販売されている。

そして、次のメリットを生んだ。

①埋立処分場の延命化に成功。約40年は使えるという状況になった。
②一人当たりにかかるごみ処理事業経費の大幅な削減が実現した。試算によれば、年間一人当たり約7700円、町全体で約1億円を節約できていることになる。
③大崎町に「そおリサイクルセンター」という企業が誕生し、約40人の雇用が生まれた。
④資源を商品化して販売したことで、2000年から21年間で、1億4000万円の収益が得られた。

そして次のステップとして、2030年までに「使い捨て容器の完全撤廃・脱プラスチック」を実現して、すべての資源をリサイクル、リユースする「サーキュラーヴィレッジ・大崎町」の実現を目指し、また、大崎町のリサイクルシステムを国内外に向けて展開することにしている。

サーキュラーヴィレッジ構想としての取り組みとして、国立研究開発法人国立環境研究所と共同研究契約を結び、「大崎リサイクルシステム」の環境への影響を評価・研究するためのプログラム「サーキュラーヴィレッジラボ」に着手した。

循環型社会の構築という理念に賛同する企業や団体、自治体の募集も始まっている。資源の製造、流通、販売に関わる企業と共同で環境負荷の少ない商品を開発しようとしている。成果は他の自治体に展開していく方針である。

例えば、プラスチックごみの増加など地球規模の問題に対しては、大手メーカーと一緒に、ごみを出さない商品づくりに取り組んでいる。また、ユニ・チャームと連携して、リサイクルできる「使用済み紙おむつ」を開発している。紙おむつは「一般ごみ」として回収され、埋立処分場のごみ全体の何と3分の1を占めている。そのため、大崎町は隣接する志布志市とともに、紙おむつを「一般ごみ」から分けて回収し、ユニ・チャームとリサイクルセンターが共同して、紙おむつの再資源化の実証実験を行っている。

また、海外への支援も行っている。大崎町では、2012年度から、インドネシア・デポック市の要請を受け、JICA（国際協力機構）の「草の根技術協力事業」として3年間支援を実施した。デポック市の生ごみの堆肥化施設を指導し、分別収集やごみの資源化によって埋立処分場の減量化に成功した。

2020年には「リサイクルの町から、世界の未来をつくる町へ」を合言葉に、「大崎町

SDGs推進協議会」を設立し、大崎リサイクルシステムを事業化して、企業や団体、学校、研究機関とも連携し、世界に発信している。

ごみのリサイクルは住民の理解と協力がなければ成功しない。鹿児島県の小さな町が、町民と文字通り協働して、日本のみならず世界に誇る成果を上げている。そして、世界中からリサイクルを学びに来る場として成長を続ける。未来を担う子どもたちもプライドを持ち次の時代を構築していく。そんな持続可能なサイクルができつつあるのではないかと思う。

## 4 都市オペレーティング・システムOS——デジタル・インフラストラクチャーの確立

布野が「都市コミューンのための七つの指針④」(本書147頁)で指摘しているように、我が国のデジタル・トランスフォーメーションDXは遅れている。都市コミューンのDXは不可避であり、都市OSの構築は、全ての都市コミューンに求められている。都市OSとは、都市の基本ソフトウエアであり、行政や物流、交通といった様々なソフトウエアを動かすための基盤となる。

そのため、2022年、国は、個別の先端技術を総合化して都市全体に適用する未来都市の構築を目指す「スーパーシティ構想」を掲げた。そして構想を具体的に推進する都市として大阪市とつくば市を「スーパーシティ型国家戦略特区」に選定、また、加賀市、茅野市、吉備中央町を

「デジタル田園健康特区」に選定した。特区であるから、この指定により大幅な規制緩和が可能になる。この成果を他の都市に波及させようというものである。

## 茨城県つくば市――スーパーシティ型国家戦略特区

東京から北東に約50㎞の関東平野の農村地帯に、筑波研究学園都市が国立の大学・研究機関の移転先として建設され始めてから約60年が経過した。そして、1987年に3町1村の合併により、つくば市が誕生した。

2005年につくば―秋葉原間を結ぶつくばエクスプレスが開業されると、市民の転入が一層加速し、人口は、2023年9月1日現在で25万5291人に達している。

つくば市は、他の都市にない特徴を有している。約150の大学、及び、研究機関が立地する文字通りの研究学園都市である。また、研究従事者は約2万人。外国人居住者は約1万1000人で総人口の4・3%を占めている。一方、つくばエクスプレスの開業は、子育て世帯の流入を促進する一方、元々の農村部では高齢化が進んでいる。

つくば市の五十嵐立青市長は、現在2期目、45歳の若手市長である。2023年3月10日に大阪市とともに「スーパーシティ型国家戦略特区」の指定を受け、〝科学で新たな選択肢を、人々に多様な幸せを〟というキャッチフレーズのもと、「つくばスーパーサイエンスシティ構想」を推進している。

つくば市は、従来から、「世界のあしたが見えるまち」という街のビジョンを掲げ、その実現に向けて、大学、研究機関と連携して、国際戦略総合特区、モビリティロボット実験特区、自律走行ロボットの公道走行コンテスト「つくばチャレンジ」をはじめ、都市をリビングラボとした先端的な技術実証を数多く進めてきました。また、最近では、実証実験を全国から公募し、実験場所やモニターの手配、事業化等を支援する「つくばスマートシティトライアル支援事業」も好評を博しています。

一方で、実証実験としてはうまくいくものの、市民が日常生活の中で利用できるものにする、すなわち社会実装には、法令の規制やルールづくり、ビジネス化といった面で大きな障壁がありました。

このようなタイミングで、先端技術で地域の「困った」を解決するとともに、まるごと未来都市を創出することをコンセプトにした「スーパーシティ型国家戦略特区制度」が創設されると聞き、実証実験から社会実装するために必要な制度だと考え提案することにしました。

と、つくば市政策イノベーション部スマートシティ戦略監の中山秀之氏は言う。

氏によれば、「都市と郊外の二極化による生活利便性の格差」、「多文化共生の不備による多様な住民への対応の不足」、「都市力の低下による社会の持続性低下」の三つの問題から派生する様々な課題に対応するための、「つくばスーパーサイエンスシティ構想〜科学で新たな選択肢を、人々に多様な幸せを〜」であるとのことである。

「つくばスーパーサイエンスシティ構想」は、冒頭で、次のようにうたう。

●社会全体が一人ひとりを包み込み、支え合う「誰一人取り残さない」SDGs の精神の下で、世界最高峰の科学技術を結集し、デジタル、ロボティクス等の最先端技術の社会実装と都市機能の最適化を進めていく。

●住民参加を基盤とし、住民と住民、住民と行政のつながりを深化しつつ、出口の見えない社会課題の克服や革新的な暮らしやすさを実現する住民中心のスーパーシティを目指す。

また、「つくばスーパーサイエンスシティ構想」は、「移動・物流」、「行政」、「医療」、「防災・インフラ・防犯」、「デジタルツイン・まちづくり」、「オープンハブ」の六つの分野で先端的サービスを実装するとしている。

移動・物流

・パーソナルモビリティ・ロボットの本格導入

・ロボット・ドローンによる荷物の自動配送

（関係法令）道路交通法、道路運送法 等

行政

・インターネット投票

・外国人向け多言語ポータルアプリ

（関係法令）公職選挙法 等

医療

・マイナンバーなどを活用したデータ連携による健康・医療サービス

（関係法令）マイナンバー法 等

防災・インフラ・防犯

・災害時要支援者の迅速な避難誘導と医療連携

（関係法令）道路法 等

デジタルツイン・まちづくり

・先駆的な３Ｄデジタル基盤の構築とサービス提供

（関係法令）都市計画法、建築基準法 等

オープンハブ

・外国人創業活動支援

・イノベーション推進のための国立大学法人の土地建物の貸付

・調達手続の簡素化

（関係法令）出入国管理法、国立大学法人法 等

また、推進体制としては、市長を本部長とする「つくば市スマートシティ推進本部」が推進役となり、つくばスマートシティ協議会、公募で選定した連携事業者、その他連携機関と緊密な連携・協力関係を構築している。

## 石川県加賀市――デジタル田園健康特区

加賀市は、人口約6万3000人、面積305・87㎢、山代温泉、片山津温泉、山中温泉の三つの温泉を有し、また、「九谷焼」や「山中漆器」等の伝統工芸を受け継ぐ都市である。現在3期目の宮元陸市長は、消滅可能性都市からの脱却に向け、国家戦略特区の取り組み等の様々な施策を展開してきた。そして、2022年4月、長野県茅野市、岡山県吉備中央町とともに「デジタル田園健康特区」の指定を受けた。

以下、2023年3月16日に開催された区域会議の資料からの抜粋である。

●加賀市デジタル田園健康特区ビジョン

「すべての世代で、健康・医療をはじめとした規制改革を通じた未来社会を実現」することを目標として、①労働生産性の向上、②安心・安定の子育て、③ロコモ・フレイル予防を進め、健康寿命が延伸した未来社会を実現するとしている。この目標の実現のため、マイナン

バーカード、医療版情報銀行、量子暗号通信などのインフラを整備・活用していくとし、そのためのデジタル田園都市国家構想や国家戦略特区としての規制改革が必要であるとしている。

医療版情報銀行とは、健康・医療に関する一生涯にわたるデータを、本人の同意のもとで蓄積し、分析・活用することで、個人に最適化されたサービスの提供により、健康寿命の延伸を目指すものである。

現在は、事業者と医療版情報銀行の構築や大学との共同研究を進めている。

●加賀市版スタートアップエコシステムの取り組み

２０２１年から、マイナンバーカード等と紐づけた電子上の市民に、市民に準じたサービスの提供等を行う制度「e-加賀市民制度」の構築を進めてきた。その延長で、外国人起業家を含めて、創業支援パッケージを構築していく。

現在、経済産業省により、「外国人創業活動に関する特例」の認定を受け、「創業人材等の多様な外国人の受入れ促進」や「創業外国人材の事業所確保要件の緩和」も可能となっているが、今後は、「開業ワンストップセンターの設置」や「課税の特例措置」の活用の検討を進める。また、加賀市独自の支援策も含め「加賀市の創業支援パッケージ」を構築していく。

次に、２０２３年10月11日に開催された区域会議の資料からの抜粋を掲げる。

●顔認証技術と医療版情報銀行を核とした、マイナンバーカード活用による安心・安全なス

マートパス構想

顔認証を、デジタル田園都市国家構想交付金を活用し、市内の中核医療機関である加賀市医療センター、避難所や子育て施設などから23年度導入する。

最終目標は、買い物や移動・交通分野といった市内のあらゆるサービスへと横断的に活用する顔認証基盤へと構築を進める。

医療版情報銀行については、23年度は、加賀市医療センターの医療情報と、行政が持つ介護・健診データの連携から開始する。

今後は、順次、市内の医療機関への展開や、PHR（パーソナルヘルスレコード）など関連情報の連携へと拡充する。

●e-加賀市民ネットワークによる国内外デジタルノマドが集まる地方拠点を目指した取り組み

2023年6月、人材育成とイノベーションの創出拠点として、「加賀市イノベーションセンター」をグランドオープンした。

外国人の創業支援や、開業ワンストップセンターの設置等を活用し、世界中からデジタルノマドが集まれる場として育てていく。

●サイバー空間とフィジカル空間における分野横断データ活用環境の実現に向けた取り組み

2023年度、自動運転の実証、WiFiヘイロー、道路センサーによる路面状態の予測シミュレーション環境の構築を進めている。WiFiヘイローについては、特定実験試験局制度に関する総務省の告示改正がされる見込みである。

ドローン・エアモビリティについて、ポート整備などに関する規制改革の提案を行う。

世界的なDXの流れに、決定的に取り残されないために、つくば市での「つくばスーパーサイエンスシティ構想」、及び、加賀市での「デジタル田園健康特区」の成功が強く望まれる。

次に、現在は限定的なDXであるが、将来発展する可能性を秘めた事例として、長野県伊那市の「モバイルクリニックをはじめとするデジタル技術の活用」と栃木県宇都宮市の「「ネットワーク型コンパクトシティ」から「地域共生型スマートシティ」へ」という二つの事例を紹介する。

## 長野県伊那市――モバイルクリニックをはじめとするデジタル技術の活用

長野県伊那市は、人口約6万6000人、長野県南部に位置する小規模な都市である。その伊那市では、667・93㎢という広大な地域の特性を生かし、農・林業の振興、$CO_2$削減や木質バイオマス・小水力等によるエネルギーの自活、及び、製造業などの産業振興等の地域課題の解決等の手法として、「新産業技術（デジタル技術）の活用」を2018年から推進することとした。

最初は、産官学からなる新産業技術推進協議会を条例により設置し、会長にはコマツのアメリカ法人でPresident & CEOを務めた栗林秀吉氏を迎えて、ＱＣ手法など企業経験を活かした実践的な中期計画「伊那市新産業技術推進ビジョン」を策定した。２０２３年度には、第2期計画を策定し推進した。

この新産業技術推進ビジョンは、既存産業活性化、新産業創出、次世代を担う人材創出、住民福祉の向上、循環型社会創造など、様々な分野に及んでいる。その結果、通院や買い物のためのＡＩを使った新しい公共交通「ぐるっとタクシー」や、買い物困難者へのドローンによる配送等も２０２０年に事業化した。

モバイルクリニック事業は、地域課題である医療福祉の充実をはかるために、２０１８年に診療報酬として新たに厚労省が制度化した「オンライン診療」と、新しい交通システムとして注目されるＭａａＳ（Mobility as a Service）の理念を組み合わせた事業である。２０１９年に、トヨタ自動車とソフトバンクが設立した企業「MONET Technologies株式会社」と医療機器大手の「株式会社フィリップス・ジャパン」の協力とトヨタモビリティ基金による財政支援により、実証実験をスタートした。そして、２０２１年から、伊那市医師会の協力を得てモバイルクリニック事業として本格的に運用を開始した。

この事業は、遠隔聴診器などの車載医療機器を常備し、また、オンライン環境が整った一両の車両に対し、市内10医療機関が共有し予約により運行することとなっており、医療機関の看護師が同乗することによりスムーズに診察が行える。また、スマートフォン等が使えない高齢者にオンライン診療環境を届けることで、患者及び通院の介助などで苦労している家族の負担も軽減している。

機器の高度化も進んでいる。遠隔聴診器や遠隔超音波検査機器（モバイルエコー）など車載医療機器の開発・充実をはかっている。2022年からは定期妊産婦健診もモバイルクリニックで行うことがマタニティクリニックの協力により実現した。

さらに、伊那市が進める情報共有クラウドシステム「いーな電子@連絡帳」も活躍している。医師、ケアマネージャー、薬剤師が一人の患者の情報を共有することで様々な可能性が生まれる。

伊那市の白鳥孝市長は、「モバイルクリニック事業は、伊那市という高齢者福祉、医療、薬局等の新技術を適用する総合的なフィールドがあって初めて成功しました。モバイルクリニックはドローンで薬を届ける等の様々な発展が考えられます。現代は、市町村から新しい事業をどんどん創造する時代です」と力強く語った。

また、伊那市役所企画部企画政策課主幹・新産業技術推進係長の安江輝氏は、「総務省地域活性化起業人事業で、ソフトバンク社員が伊那市役所に出向していました。モネテクノロジーズはトヨタとソフトバンクが設立した企業ですので、その縁で情報をいただき、白鳥孝市長とモネテクノロジーズの宮川潤一社長（当時）の面会をセッティングしました。そこで医療をやろうと合意しました。また、モネテクノロジーズの企業コンソーシアムに参加していた（株）フィリップス・ジャパンの堤浩幸社長（当時）と白鳥市長の面談も成功しました。市長の強いリーダーシップがありました」とトップ同士の会見がきっかけだったと語ってくれた。

市長と部下との良きコミュニケーションも大切だと改めて認識した。

## 栃木県宇都宮市――ＬＲＴの整備から「地域共生型スマートシティ」へ

２０２３年8月26日、宇都宮市と芳賀町を結ぶＬＲＴ（次世代型路面電車）の運行が始まった。いわゆる路面電車が開業するのは我が国では75年ぶりで、県庁所在都市とはいえ人口約52万人の地方都市がＬＲＴを整備したことは画期的である。

宇都宮市の佐藤栄一市長は、現在5期目のベテラン市長である。お話を伺ったところ、１期目からの選挙公約だったそうで、5期半、19年かけて実現したとのこと。左記は、芳賀・宇都宮ＬＲＴ開業記念誌の挨拶文の抜粋。

> 宇都宮市は、全国に先駆けて「ネットワーク型コンパクトシティ」の形成を掲げ、地域の中心となる場所に、住まいや医療、福祉、商業に必要な施設が集約した拠点づくりに取り組むとともに、これらを結ぶ、鉄道やＬＲＴ、バス、地域内交通などの公共交通が便利につながった階層性のある公共交通ネットワークの形成により、将来にわたって発展の礎となる骨格の強いまちづくりを進めてまいりました。

「宇都宮芳賀ライトレール線」は、全長約14・6㎞、停留所19か所、低床式車両を17編成。電力は、ごみ処理施設や家庭用太陽光発電による地域由来の電力を地域新電力会社「宇都宮ライトパワー（株）」により供給、再生可能エネルギー100％で走行する世界に類を見ない「ゼロカーボントランスポート」に取り組んだ。

また、軌道整備事業者は宇都宮市と芳賀町、軌道運送事業者は「宇都宮ライトレール株式会社」という「公設型上下分離方式」を採用、事業費は684億円（国庫補助326億円、市町負担358億円）である。

さらに、LRTを基軸とした階層性のある公共交通ネットワークの構築として、バス路線の再編や地域内交通・デマンドバス交通の導入を行うとともに、公共交通間の連携強化として乗り継ぎの拠点であるトランジットセンターの整備や各公共交通機関で共通して使える交通系ICカードの導入や乗り継ぎ割引制度も導入した。

特筆すべきは、この事業は、2004年に、佐藤市長が初当選の際の公約に掲げてからあしかけ19年にわたる長期間の努力の継続により実現したということである。19年の間に、国の規制緩和も進み助成制度の拡充も行われた結果であるともいえる。

このLRT整備と並行して、2019年度国土交通省スマートシティモデル事業（先行モデルプロジェクト）へ応募し、採択された。宇都宮市が持続的・自立的に発展していくためには、ICT等の新技術をあらゆる分野で活用し、豊かで幸せに生活できる社会づくりに、官民協働で取り組んでいく必要があったこと、また、LRTの整備により、まちの姿や市民の生活行動に大きな変化がもたらされることを最大の好機と捉え、ＭａａＳの導入などによる快適な移動環境の整備、人流データの収集・分析や誘客に向けた情報発信等のサービスの創出、再生可能エネルギーの活用促進による低炭素化や自律分散型の電源の増加によるレジリエンスの向上等によりクリーンで持続可能なスマートシティの実現を目指すこととした。そして、宇都宮市は、「Ｕスマート推進協議会」（当初8団体）を設置し、宇都宮市におけるスマートシティの実現に向けた実証実験などの取り組みを位置付けた「宇都宮スマートシティモデル推進計画」を２０２０年3月に策定した。

この計画では、国内初の全線新設軌道のＬＲＴを軸として、

●モビリティ（ＡＩ運行・自動運転等）
●ホスピタリティ（５Ｇ・生体認証等）
●エネルギー（地域新電力・バーチャルパワープラント（ＶＰＰ）等）

を検討し、だれもが自由に移動でき、便利で楽しく過ごせる、クリーンなまち「地域共生型スマートシティ」を実現しようとしている。

「Ｕスマート推進協議会」構成員（29団体　２０２4年2月現在）
あいおいニッセイ同和損害保険株式会社、株式会社AsMama、株式会社アバンアソシエ

イツ、宇都宮市、国立大学法人宇都宮大学、宇都宮ライトレール株式会社、MS&ADインターリスク総研株式会社、関西電力株式会社、関東自動車株式会社、共同印刷株式会社、クラフトワーク株式会社、KDDI株式会社、株式会社JTBコミュニケーションデザイン、株式会社下野新聞社、東京ガスネットワーク株式会社栃木支社、東京電力パワーグリッド株式会社栃木総支社、株式会社ドコモビジネスソリューションズ、日本電気株式会社、株式会社NEZASホールディングス、東日本電信電話株式会社、株式会社日立システムズ、株式会社フォーラムエイト、富士通Japan株式会社、ホンダモビリティソリューションズ株式会社、三井情報株式会社、三井住友海上火災保険株式会社、三井住友ファイナンス&リース株式会社、株式会社三菱総合研究所、早稲田大学（団体名五十音順）

## 5 共助・相互扶助のシステム構築

共助・相互扶助のシステム構築については、「創意工夫の地方自治」第2章の主要なテーマでもあった。特に、大規模災害からの復旧・復興に当たっては、必要欠くべからざるシステムである。また、このシステムは、都市コミューンの持つ最も重要なシステムの一つとして位置づけられる。

長岡市における新規施策の構築の原動力であることは既に述べた。また、先に紹介した、例えば、北海道上士幌町、鹿児島県大崎町の事例は、共助・相互扶助のシステムが重要なファクターとなって成功した事例でもある。

ここでは、重複を避け、岐阜県飛騨市の事例をみたい。

## 岐阜県飛騨市——ふるさと納税で猫助け殺処分ゼロへ

岐阜県飛騨市は、人口約2万2000人の市である。都竹淳也市長は、元岐阜県職員。飛騨市に心を寄せてくれる方々を見える化する「飛騨市ファンクラブ」や、飛騨市を手伝い、関わりを持ちたいファンの方々と、市民の困りごと＝「関わりしろ」をマッチングさせる関係案内所「ヒダスケ！」など、先進的な政策を実施している。

飛騨市では、ふるさと納税を活用して飛騨市内の地域課題を解決するとともに猫の殺処分ゼロを目指すプロジェクトを実施している。従来のカタログ型ふるさと納税と一味異なり、ソーシャルビジネスを支援する政策目的を明示し、納税額の一部を支援に充当することを目的としたふるさと納税である。

寄付者は、米や肉、果物、酒といった飛騨市のさまざまなふるさと納税の返礼品の中から金額に応じて商品を選び、ふるさと納税の使用目的の中から今回のプロジェクト「日本一の新しい猫助け事業を飛騨から!!」を選ぶ。

返礼品の中には、もちろん猫グッズもある。返礼品をゲットしながら地域の課題を解決するとともに猫助けにも貢献することができるという幅の広い仕組みである。

事業期間は、2021年9月1日~2026年12月31日の5年間で、目標金額は5億円。このうち半額の2億5000万円が、株式会社ネコリパブリックに資金として補助される。1年毎に5000万円が支給されている。全国から、2024年1月段階で、約5億470万円、2年5か月間弱で、100%を達成した。全国から、ふるさと納税が殺到した結果である。

都竹市長は、ふるさと納税を政策目的に合致した事業にするという方針のもとに「飛騨市ふるさと納税活用ソーシャルビジネス支援事業」を創設した。飛騨市長としては、単なる返礼品目当ての寄付ではなく飛騨市の地域課題を解決するためのソーシャルビジネスを立ち上げたいという意欲的な事業者向けに、飛騨市のふるさと納税のプラットフォームを開放し、ソーシャルビジネスを立ち上げるための資金調達の手助けをしたいという強い意志があった。本来のふるさと納税の趣旨に立ち返った事業で、目的を鮮明にした仕組みは画期的である。

この「飛騨市ふるさと納税活用ソーシャルビジネス支援事業」を活用する形で、東京に本社を置く「株式会社ネコリパブリック」とのコラボレーションが成立した。同社社長が岐阜県の出身で、県庁職員だった都竹市長とのご縁がつながった結果である。同社は、飛騨から新しい猫助け事業をスタートさせるという意気込みで、①猫の戸籍を創る猫勢調査、②保護猫と暮らす高齢者見守り事業、③空き家を活用したシェルターや保護猫の専門病院の設立、④猫の最期を看取るホスピスなどの地域課題を解決するための事業を順次開始している。同社のホームページには、「日本国でなく、猫の国に納税した気持ちでご支援ください」という役所では考えられないキャッチフレーズが躍っている。

株式会社ネコリパブリックは、東京都台東区に本社を置く企業である。同社のホームページは、目的や事業について次のように紹介している。

> ネコリパブリック（通称ネコリパ）、日本語で言うところの猫共和国は、猫好きのニンゲンによって建国された、ニンゲンよりも猫様の方が相当偉いと言う設定の国です。サスティナブルな猫助けのゴールを目指し、この世の全ての猫たちに、お腹いっぱいになる幸せと安心して眠れる場所を提供することをミッションとしています。
>
> この野望を達成させるために、２０１４年から保護猫カフェの運営をメインに、ホゴネコイベント、譲渡会を開催しています。
>
> また保護猫活動を広めるきっかけ作りのために、ブランド設立、猫関連商品の物販、ＥＣサイト運営、飲食店経営、企業とのコラボ商品販売、コラボイベント開催など、ホゴネコに関わる様々な事業を展開しております。

一般的な愛護団体とは異なり、あくまでビジネスとしての運営を行う。保護猫カフェのフランチャイズ店の募集や企業と連携したイベント事業を日本全国で開催している。また、出版事業や猫保険、猫向きの改装等企業とコラボレーションした様々な事業も実施している。株式会社として、日本全国に拠点を持っている強みがあり、猫がかかえる社会問題に関心がある納税者との信頼関係があることが成功のカギであったと思う。株式会社ネコリパブリックは、あくまで株式会社として持続性の強い猫の保護活動を目指してきたわけで、飛騨市のふるさと納税とのコラボレーションも、この企業理念に合致した事業であるといえる。

このプロジェクトは市民協働、官民連携の典型である。民間だからこそ、スピード感をもって柔軟に動くことができる。一方、政策課題に対する予算という点では行政に力がある。お互いの短所をカバーし長所を生かしあう良きコラボレーションの事例である。

## 6　シェアハウス・コーポラティブハウス・オートノマスハウスの原則

### 日本の事例

我が国の公的住宅の供給は、戦前は㈶同潤会、戦後は地方公共団体による公営住宅と地方住宅供給公社、さらに、日本住宅公団（現・独立行政法人都市再生機構）が担ってきた。そして、憧れの団地族という言葉やダイニングキッチン（ＤＫ）の導入等にみられるように、我が国の新しいライフスタイルを主導する役割を果たした。例えば、１９８７年、私は茨城県に住宅課長として出向したが、当時、茨城県営住宅は、（株）現代計画研究所の水戸六番池団地による準接地型低層公営住宅の提案など、全国の住宅団地をリードする役割を果たしていた。

しかし、１９９０年代以降、住宅政策の基本は、ディベロッパーやハウスメーカーによる市場経済に委ねられる方向に修正された。なお、公営住宅等の戸数は年々減少し、２０１８年現在、約２３８万戸（総務省令和3年版地方財政白書）であり、総戸数約６２００万戸の３・８％に過ぎない。

我が国の住宅は、一部を除いて、公共財産ではなく私有財産である。住宅は個人の責任で建築され維持される。そのため、地方自治体の住宅政策は、公営住宅等の建設・管理を除き、マイナーな分野となっている。

２００６年6月8日、「住生活基本法」が公布・施行された。この法律に基づき、「市町村住生活基本計画」の策定が定められたが、あくまで努力義務にとどまるものである。遅々として策定が進まない中で、２０２２年に国土交通省から地方公共団体に通知された「市町村住生活基本計画の手引き」には次のように解説されている。

> 以前の住宅政策は「住宅建設計画法」に基づき住宅ストックの量的拡大を主目的に進められていました。しかし、少子高齢社会が到来し、人口・世帯数が減少に向かう成熟社会にお

いては、住宅の質的向上を目的とした政策へと転換していくこととし、住宅という器だけでなく、住生活というソフト面も含めた広範な政策展開が必要とされています。（中略）
市町村計画で定める事項は下記のようなものが考えられます。（中略）
○良質な住宅の供給（例：耐震化、バリアフリー化、省エネ化等住宅の質の向上等）
○良好な住環境の形成（例：街なみの形成、狭隘道路の解消等）
○居住の安定の確保（例：賃貸住宅供給方針、要配慮者の相談対応、居住支援協議会等）

この手引きを読む限り、住宅や住環境のハード整備に力点があり、生活の向上やコミュニティの形成等の生活上の課題はあまり重要視されていないように見える。また、2022年、改正建築物省エネ法が公布され、地域型住宅グリーン化事業等の補助事業が制度化されたが、ここでも、国の住宅政策は建築物の省エネルギー化というハード整備に重点があるように思える。

しかし、布野が「都市コミューンのための七つの指針」の⑥（本書151頁）で「共助・相互扶助のシステムを支えるためにも、都市コミューンの最小単位としての世帯、家族のための居住空間すなわち住居のあり方が鍵となる。（中略）求められるのは、多様な個人があつまって住むかたちである」というように、コミュニティの形成等の生活上の質の向上は極めて重要な課題であるといえる。

住宅一戸のみでは生活は成り立たない。複数の住宅が計画的に集合し、コミュニティを形成して初めて豊かな生活が成立する。世帯人数の平均は２・21人（２０２０）で、単独世帯は既に４割近くあるにもかかわらず、前述した「市町村住生活基本計画」で定める事項において、良好なコミュニティの形成に言及していないのは不十分ではなかろうか？

我が国では、その役割を必然的に民間が負うこととなった。「七つの指針」でも名前が挙げられていたが（本書１５２頁）、「日本シェアハウス連盟」という団体がある。２００６年に「日本ゲストハウス連盟」として発足、２００９年に「日本シェアハウス・ゲストハウス連盟」、２０１３年に「（一社）日本シェアハウス・ゲストハウス連盟」、２０１６年に「（一社）日本シェアハウス連盟」へと発展してきた。全国約50社の関係民間企業が加盟している。同団体のホームページによれば、現在、国内のシェアハウス数は５６００を超え、近年増え続けている。シェアハウスは、若者や外国人の「ライフスタイルの一環」として認知され始めており、業界全体のクオリティの底上げが必要であるため設立したとしている。

建築家・安原秀氏と中筋修氏を中心に発足した「都市住宅を自分達の手で創る会（都住創）」は、１９７７年の第１号松屋町住宅の完成以来、30年以上にわたって約20棟のコーポラティブハウスを手掛けてきた。集合住宅であるにもかかわらず自由で質の高い設計が可能であるとともに設計・建設段階からコミュニティが育つというメリットが大きい。

株式会社コプラスもコーポラティブハウスを手掛けている。ホームページでは２０２２年竣工のＨＡＫＯＮＩＷＡ文京千石等21団地が紹介されている。また、「コミュニティ賃貸」と名付けた集合住宅も手掛けている。住居は独立しているが、広い共有スペースや庭を持ち、同社のホームページによれば、「みんなで「シェア」する、楽しくて合理的な暮らし。あたりまえのようにお隣と気軽にあいさつできる安心感、そんな緩やかなつながりが自然に生まれる住まいが「コミュニティ賃貸」です」としている。2018年竣工の「L-commu+PLUS相模大野」他11団地が紹介されている。

UDS株式会社では、約15年間で60件以上のコーポラティブハウスを展開。戸建て住宅に応用したコーポラティブヴィレッジも手がけている。

## 海外の事例

一方、海外では、都市自治体がコーポラティブハウスの供給に積極的に取り組む例はすくなくない。例えば、フライブルクのヴォーバン住宅地（38ha）の区画はコーポラティブハウスに優先して販売して、結果的に7割を占めるとのことである（本書154頁）。

なお、ヨーロッパでは、民間に売却した公的住宅を都市自治体が買い戻すという日本とは逆の現象が起きている。杉並区長岸本聡子（2023）によれば、ドイツの首都ベルリンでは、1989年のベルリンの壁崩壊から約25年間で、公営社会住宅の民営化がすすめられ、賃貸住宅の55%を占めていた公営社会住宅が23%、22万戸と半減以下となった。その結果、大手民間会社の寡占化が進み、家賃が大幅に上昇した。

そこで、2019年、「家主が持つ総戸数3000戸以上のアパートをベルリン市が強制的に買い上げて公的な賃貸住宅とする」という住民投票提案のためのキャンペーンが始まった。2021年に住民投票が実施され、賛成56・4%、反対39・0%で可決された。この住民投票に法的拘束力はないのであるが、「住宅は権利であり共有財産である」という考えが定着したということになる。日本とは、真逆な政策が進行しつつある。

## 7 多様な都市ネットワークの構築

災害対応においては、都市コミューン同士のネットワークの構築が積極的になされている。相互に災害時支援協定を結ぶ市町村は極めて多い。また、災害時には技術系職員を中心に全国の自治体から応援職員の派遣がある。なお、派遣費用は受け入れ側が負担することのようだが、ほとんどの場合、派遣側が負担している。

また、既に述べたように、東日本大震災においては、自主的な水平支援が活発に行われた。名古屋市の陸前高田市支援や目黒区と気仙沼市との「さんま」つながり等である。また、全国市長会による水平支援のマッチングサイトは効果的であった。中央官庁を経ずに自然に水平マッチングが行われた。また、海外において大規模な災害が発生した際の国際的な支援は、姉妹都市に限らず日本の各市町村が積極的に取り組んでいる。

また、「都市コミューンのための七つの指針」の⑦（本書154頁）でいうように、実に多くの自治体が姉妹都市交流をしている。

自治体同士の交流のメリットは色々あるが、特筆すべきは政治的な理由で、国と国との交流が困難な状況にある時にこそ、都市コミューン同士の交流に価値があるということである。後述する長岡市の事例はこれにあたる。

### 鹿児島県大崎町――ごみのリサイクルによるインドネシアとの交流

既に述べたように、鹿児島県大崎町では、ＪＩＣＡ（国際協力機構）の要請を受け、インドネシア・デポック市に対し生ごみの堆肥化施設を指導し、分別収集やごみの資源化によって埋立処分場の減量化に成功した。そして、「リサイクルの町から、世界の未来を作る町へ」を合言葉に、「大崎町SDGs推進協議会」を設立し、世界に発信している。鹿児島県の一つの町が、自らの政策を世界に発信する時代になったことは興味深い。

他の市町村でも姉妹都市等を通じて国際的連携を行っているに違いない。今後、環境問題をはじめ高齢化対策等において世界をリードする市町村が増加することを確信している。

## 旧山古志村――Nishikigoi NFTによる山古志DAO（仮想共同体）

旧山古志村の山古志住民会議（竹内春華代表）による集落存亡をかけた「デジタル村民とNFTを活用した電子住民票」は、法令に基づく地方自治体と異なるもう一つの地方自治体への発展を先取りした取り組みである。既に、デジタル村民とリアル村民とをつなぐ「Nishikigoi NFT」により、山古志DAOが形成されている。

山古志村は、2004年10月23日の中越地震により壊滅的な被害を受け、当時約2200人の全村民が長岡市に避難した。翌2005年4月に長岡市と合併し復旧・復興に努めた結果、2007年秋に3年ぶりに約1700人が帰村したが、人口は現在約800人までに減少している。一方、産業としては、農業のほか錦鯉の生産は、半数以上が海外向けであり、秋には多くの外国人バイヤーを引き寄せている。

Nishikigoi NFTは、錦鯉をデザインした「デジタルアート」（左図）で、デジタル村民の電子住民票として発行しているが、デジタル村民以外にも販売している。価格は、0・03ETH（Ethereum）、1ETH＝35万円と想定すると約1万円となる。1万円の市民税を支払ってデジタル村民となるわけである。

2021年12月14日に発売開始したが、約2年後の2023年秋現在、Nishikigoi NFTの発行数は2787、うちデジタル村民は1587。総取引量は、118ETHで、1ETH＝

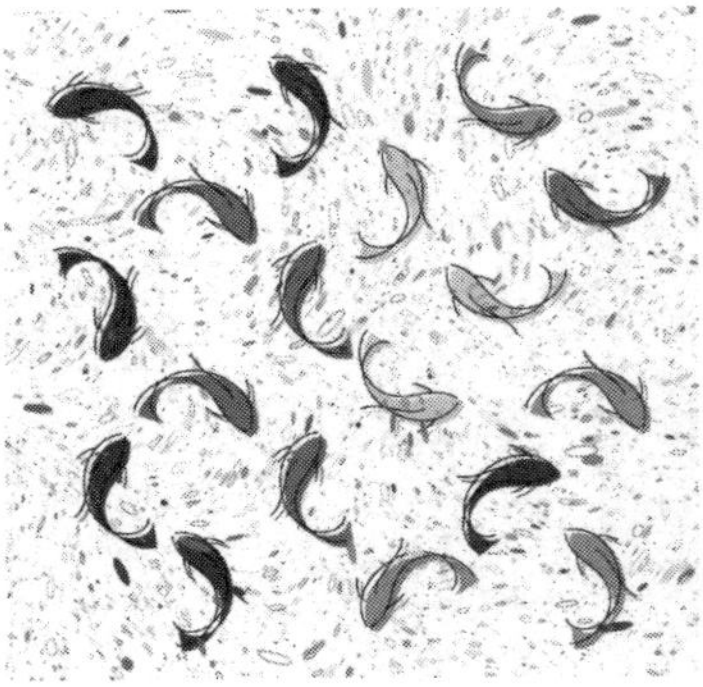
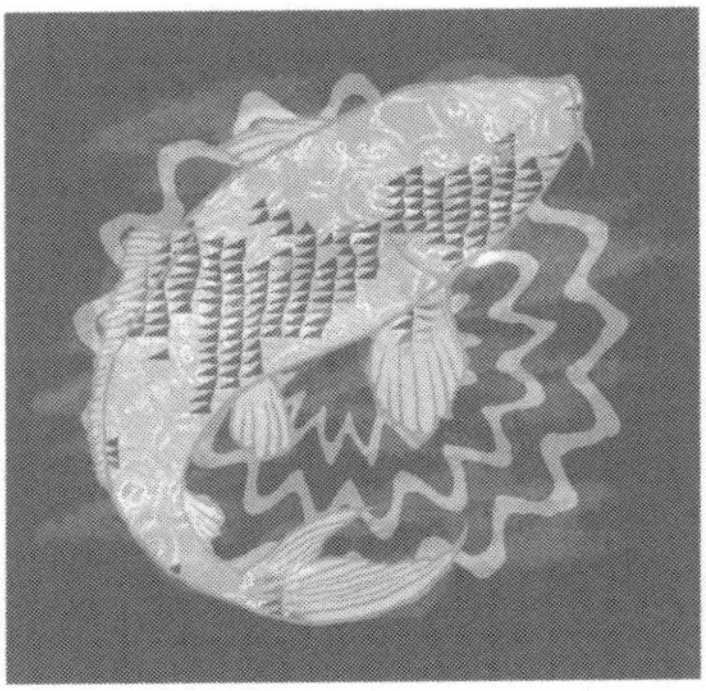

35万円と想定すると約4130万円となる。山古志DAOは、これだけの収入が得られたということだ。なお、リアル山古志住民には、Nishikigoi NFTを無料配布した。

Nishikigoi NFTは、①コミュニティへのアクセス権、②アイデンティティの象徴、③ガバナンストークン、④デジタル資産という四つの特徴を持つ。特に、③ガバナンストークンとしての活用として、2022年2月に「山古志デジタル村民総選挙」を開催した。これは、まず、デジタル村民による、山古志のための「アクションプラン」を募集（立候補）。リアル村民とデジタル村民とが、良いプランに投票するというもので、当選プランには、約3ETHを活動資金として執行する権限を付与した。

もともと旧山古志村は、中越地震からの復旧・復興に力を貸してくださった多くの方々との交流がその後も続いた。極めて閉鎖的だった山間部の村が外部の方々との交流によって外に開かれた村になった。住民会議代表の竹内春華さんも地域復興支援員として村外から訪れた方であった。竹内さんのお話によれば山古志人口が1000人を切った2019年ごろから、山古志を応援する方々を一種のファンクラブとして組織し、交流人口となっていただく活動に取り組んだのが最初であったとのことである。そうした方々は何回も山古志を訪れ、美しい景観や錦鯉に触れる一方、冬の厳しさを体感した方々であった。

そして、試行錯誤の結果、たどり着いたのがデジタル村民であった。アドバイスをくださったのは、Social Sculptor の林篤志さん。高知県土佐山村で地域支援活動を行っていた林さんは山古志村の復興に取り組んだご縁で竹内さんにアドバイス、デジタル村民とNishikigoi NFTの実施に踏み切った。もともと、山古志村の復興に強い想いを持つみなさんであったので、この試みに多くの方々から賛同を得ることができたのである。

２０２３年秋、山古志住民会議は、デジタル技術で地域活性化したとして総務大臣賞を受賞した。そして、更なる発展の方向を模索している。ＮＥＯ山古志村（山古志ＤＡＯ）の自立的で持続可能な運営を目指し、①Nishikigoi NFTを日本各地の文化や地域の営みを存続させるプラットフォームへ深化させるとともに、②山古志村ＤＡＯとして、持続的に自立した運営を実現するための組織化を図ろうとしている。まさしく、まったく新しい概念の地方自治体が形成されつつあるといえよう。

## 新潟県長岡市——真珠湾での平和交流事業

２００７年８月19日、ホノルル市で開催された第９回日米市長交流会議に全国市長会副会長として参加した。環境問題を中心に日米双方の市長が事例等の発表を行い会議は有意義に進行した。

実は、私はアメリカ側に長岡市長として尋ねたいことがあった。長岡市は真珠湾攻撃を指揮した山本五十六の出身地である。アメリカの政治家が山本五十六をどう評価しているかを知りたいと考えていた。

ホノルル市長は、身長2メートルの長身。ハーバード大学時代にバスケットボールで活躍、また、美声の持ち主で自身の歌のCDを作成するほどであった。会議の後の懇親会で、私もバスケットボールをしていたこととカラオケ好きだということで親密になった。山本五十六について尋ねたところ、「戦争に反対していたが政府の決定でやむを得ず指揮をした。…アリゾナ記念館ビジターセンターに紹介されている」という答えであった。翌日、アリゾナ記念館ビジターセンターを公式訪問した際、小さいながらも写真入りで、同趣旨のことがはっきりと書いてあった。

また、パンチボウル（国立太平洋記念墓地）を公式訪問して、元軍人のカスタネッティ所長の説明を受けた際、思いきって同じ質問をした。「軍人は絶対に政府の決定に従わねばなりません。山本五十六とは逆に、軍人が戦争賛成で政府が戦争をしないと決定した時、決定に従わず戦争をすれば、それはクーデターになります。アメリカはクーデターが一度もないことを誇りにしています。真珠湾攻撃は不幸にして奇襲になってしまいましたが、軍人としてみれば最高の戦術であったと思います。私は、山本五十六を軍人として尊敬しています」という答えであった。

日本、特に長岡では、山本五十六が戦争に反対していたにもかかわらず、戦争の口火を切ったことを非難する論調も少なくないのだが、シビリアンコントロールの徹底という意味で、目からうろこが落ちた思いがした。

このころから、両国の犠牲者を悼み、かつ、世界恒久平和の願いを込めて長岡の花火を真珠湾で打ち上げたいという気持ちが芽生えてきた。長岡の花火は、1945年8月1日の長岡空襲で約1480人の市民が死亡し、市街地は焼け野原になった。そのわずか2年後に、空襲の死者を悼むとともに復興と世界平和を祈念して始まった。以来、8月2日と3日に打ち上げられてきたのが長岡の花火である。この長岡市民の平和への思いをアメリカ側にも伝えたいと考えたのである。

日米市長交流会議の翌年2008年10月6日には、長岡から第1回市民訪問団がホノルル市長を表敬訪問して交流を深めた。また、2010年10月には、アリゾナ記念館教育普及ディレクターのポール・ハインツ氏が長岡に来訪、長岡戦災資料館や山本五十六記念館を訪問、その後のアリゾナ記念館ビジターセンターの改装、山本五十六コーナーや当時の日本の事情を紹介するコーナーの大幅な拡充につながった。

また、真珠湾での長岡花火の打ち上げの思いをホノルル市長や米軍関係者に伝えたところ、アメリカ側にも賛同者が年を追って増えてきた。そしてついに、米軍太平洋艦隊司令官のハリー・ハリス氏との面会が実現した。氏は日本人の母親を持つハーフで日本の実情にも詳しい方であった。米軍ヒッカム基地の司令官室で私の思いをお話ししたところ、大いに賛同されて次のようなアドバイスをいただいた。「アメリカでは花火はお祝いというイメージが強い。追悼と平和という思いを正確に伝えるには、まず日本の花火の意味をアメリカ市民に徹底して伝える必要があります。また、日米双方が協力して対等な立場で実行することが必要です。さらに、未来の平和を祈念するのであれば、花火だけでなく両国の若者がお互いの立場を勉強して未来の平和へのメッセージを発信する必要があると思います」。明確なアドバイスで、以来、米軍とホノルル市の全面協力を得ながら、このアドバイス通りに進めることとなった。

アメリカ側の協力があり、2012年3月2日に、長岡市とホノルル市とで姉妹都市を締結することができた。これを記念して、同年3月6日、ホノルルフェスティバルのメインイベントとして、ワイキキ沖で長岡の平和の花火を打ち上げた。そして、打ち上げにあたって、ホノルルのラジオ、テレビ放送を通じて、長岡の花火には米軍空襲による長岡市民の犠牲者を追悼し世界恒久平和を祈る意味があることを繰り返し伝えた。

2014年8月2日、カーク・コールドウェル・ホノルル市長が長岡市を訪問、空襲の犠牲者を追悼する式典で献花をしていただき、2日夜の長岡大花火大会では、犠牲者を追悼する花火「白菊」をホノルル市の提供で打ち上げた。

翌3日には、「長岡ホノルル日米友好記念事業委員会」を開催し、翌年8月15日に、真珠湾で両国の犠牲者の追悼式典、若者による平和サミットの開催、真珠湾での長岡花火の打ち上げを内容とする平和交流記念事業を開催することを決定した。

同年12月3日、日本記者クラブで「長岡ホノルル平和交流記念事業」の記者発表をアメリカ側のエドウィン・ホーキンス氏と、同委員会顧問で長岡市ゆかりの作家・半藤一利氏の同席のもと、記者発表をおこなった。

続く12月8日　真珠湾で行われた第73回真珠湾追悼記念式典に、約３０００人の退役軍人に交じって、私の他9名の大学生、高校生が初めて参加した。

翌２０１５年7月31日〜8月3日まで、ホノルル市セントルイススクールとブナホウスクールの9名の生徒と長岡市の中学生15名が長岡市に集合し、「青少年平和交流サミット長岡プログラム」を開催。真珠湾で行う「平和サミット宣言」の内容について議論した。そして、8月13日〜16日まで、ホノルル市で、「青少年平和交流サミット　ホノルルプログラム」を開催、平和サミット宣言の詰めの議論を行った。

そして8月15日、真珠湾の軍事基地であるフォード島で、「太平洋戦争終結70周年追悼式典」を開催した。長岡市民訪問団２１０人 アメリカ側２４０人が、献花を行い、ホノルル市長、米軍関係者、私とで記念碑を除幕。夕闇迫る中、米軍の死者、長岡空襲の死者を悼み世界平和を願う花火「白菊」3発を打ち上げた。

翌8月16日快晴の中、普段は一般市民立ち入り禁止のフォード島に、3万人近いホノルル市民や米軍関係者、長岡市民訪問団が集まり、「平和友好記念式典」を開催した。青少年平和交流サミットの参加生徒による「平和サミット宣言」を、アメリカ代表と日本代表とが、力強く読み上げた。続いて、長岡少年少女合唱団とホノルル市の青少年合唱団による合唱が披露された。

そして最後に、20分間２０００発の長岡花火が夜空を飾り、大歓声がとどろいた。

以上のように、花火の打ち上げだけでなく、青少年の明るい未来を祈念する催しとすることができた。アメリカ側のハリー・ハリス太平洋艦隊司令官、カーク・コールドウェル・ホノルル市長、エドウィン・ホーキンス氏、日本側の東久邇信彦顧問、谷内正太郎顧問、櫻井よしこ顧問、半藤一利顧問、山本源太郎顧問をはじめ多くの方々の親身なアドバイスとご協力のおかげである。「日米双方の犠牲者を追悼する催しであること」、「花火の打ち上げだけでなく青少年の参加を図ること」、「日米双方が対等な立場で協力し合うこと」というアドバイスを貫徹できたと思う。

政治的な対応であるが、事前に安倍晋三総理大臣には直接お話しすることができた。また、関係大臣にも説明した。その結果、三澤康・在ホノルル総領事の全面的なご支援をいただいた。ただし、日本政府の中には、政治的なマイナスの反響を心配する向きもあり、国による支援は限定的であった。その反面、経済界には大いに賛同していただき、多額の寄付をいただいた。

日米双方の新聞やテレビには好意的に受け止めていただいた。そうしたこともあり、安倍総理大臣による翌２０１６年12月の日本の首相として初の真珠湾慰霊訪問は、長岡市の成果がひとつのきっかけだったのではないかと自負している。訪問直前に安倍総理大臣から、長岡市の青少年交流に対するお礼と真珠湾を訪問する旨のお手紙をいただいたのである。

大勢の米軍人が亡くなった真珠湾で、攻撃を仕掛けた山本五十六の出身地長岡市、しかも空襲で多数の犠牲者を出した長岡市が平和の花火を打ち上げたい。こういっても当初は「へえーすごいですね」という反応のみであった。まさしく夢物語と受け止められたのであった。しかしその目的が正しく人の心に訴えるものであれば、多くの方々の協力の輪ができる。一地方都市でもこれだけのことができると証明できたことは嬉しいことであった。

「平和サミット宣言」

私たち、長岡ホノルル青少年は、戦後70年にあたる2015年、平和交流で出会いました。

私たちは、この交流を通して、ホノルルに真珠湾攻撃が、長岡に空襲があった悲しい歴史を共に学びました。今でも、戦争の傷跡は、戦争がどんなに苦しく悲しい出来事であったか、はっきりと語りかけます。長岡とホノルルで多くの方々が犠牲となり、多くの方々が大切な人を失い、自由が奪われたことを決して忘れてはなりません。

私たちは、平和について様々な見方・考え方があることも学びました。戦争を起こさず平和を築いていくためには、お互いの違いを理解し、お互いを尊重し、戦争の真実を学ぶ努力をすること、未来を担う仲間たちに、学んだことを客観的に伝えていくことが大切であることに気づきました。そして、平和を維持するためには、様々な立場で、努力し続けることが大切であることに気づきました。

平和のために、私たちができることは何でしょうか。それは私たちの身近なことから行動を起こしていくことです。一人ひとりが、家族や仲間、周りの人たちと語り合い、平和に向けて行動すること、そして、他の人たちの命と生活を、自分たちの命と生活と同じように大切にすることです。

私たち、世界の青少年は、心を合わせ、平和のバトンを未来につないでいく努力を続けることをここに誓います。私たちは地球に生きる仲間です。どこで生まれ育ったとしても、共に手を取り合い、平和な未来をつくっていきましょう。

2015年8月15日

長岡ホノルル青少年平和交流サミット参加者一同

以上述べてきたように、市民の生活に第一義的な責任を持つのは、都市コミューンである。何よりも、生活の現場にあり、市民のクレーム、要望、提案を直接受け取ることができる。

また、市民の提案、要望を受け入れるということは、とりもなおさず、市民中心の行政が展開できるということである。市民と行政とがコラボレーションした都市が、本書のテーマである希望のコミューンである。

明らかに、国の現場力は後退している。国もこの現実を自覚しつつ、いわゆるモデル都市等の施策により、都市コミューンの創意工夫による政策に期待している。その結果、国に頼らず、市民と連携しつつ自らの創意工夫による政策が育ちつつある。政策上の誤りを犯す都市自治体があるとしても、それは生みの苦しみである。国や都道府県に依存したら成長しない。市民の意志とともに自ら創意工夫すると都市コミューンは成長する。

そして、成長し自立した都市コミューン相互が交流し、横の連携を深めることで日本という国は発展する。

そのために必要な、国、都道府県、市区町村の適切な役割分担の構築は、なお権限や財源の配分等、解決すべき課題は多々ある。

しかし、多様な都市コミューンが数々の制約を乗り越えて自立し、相互に連携することこそ正しい方向である。時間がかかろうとも、また、一時的な後退があろうとも、多くの都市コミューンが自らの自覚のもとにプライドをもって、多様性に富んだ政策を立案・実行し、同時に都市コミューン同士が、相互に水平な関係で連携することが、日本を救う唯一の道であると確信している。

# 注 notes

1　以下は、竹中貢町長へのインタビューと同町職員からの詳しい説明、頂いた資料をもとにしている。実行された施策の詳細は、本稿では語りつくせないくらい多種多様である。黒井克行『ふるさと創生——北海道上士幌町のキセキ』（2019）をぜひ読んでほしい。

# 結　残された時間は長くはない

――佐藤俊和

世界は、いま、大きく転換しつつある。

序に記したように、第一にグローバリゼーションの時代が大きく変化し、民主主義（自由主義諸国）vs権威主義（中国、ロシア他）という新たな対立の時代に入ったことである。第二にインターネット社会の到来後もＩＣＴ（情報伝達技術）は進歩し続け、本格的なＡＩの時代が到来したこと、第三には地球環境そのものの危機（転換）がフィードバック不可能な点にまで近づきつつあることである。

日本は国際的地位を一気に低下させながら、ＧＤＰ比2倍以上に債務残高を増加させ、行政システムの劣化、縦割り行政の硬直化、食料・エネルギー自給率の過少化といったクリティカルな問題を抱えつつ、少子高齢化が急速に進んでいる。

いつの時代にも危機が存在し、人類はそれを克服してきた。しかし、今回ばかりは少し勝手が違う。第一の危機の裏には、もはや如何ともし難い「マネーの膨張」があり、資本主義自体が終焉を迎えようとしていることがある。世界中にばら撒かれ続けているマネーも行き場がなくなってきている。資本主義の行き詰まりは、アメリカを筆頭とする自由主義諸国と中国、ロシア等との対立に姿を変え、世界の混乱はさらに拡大していくものと思える。

ＡＩの進化も今までとは質が違う。シンギュラリティという人間と同レベルのＡＩの誕生が目前に迫っている。レイ・カーツワイルによって２０４５年と予想されたシンギュラリティは、大幅に早くなり、あと数年後に迫っているのではないかと思える。その後ＡＩはさらに加速度的に進化するはずである。楽観的に、ＡＩを人間が制御できるはずと思っている人も多いが、そうはならずに人類はＡＩによって征服されてしまう可能性も否定できない。

ほとんどすべての科学者は、温暖化は人間が原因であると考えており、実際、地球の気温や海氷の量、気象の極端化などに深刻な影響を与えている。気候危機に対処するためには、温室効果ガスの排出量を大幅に削減する必要がある。新型コロナウイルスの危機で社会は一気に変わるかとも思えたが、ワクチンの登場で一旦危機を乗り越えると、世界はまた元に戻ってしまったかのようである。コロナの一段落でコロナ前に戻ってきた人々の生活は、一層地球温暖化を進め、異常気象もさらに拡大していく。我々に残された時間はごくわずかである。

*

日本は、およそ35年前のバブルの頃、大幅な貿易収支の黒字を記録し、対外資産も凄まじい勢いで膨張させた。しかし、１９９０年代から債務残高は膨張を続け、新型コロナ対策でさらに増加している。一方貿易収支については、バブル崩壊の後も高品質で高性能な一般機械、輸送用機器、電気機器などの工業製品の輸出で稼いでいたが、最近は中国や韓国などの競争相手が増えている。一方、エネルギー資源を多く輸入しているので、資源価格が高くなると、輸入額が増えて赤字が拡大する。昨今では、ロシア連邦のウクライナ侵攻が開始されてからのエネルギー価格の高騰で、貿易収支は大幅な赤字となっている。さらに、日本の社会システムは、恐ろしいほど非効率のままである。働き方改革の進展で国民の意識も変わってきている。２０１１年10月の１ドル75・32円を最高値として、為替はどんどん円安になってきている。

好調なとき、日本はどんどん対外資産を増やした。その結果、所得収支は黒字を続けているので、日本の経常収支はこれまでずっと黒字を続けてきた。しかし、それも大分怪しくなってきている。２０２２年度の日本の所得収支は約20兆円の黒字、貿易収支は約13兆円の赤字である。２０２３年度の見通しは、所得収支はほぼ横ばいで、貿易収支はさらに赤字が拡大するものと思われる。円安がさらに進むとすれば、財政破綻の問題も加わり、一気に国家破綻もありうる状況となってきている。債務残高が日本国民の預金の総額内にある限りは大丈夫という楽観論もあるが、所詮、財布は別物である。

少子高齢化はどんどん進んでいる。第二次世界大戦後のベビーブーム、その人口の多さで国を引っ張ってきた団塊の世代もあと1年余で全員が後期高齢者となる。我々もあと5年もすると80歳近い。今はまだ元気でいるが、後期高齢者になるといろいろ変わってくると聞く。社会保障費は増大し、財政は一段と苦しくなる。日本もギリギリのところに来ていると思われる。

*

コロナが一段落し、日本には外国人の観光客が溢れ出している。四季がはっきりしていて、歴史がある。美味しいものがたくさんあり、アニメや漫画に代表されるクールさもある。時間に対する意識が厳格、電車は時間どおりに運行されている。治安も良い。モノづくりの伝統もある。衰えたとはいえ、日本には魅力があるのである。日本の今の苦境は、バブルの頃の強さに酔い、インターネットの登場で大きく変えなければいけない社会の諸制度の変革を怠ったことに原因があることに間違いはない。

しかし、日本には、我々団塊の世代、1947年から1949年にかけて生まれた約800万人がいる。団塊の世代こそ戦後の混乱から日本が立ち直るパワーを与えた。高度成長期の新三種の神器、戦後日本に普及したカラーテレビ、クーラー、カー（自動車）の頭文字に由来する3Cは豊かさや憧れの象徴として喧伝された。あまりの人口の増加に学校も足りなく、小学校のひとクラスは50人を超えていた。その後の受験競争、結婚、子どもの誕生。日本は我々団塊の世代によって活力を与えられてきた。

その団塊の世代が大学に入った頃、学園闘争が起こる。それまでの社会の有り様に問題を感じ、学生が動き出すのである。世界でもアメリカのヴェトナム戦争に反対する動きが起こる。既存の道徳観や生活様式に反抗し、自由に生きることを求めた若者ヒッピーの登場も同じ頃である。長い髪やヘアバンド、ジーンズや風変りな衣装をまとい、既存の価値観に疑問を持ち、愛と平和を訴え、自然を愛した。

経済的にも疲弊したアメリカは、ICTを軸にした新しいテクノロジーの開発を急ぎ、インターネットのもとで大きく社会を変えようとしていく。しかし、日本では怒れる若者は、迷いながらも従順にそれまでの日本社会の中に取り込まれていく。日本社会はバブルに酔い、バブルが弾けたあとはひたすら動きを縮小させていく。バブルの慢心があったのであろうか、和を重んじる日本社会は、テクノロジーが大きく変わり、社会システムを大きく変えなければならないときに変えようとしなかった。団塊の世代の若者は、企業に入ると企業の組織文化に組み込まれ、大きく変わろうとしている世界からは取り残されていく。

その団塊の世代が後期高齢者になり始めた今、日本は、社会保障費の増大、労働力の減少、消費の減少といった新たな問題に直面している。団塊の世代が年金を受け取れるとしても、2004年年金法改正でマクロ経済スライドが導入された。年金の給付金額を社会の経済状況に合わせて自動的に調整する制度が採択された。要は、これまでの積立金と働く世代の積立額の範囲でしか年金は払えない、ということである。円安で物価は上がる。働く人口は減る。国の財政もおかしい。我々団塊の世代はこれから数年先には年金はほとんど受けとれないと覚悟していた方が良い。それどころか、預貯金すらわからなくなってきている。日本は先進国で一番早く少子高齢化の時代に入っている。いつも日本を引っ張ってきた団塊の世代、年金ではろくな生活ができなくなる団塊の世代こそ、世界の大きな流れをどう読み、どうしていくべきか考え、行動を開始すべきときである。

*

遠大なテーマに至ったとき、2022年に他界した東大の社会学教授の見田宗介が気になり始めた。真木悠介というペンネームも用いながら多数の著作を残しているが、学生の頃、その明確な論理に興奮した。一つは、雑誌『展望』で読んだ「最適社会とコミューン」という論文であったように思う。いろいろな社会システムを例にあげ、あらゆる社会システムは全て破綻するが、唯一可能性があるのが、独裁者である。が、良き独裁者が継続することはあり得なく、これも破綻する、という内容だったように記憶している。そして計算機が発展する未来においては、新しい可能性もありうる、といったところが妙に気になっていた。

もう一つは、メキシコ呪術師ドン・ファンの教えに触れながら、価値観そのものを考えさせられるものであった。真木悠介名義のこの著作に影響を受け、ドン・ファンの教えを書いた人類学者カルロス・カスタネダの本を何冊か読んだ記憶がある。

「最適社会とコミューン」は、『定本　見田宗介著作集』の第7巻（見田 2012）に収められていたので、アマゾンのマーケットプレイスで購入した。相剋する無数のエゴの要求をいわば超多元連立方程式による最適解として解いていこうとする「最適社会」、「エゴイズム」としての人間のあり方を止揚する「コミューン」というところから始まる。しかし、「よきエリート」のユートピアという項目はあるが、独裁者が云々、という記述はない。

『展望』の連載のときはどうだったのだろう、と初めて国立国会図書館まで行き端末を操作してみた。1968年を調べても見つからず、1971年2月号に真木悠介の名で「コミューンと最適社会」という論文を見つけた。読んでみるとほぼ全集と同じ。私の記憶にある良き独裁者といった類いの記述は見つけられなかった。別の人の著作にそういったものがあるのか、私の勘違いなのかよくわからないが、今現在を見てみると、プーチン、習近平他、権威主義国家には誰もが大きな問題点を感じている。

1853年にペリーが黒船を率いて浦賀に来航し開国を要求してから、日本は混沌とした状況に入る。しかしそのときの将軍、徳川慶喜は大政奉還というやり方で、日本そのものを大きく変える決断をした。日本にはそういった過去がある。この混沌とした今こそ、明治維新の頃に学ぶべきときである。

メキシコ呪術師ドン・ファンに関する記述は、『気流の鳴る音』の中にある。この本は今も出版されている。電子ブックでも出ているので、早速ダウンロードし、読み始めた。かつて胸躍らせられた著作はやはり面白い。読み進める中、真木がブラジルを訪れる記載がある。ブラジルには、キリスト教の四旬節（復活祭前の40日間の斎戒期）が始まる前に、肉や酒などを楽しむ祭り、謝肉祭《カルナバル》がある。カルナバルの三日四晩のために、リオっ子は1年間働いた金を使い果たしてしまう、という。地響きのようなサンバのリズムがとめどなく湧き、反響し、旋回し、咆哮しながらイルミネーションのむこうの暗黒へとたちのぼってゆくオーレレレ！　オーラララ！（真木 1977）。

スマートシティを考えながら、なぜか祭りのことが気になっていた。そうだ、ここなのだ、と合点がいった。「カルナバルの三日四晩のために、リオっ子は1年間働いた金を使い果たしてしまう」。そうなのだ。ここから始めないと、結局、資本主義の次の社会は想像し難い。シンギュラリティを前にした人間が計算機と対峙するにはここから始めなければいけない。

カルナバルの三日四晩のために、リオっ子は1年間働いた金を使い果たしてしまう。それがヒトなのであろう。残された時間は短い。日本にはあらゆる意味で今後の社会のリーダーになりうる可能性があり、団塊の世代は、今こそ吠えるべきときなのだろう。

最後に、「コミューンと最適社会」の以下の記述を引いて終わりとしたい。

「私の実践が他者の目的にとってもまた必要な実践であることによって、私の実践の意味が豊富化され、それが私によろこびをもたらすという可能性や、他者の存在が必需生産物の生産の可能性であることにおいて私にとって肯定的な意味をもつことの可能性は、まさしく稀少性という現実のなかではじめて現実的である」

## 参考文献


石田頼房（1987）『日本近代都市計画の百年』自治体研究社
ヴォーゲル、エズラ・F（1979）『ジャパン アズ ナンバーワン——アメリカへの教訓』広中和歌子・木本彰子訳、TBSブリタニカ〔原著1979〕
ウォーラーステイン、I（1993）『近代世界システム1600～1750——重商主義と「ヨーロッパ世界経済」の凝集』川北稔訳、名古屋大学出版会〔原著1980〕
ウォーラーステイン、I（1997）『近代世界システム1730～1840s——大西洋革命の時代』川北稔訳、名古屋大学出版会〔原著1989〕
大澤真幸（2021）『新世紀のコミュニズムへ——資本主義の内からの脱出』NHK出版新書
大澤真幸（2023）『資本主義の〈その先〉へ』筑摩書房
大塚久雄（1938）『株式会社発生史論』有斐閣（『大塚久雄著作集1』岩波書店、1969）
大塚久雄（1955）『共同体の基礎理論——経済史総論講義案』岩波書店
大塚柳太郎（2015）『ヒトはこうして増えてきた——20万年の人口変遷史』新潮選書
大野晃（2008）『限界集落と地域再生』信濃毎日新聞等共同企画出版
小熊英二編著（2019）『平成史【完全版】』河出書房新社
柄谷行人（2010）『世界史の構造』岩波書店

柄谷行人（2022）『力と交換様式』岩波書店
ギアーツ、クリフォード（2001）『インボリューション――内に向かう発展』池本幸生訳、NTT出版〔原著1963〕
岸本聡子（2023）『地域主権という希望――欧州から杉並へ、恐れぬ自治体の挑戦』
隈研吾、森本千絵、藤井保（2013）『aore: アオーレで、会おうれ。〝会えるところ〟を建築する――シティホールプラザアオーレ長岡』丸善出版
クライン、ナオミ（2011）『ショック・ドクトリン――惨事便乗型資本主義の正体を暴く』上下、幾島幸子・村上由見子訳、岩波書店〔原著2007〕
クライン、ナオミ（2017）『これがすべてを変える――資本主義 vs. 気候変動』上下、幾島幸子・荒井雅子訳、岩波書店〔原著2014〕
黒井克行（2019）『ふるさと創生――北海道上士幌町のキセキ』木楽舎
クンチャラニングラット編（1980）『インドネシアの諸民族と文化』加藤剛・土屋健治・白石隆訳、めこん〔原著1971〕
小泉龍人（2001）『都市誕生の考古学』同成社
小泉龍人（2016）『都市の起源――古代の先進地域＝西アジアを掘る』講談社選書メチエ
斎藤幸平（2019）『大洪水の前に――マルクスと惑星の物質代謝』堀之内出版
斎藤幸平（2020）『人新世の「資本論」』集英社新書
斎藤幸平（2023a）『ゼロからの『資本論』』NHK出版新書

斎藤幸平（2023b）『マルクス解体——プロメテウスの夢とその先』斎藤幸平・竹田真登・持田大志・高橋侑生訳、講談社
斎藤幸平・松本卓也編（2023）『コモンの「自治」論』集英社
佐々木隆治（2011）『マルクスの物象化論——資本主義批判としての素材の思想』社会評論社
佐々木隆治（2016）『カール・マルクス——「資本主義」と闘った社会思想家』ちくま新書
佐々木隆治（2018）『マルクス資本論——シリーズ世界の思想』角川選書
佐々木隆治・岩佐茂編著（2016）『マルクスとエコロジー——資本主義批判としての物質代謝論』堀之内出版
白井聡（2020）『武器としての「資本論」』東洋経済新報社
白井聡（2023）『今を生きる思想 マルクス——生を呑み込む資本主義』講談社現代新書
関曠野（2001）『民族とは何か』講談社現代新書
谷口守編（2019）『世界のコンパクトシティ——都市を賢く縮退するしくみと効果』学芸出版社
トゥーンベリ、グレタ編著（2022）『気候変動と環境危機——いま私たちにできること』東郷えりか訳、河出書房新社［原著2022］
トッド、エマニュエル（2016a）『家族システムの起源Ⅰ ユーラシア』上下、石崎晴己監訳、片桐友紀子・中野茂・東松秀雄・北垣潔訳、藤原書店［原著2011］
トッド、エマニュエル（2016b）『グローバリズム以後——アメリカ帝国の失墜と日本の運命』聞き手・朝日新聞、朝日新書

トッド、エマニュエル（2022）『我々はどこから来て、今どこにいるのか？』上下、堀茂樹訳、文藝春秋［原著2017］
長岡市（2013）『アオーレで、会おうれ。——長岡市の挑戦』丸善プラネット
長岡市災害対策本部編（2005）『中越大震災——自治体の危機管理は機能したか』ぎょうせい
成田悠輔（2022）『22世紀の民主主義——選挙はアルゴリズムになり、政治家はネコになる』SB新書
ネグリ、アントニオ＆ハート、マイケル（2003）『帝国——グローバル化の世界秩序とマルチチュードの可能性』水嶋一憲・酒井隆史・浜邦彦・吉田俊実訳、以文社［原著2000］
羽仁五郎（1968）『都市の論理——歴史的条件 - 現代の闘争』勁草書房
ハラリ、ユヴァル・ノア（2016）『サピエンス全史——文明の構造と人類の幸福』上下、柴田裕之訳、河出書房新社［原著2011］
ハラリ、ユヴァル・ノア＆ルイズ、リカル・ザプラナ（2022）『人類の物語——ヒトはこうして地球の支配者になった』西田美緒子訳、河出書房新社［原著2022］
ピケティ、トマ（2014）『21世紀の資本』山形浩生・守岡桜、森本正史訳、みすず書房［原著2013］
広井良典（2005）『定常型社会』岩波新書
広井良典（2009）『コミュニティを問いなおす——つながり・都市・日本社会の未来』ちくま新書

広井良典（２０１３）『人口減少社会という希望――コミュニティ経済の生成と地球倫理』朝日選書
広井良典（２０１５）『ポスト資本主義――科学・人間・社会の未来』岩波新書
広井良典（２０１９）『人口減少社会のデザイン』東洋経済新報社
広井良典・須藤一磨・福田幸二（２０２０）『ＡＩ×地方創生――データで読み解く地方の未来』東洋経済新報社
藤井純夫（２００１）『ムギとヒツジの考古学』同成社
布野修司（１９８７）『インドネシアにおける居住環境の変容とその整備手法に関する研究――ハウジング・システムに関する方法論的考察』学位請求論文（東京大学）
布野修司（１９９１）『カンポンの世界――ジャワの庶民住居誌』パルコ出版
布野修司（１９９８）『布野修司建築論集Ⅱ　都市と劇場――都市計画という幻想』彰国社
布野修司編著（２００５）『近代世界システムと植民都市』京都大学学術出版会
布野修司編（２０１９）『世界都市史事典』昭和堂
布野修司（２０２１）『スラバヤ　東南アジア都市の起源・形成・変容・転成――コスモスとしてのカンポン』京都大学学術出版会
ブローデル、Ｆ（１９９１～95）『地中海』Ⅰ環境の役割、Ⅱ集団の運命と全体の動き1、Ⅲ集団の運命と全体の動き2、Ⅳ出来事、政治、人間1、Ⅴ出来事、政治、人間2、浜名優美訳、藤原書店［原著１９４９］
ブローデル、Ｆ（１９８５～99）『物質文明・経済・資本主義　15―18世紀』Ⅰ日常性の構造1、2、

Ⅱ交換のはたらき1、2、Ⅲ世界時間1、2、村上光彦・山本淳一訳、みすず書房〔原著1979〕
ベネヴォロ、L（1976）『近代都市計画の起源』横山正訳、SD選書〔原著1967〕
ベネヴォロ、L（1983）『図説 都市の世界史』全4巻、佐野敬彦・林寛治訳、相模書房〔原著1983〕
ベルウッド、P（2008）『農耕起源の人類史』長田俊樹・佐藤洋一郎監訳、京都大学学術出版会〔原著2004〕
ホーム、ロバート（2001）『植えつけられた都市——英国植民都市の形成』布野修司・安藤正雄監訳、アジア都市建築研究会訳、京都大学学術出版会〔原著1997〕
真木悠介（1977）『気流の鳴る音——交響するコミューン』筑摩書房（ちくま学芸文庫、2003）
マクニール、W・H（1985）『疫病と世界史』佐々木昭夫訳、新潮社（上下、中公文庫、2007）〔原著1976〕
マクニール、W・H（2002）『戦争の世界史——技術と軍隊と社会』高橋均訳、刀水書房（上下、中公文庫、2014）〔原著1982〕
マクニール、W・H&マクニール、J・R（2015）『世界史——人類の結びつきと相互作用の歴史』Ⅰ、Ⅱ、福岡洋一訳、楽工社〔原著2003〕
増田寛也編著（2014）『地方消滅——東京一極集中が招く人口急減』中公新書
松永安光（2005）『まちづくりの新潮流——コンパクトシティ／ニューアーバニズム／アーバン

ビレッジ』彰国社
松村淳（２０２３）『愛されるコモンズをつくる――街場の建築家たちの挑戦』晃洋書房
マンフォード、Ｌ（１９６９）『歴史の都市　明日の都市』生田勉訳、新潮社［原著１９６１］
マンフォード、Ｌ（１９７４）『都市の文化』生田勉訳、鹿島出版会［原著１９３８］
見田宗介（２０１２）『定本　見田宗介著作集７　未来展望の社会学』岩波書店
村上敦（２００７）『フライブルクのまちづくり――ソーシャル・エコロジー住宅地ヴォーバン』学芸出版社
山本義隆（２００７）『一六世紀文化革命』全２巻、みすず書房
山本義隆（２０１４）『世界の見方の転換』１天文学の復興と天地学の提唱、２地動説の提唱と宇宙論の相克、３世界の一元化と天文学の改革、みすず書房
山本義隆（２０２１）『リニア中央新幹線をめぐって――原発事故とコロナ・パンデミックから見直す』みすず書房
吉原直樹（２０００）『アジアの地域住民組織――町内会・街坊会・ＲＴ／ＲＷ』御茶の水書房
吉見俊哉（２０１９）『平成時代』岩波新書
ルドフスキー、Ｂ（１９７５）『建築家なしの建築』渡辺武信訳、鹿島出版会［原著１９６４］
ルドフスキー、Ｂ（１９８１）『驚異の工匠たち――知られざる建築の博物誌』渡辺武信訳、鹿島出版会［原著１９７７］
ルフェーヴル、Ｈ（１９６７～68）『パリ・コミューン』上下、河野健二・柴田朝子訳、岩波書店［原

著１９６５〕
ルフェーヴル、Ｈ（１９６９ａ）『都市への権利』森本和夫訳、筑摩書房〔原著１９６８〕
ルフェーヴル、Ｈ（１９６９ｂ）『『五月革命』論――突入―ナンテールから絶頂へ』森本和夫訳、筑摩書房〔原著１９６８〕
ルフェーヴル、Ｈ（１９７４）『都市革命』今井成美訳、晶文社〔原著１９７０〕
ロウズナウ、Ｈ（１９７９）『理想都市――その建築的展開』理想都市研究会訳、鹿島出版会【原著】〔原著１９５９〕
Hassan, F. A.（1981）Demographic Archaeology, Academic Press